陇上学人文存

LONGSHANG XUEREN WENCUN

陇上学人文存

杨子明　卷

杨子明　著　史玉成　编选

甘肃人民出版社

图书在版编目（ＣＩＰ）数据

陇上学人文存. 杨子明卷 / 范鹏，王福生总主编；
杨子明著；史玉成编选. -- 兰州：甘肃人民出版社，
2016.12
　ISBN 978-7-226-05056-9

　Ⅰ. ①陇… Ⅱ. ①范… ②王… ③杨… ④史… Ⅲ.
①社会科学－文集②政法工作－中国－文集 Ⅳ. ①C53
②D926.1-53

中国版本图书馆CIP数据核字(2016)第297336号

出　版　人：王永生
责任编辑：肖林霞
封面设计：王林强

陇上学人文存·杨子明卷

范鹏　王福生　总主编

杨子明　著　史玉成　编选

甘肃人民出版社出版发行

（730030　兰州市读者大道 568 号）

兰州新华印刷厂印刷

开本 890 毫米 × 1240 毫米　1/32　印张 12.875　插页 7　字数 335 千
2016 年 12 月第 1 版　　2016 年 12 月第 1 次印刷
印数：1~1000 册

ISBN 978-7-226-05056-9　定价：60.00 元
（图书若有破损、缺页可随时与印厂联系）

《陇上学人文存》第一辑

编辑委员会

《陇上学人文存》第二辑

编辑委员会

《陇上学人文存》第四辑

编辑委员会

名誉主任：王三运　刘伟平
主　　任：连　辑　夏红民
副 主 任：张建昌　范　鹏　高志凌
委　　员：管钰年　吉西平　王福生　陈双梅
　　　　　朱智文　安文华　刘进军　马廷旭
　　　　　张亚杰　李树军

学术指导委员会

王希隆　　王肃元　　王洲塔　　王晓兴　　王嘉毅
傅德印　　伏俊琏　　李朝东　　陈晓龙　　张先堂
郝树声　　贾东海　　高新才　　董汉河　　程金城

总 主 编：范　鹏
副总主编：王福生　马廷旭

《陇上学人文存》第五辑

编辑委员会

总　序

陇者甘肃，历史悠久，文化醇厚。陇上学人，或生于斯长于斯的本地学者，或外来而其学术成就多产于甘肃者。学人是学术活动的主体，就《陇上学人文存》（以下简称《文存》）的选编范围而言，我们这里所说的学术主要指人文社会科学研究。《文存》精选中华人民共和国成立以来，甘肃人文社会科学领域成就卓著的专家学者的代表性著作，每人辑为一卷，或标时代之识，或为学问之精，或开风气之先，或补学科之白，均编者以为足以存当代而传后世之作。《文存》力求以此丛集荟萃的方式，全面立体地展示新中国为甘肃学术文化发展提供的良好环境和陇上学人不负新时代期望而为我国人文社会科学事业做出的新贡献，也力求呈现陇上学人所接续的先秦以来颇具地域特色的学根文脉。

陇原乃中华文明发祥地之一，人文学脉悠远隆盛，纯朴百姓崇文达理，文化氛围日渐浓厚，学术土壤积久而沃，在科学文化特别是人文学术领域的探索可远溯至伏羲时代，大地湾文化遗存、举世无双的甘肃彩陶、陇东早期周文化对农耕文明的贡献、秦先祖扫六合以统一中国，奠定了甘肃在中国文化史上始源性和奠基性的重要地位；汉唐盛世，甘肃作为中西交通的要道，内承中华主体文化熏陶，外接经中亚而来的异域文明，风云际会，相摩相荡，得天独厚而人才辈出，学术思想繁荣发达，为中华文明做出了重要贡献。

近代以来，甘肃相对于逐渐开放的东南沿海而言成为偏远之地，反而少受战乱影响，学术得以继续繁荣。抗日战争期间作为大后方，接纳了不少内地著名学府和学者，使陇上学术空前活跃。新中国成立之后，人文社会科学领域的专家学者更是为国家民族的新生而欢欣鼓舞，全力投入到祖国新的学术事业之中，取得了一大批重要的研究成果，涌现出众多知名专家，在历史、文献、文学、民族、考古、美学、宗教等领域的研究均居全国前列，影响广泛而深远。新中国成立之后，人文社会科学几次对当代学术具有重大影响的争鸣，不仅都有甘肃学者的声音，而且在美学三大学派（客观派、主观派、关系派）、史学"五朵金花"（史学在新中国成立之后重点研究的历史分期、土地制度史、农民战争史等五个方面的重点问题）等领域，陇上学人成为十分引人注目的代表性人物。改革开放以来，甘肃学者更是如鱼得水，继承并发扬了关陇学人既注重学理求索又崇尚经世致用的优良传统，形成了甘肃学者新的风范。宋代西北学者张载有言："为天地立心，为生民立命，为往圣继绝学，为万世开太平"，此乃中华学人贯通古今、一脉相承的文化使命，其本质正是发源于陇原的《易》之生生不已的刚健精神，《文存》乃此一精神在现代陇上得到了大力弘扬与传承的最佳证明。

《文存》启动于中华人民共和国成立六十周年之际，在选择入编对象时，我们首先注重了两个代表性：一是代表性的学者，二是代表性的成果，欲以此构成一部个案式的甘肃当代学术史，亦以此传先贤学术命脉，为后进立治学标杆。此议为我甘肃省社会科学院首倡，随之得到政界主要领导、学界精英与社会各界广泛认同与政府大力支持，此宏愿因此而得以付诸实施。

为保证选编的权威性，编委会专门成立了由十几位省内人文社会科学领域著名学者组成的专家指导委员会，并通过召开专题会议研讨、发放推荐表格和学术机构、个人举荐等多种方式确定入选者。为使读者对作者的学术成就、治学特色和重要贡献有比较准确和全面的了解，在出版社选配业务精良的责任编辑的同时，编委会为每一卷配备了一位学术编辑，负责选编并撰写前言。由于我院已经完成《甘肃省志·社会科学志》（古代至 1990 年卷，1990 至

2000 年卷）的编辑出版工作，为《文存》的选编提供了坚实的基础和基本依据，加之同行专家对这一时期甘肃人文社会科学发展的研究，使《文存》能够比较充分地反映同期内甘肃人文社会科学的基本状况。

我们的愿望是坚持十年，《文存》年出十卷，到 2019 年中华人民共和国成立七十周年之际达至百卷规模。若经努力此百卷终能完整问世，则从 1949 至 2009 年六十年间陇上学人以"人一之、我十之，人十之、我百之"的甘肃精神献身学术、追求真理的轨迹和脉络或可大体清晰。如此长卷宏图实为新中国六十年间甘肃人文社会科学全部成果的一个缩影，亦为此期间甘肃人文社会科学学术业绩的一次全面检阅，堪作后辈学者学习先贤的范本，是陇上学人献给祖国母亲的一份厚礼。此一理想若能实现，百卷巨著蔚为大观，《文存》和它所承载的学术精神必可存于当代、传之后世，陇上学人和学术亦可因此而无愧于我们所处的伟大时代，并有所报于生养我们的淳厚故土。

因我们眼界和学术水平的局限，选编过程中必定会出现未曾意料的问题，我们衷心期望读者能够及时教正，以使《文存》的后续选编工作日臻完善。

是为序。

2009 年 12 月 26 日

目　录

第三编　法学教育篇

编选前言

　　杨子明先生是甘肃省法学界享有崇高声望的前辈法学家。值先生的文选即将出版之际,作为后学晚辈,受命承担文选编选工作并撰写"编选前言",我是不自信的。透过篇章中掷地有声的文字,回望八秩老人在"颠簸和思治中行走"的心路历程,我们所能从中管窥到的是,先生对真理永不言弃的追求精神、处世治学的师表风范、至真至诚的人生态度。我想,一生致力于学术研究,致力于法学教育,致力于推动中国法治事业的进步,矢志不渝而终得世人认同的累累硕果,大致可以看作是先生治学之旅的一个缩影。

一

　　身处不同的时代,每个人都不能摆脱历史的烙印。追寻杨子明先生的学术轨迹,我们发现,波澜壮阔的时代在他的身上留下了深深的印记,在先生跌宕起伏的人生旅途中,唯一贯穿始终的是对真理的不懈追求和对学术恒久探索的精神。

　　杨子明先生是江苏睢宁人,1934 年出生。1948 年参加革命,1951年赴朝参加抗美援朝战争,1955 年考入中国名校复旦大学法律系。先生对学术的追求、对真理的探索精神从青年时代就已崭露头角。攻读大学期间,中华大地正处在政治运动风云突变的前夜。当年意气风发的青年学子,胸怀济世理想,受复旦学风的熏陶,以稚嫩的笔墨写下针砭时弊的文章《中华人民共和国主席非终身制研究》、《试论农业合作化逐步前进的列宁准则》、《官僚主义的根源在哪里》等。其主要观点是：宪法对主席职务不应该只规定任期而不规定任次，否则将产生终身制，最终可能危害党和人民的事业。农业合作化不能不顾规律盲目推进，只有不断创造条件逐步推进才是正途。官僚主义的最大根源，在于庞大而臃肿的官僚机构，消除官僚主义应当从改革官僚机构着手。今天看来，这些观点无不闪耀着真理的光芒，直到21世纪的今天仍然有着强烈的现实意义。然而，不幸的是，在那个政治挂帅的年代，先生的真知灼见为自己带来了无妄之灾：在1957年的"反右"运动中，先生因言获罪，被定性为反党反社会主义反毛泽东思想的"右派"分子，遭受到长达22年的不公正待遇。在"牛棚"改造、下放劳动中锻炼着革命意志。

曾经看到过一句震撼人心的名句：个人是历史的人质。我们无法身临其境感受那个时代强加给芸芸众生的心灵之痛，不同的是，面对时代的"绑架"，面对不公正的批判，面对无情的打击，先生没有放弃自己的主张，没有在大水冲向龙王庙中自甘沉沦，而是在忍辱负重中厚积薄发。1979年，复旦大学为先生恢复了名誉。在这前后，杨子明先生先后在甘肃省司法实务部门、法学院校、党政机关工作。曾担任甘肃省庆阳市正宁县人民法院审判员，甘肃政法学院教授、科研处长、《甘肃政法学院学报》主编，甘肃省政协常委、甘肃省政协法制委员会副主任等职。主要兼职有：甘肃省人民政府环境资源委员会顾问、甘肃省反邪教协会副会长、兰州市法学会副会长、甘肃省刑法学研究会副总干事、中国刑法学研究会理事、司法部特聘通讯评审专家等。

在重获学术生命之后，先生倍加珍惜来之不易的机遇，在大学讲坛上教书育人，勤奋著述，笔耕不辍。面对现实生活向法律和法学提出的挑战，发表了一系列有价值、有见地的学术论著，影响广泛，为学术界、实务界所认可和推崇。重要的著作有《刑法学教程》、《刑事诉讼法民事诉讼法例解》、《全国人大修改补充的犯罪》和《关贸手册》等，重要的论文有《刑法在惩治腐败中的地位和作用》、《略论缓刑适用的几个问题》、《大陆、台湾著作权法处罚制度比较》、《依法治邪几个理论和实践问题之我见》、《中国道德政治法律全面拒绝"诱惑侦查"》、《中国经济建设重点转向西部与西部法制环境建设》等数十篇。收录在本文选中的成果，即是先生的部分代表作品。

二

杨子明教授的主攻专业是刑法学，缘于自身的命运遭际和对长期中国社会现状的深刻观察，让他在法学研究中养成了批判性的思维模式。所谓批判，其实就是站在一个更高的层面上，对历史或现实作甄别和审视，对人或事进行分析和解剖，以期发现问题和解决问题。其最终目的是为了更好的发展，其着眼点是广阔的未来。批判的充分必要条件，是思想、人格和精神的独立。因此批判所引申出来的丰富内涵和积极意义，便远远地大于批判本身。没有批判精神，法学研究也就失去了其存在的意义。通阅全部文稿，不难发现，批判精神正是杨子明先生从事法学学术研究所秉承的基本理念，文稿的字里行间，无不透露出强烈的批判精神和深刻的忧患意识。

第一编"法学研究篇"中，收录了先生在刑法学研究领域具有代表性的十几篇论文。

《刑法在惩治腐败中的地位和作用》、《必须向玩忽职守的犯罪行为做不懈的斗争》和《刑法修订前后惩治职务犯罪立法比较》三篇文章集中指向职务犯罪，具有强烈的现实针对性。论文所要表达的核心观点是，一个国家，没有良好的吏治，就不会有国泰民安。在各级官员中，现在多见的是一手抓工作，颇像那么回事，另一手却搞腐败，同样不含糊,这种"两手"官员是最伤人心的,这种官员不会带来老百姓欢迎的官风。改革开放以来,数以百计的省部级以上高官倒在国家整肃吏治的利剑下,中下级干部数十万人因贪腐而走上犯罪道路,无不都是所谓"两手"干部,连身居最高人民法院副院长的国家一级大法官也有不自重的,他们敢冒天下之大不韪,与党风作对,跟这些人不知今日之中国是秦是汉有极大关系。今日之中国已经走上依法治国的道路,以法律秩序凸显社会秩序是不可抗拒的历史潮流。有鉴于当前腐败问题的严重性、危害性以及现实危险性,必须加大惩治腐败的力度,刑法在惩治腐败中具有不可替代的作用,应当受刑罚处罚的腐败,是指触犯刑律的贪污、贿赂、玩忽职守、徇私枉法、敲诈勒索、投机倒把以及其他严重妨害廉政、勤政建设的行为。利用刑罚同犯罪做斗争是完全必要的,只有根据犯罪分子所犯的罪行,分别处以轻重不同的刑罚,才能收到预防犯罪、减少犯罪、消灭犯罪的效果。针对实践中部分国家工作人员不忠实地履行法律义务,工作漫不经心、不负责任、不调查研究,不倾听群众意见,官僚主义十足,致使公共财产、国家和人民的利益遭受重大损失的玩忽职守犯罪,应当予以严厉打击。向玩忽职守罪做斗争应当注意区分玩忽职守罪与非罪的界限,严格划清玩忽职守罪与索贿、受贿罪的界限。《中华人民共和国刑法》于1979年颁布施行,1997年做了重大修订,由于立法的时代背景不同,在惩治职务犯罪方面有很大区别。修订前的《刑法》中,贪污罪是侵犯财产罪一章中的1条,贿赂罪是渎职罪一章中的1条。修订后的《刑法》专门为贪污贿赂罪设立了一章;增加了关于回扣、手续费、礼物的禁止性规定,集体私分犯罪的规定,民事、行政审判活动中的枉法构成犯罪的规定,一改修订前惩治职务犯罪视角过窄的流弊,把司法、工商、金融、税务、经贸、林业、环保、卫生、土地、海关、商检、检疫、厂商、出入境、教育等系统的渎职,以及在解救被拐卖、绑架的妇女、儿童中的不作为,在查禁犯罪活动中的不作为,均作了禁止性规定,使向这些领域的渎职犯罪行为做斗争有了法律依据。尽管上述论文均作于 20 世纪八九十年代,但在党和国家重拳反腐的今天,仍具有强烈的现实意义。

《略论缓刑适用的几个问题》、《当前烟毒犯罪的情况及法律对策》、《破坏军人婚姻未遂初探》几篇论文,是针对某一具体领域的犯罪与刑罚适用问题的探讨。针对缓刑适用中出现的"在对严重刑事犯罪分子坚持依法从重从快严厉打击的同时,对轻微犯罪分子依法适当多判一些缓刑"论调,提出了不同的看法:如果承认"依法适当多判一些缓刑"的命题是对的,那么,"依法适当少判一些缓刑"的命题无疑也是对的;今天说"多判一些",明天就可能说"少判一些"。那么法律规定的缓刑条件权威何在? 为此,应当坚持依法宣告缓刑,有多少符合缓刑条件的就宣告多少,建议刑法对缓刑条件应作如下修改和补充:"缓刑适用于具备下列条件的犯罪分子:被判处拘役、三年以下有期徒刑;有悔罪表现;特定的犯罪原因已经消失;无反革命犯或者累犯身份。"针对社会转型时期烟毒犯罪活动猖獗,给个人、家庭、社会和国家带来严重危害,提出刑法不应只惩罚制造、贩卖运输毒品的犯罪活动,还应当把吸毒行为纳入规制的视野。针对司法实践中对破坏军婚罪忽视对未遂的惩处,导致军人婚姻得不到应有保护和犯罪分子逍遥法外的情形,提出对待该罪不仅要注重对既遂的惩处还应当注重对未遂的惩处。

《大陆、台湾著作权法处罚制度比较》一文,是向彼时颁布不久的《中华人民共和国著作权法》提出质疑的一篇檄文。国家新闻出版总署作为主管部门,对自己起草的《著作权法》宠爱有加,本文则批判其中处罚制度不到位,尚缺刑事处罚,而缺刑事处罚,则不足以保护著作权法所要保护的客体。通过与台湾地区著作权法的比较,本文得出的结论是：一是台湾地区著作权法的有关立法用语比较准确，而大陆著作权法相关的立法用语不够科学；二是大陆著作权法的有关处罚制度限于民事和行政处罚，台湾著作权法把严重侵犯著作权的行为规定为犯罪，适用刑事处罚；三是处罚的前提——有关行为，大陆、台湾地区均规定得有粗有细。比较研究得出的启示是：大陆在修改著作权法时应当力争立法用语科学化；要加强对大陆、台湾地区著作权法处罚效应的调查研究，取长补短，完善大陆著作权法处罚制度。本文发表后被国家广播电影电视部在其机关刊物上原文照登，并推动了立法的修改，在其后《中华人民共和国著作权法》的修订中，专门增加了刑事处罚的条款。

《犯罪基础理论研究》、《刑罚基础理论研究》两篇文章选自先生撰写的刑法学教科书。通篇用严谨规范的语言，对犯罪与刑罚的基本理论，如犯罪的概念与特征，犯罪构成要件，正当防卫和紧急避险等排除社会危害性的行为，犯罪的预备、未遂、中止和犯罪既遂等故意犯罪的阶段，共同犯罪，以及刑罚的本质与目的，刑罚体系和种类，量刑，数罪并罚，缓刑、减刑和假释，时效和赦免等刑法基础理论问题做了深入浅出的阐述。字里行间流露出对学术、对真理的思考和坚守。比如，关于犯罪构成理论，先生结合自身的经历，以沉痛的笔墨写道：

> 不幸的是，1957年那次"反右"开始之后，犯罪构成理论被说成是资产阶级的理论，是"束缚我们的手脚的理论"，是"为罪犯服务的理论"。然而，在司法实践中，却又不能不研究行为侵犯了什么，行为人本身情况如何，行为人是故意还是过失，以及是什么目的，行为和结果之间的关系怎样等等。定罪总是离不开这些东西，这是客观的东西，不在于允不允许讲。所以尽管这个理论被批了，批的人成了一代天骄，提这个理论的人被打翻在地，但除了十年动乱期间这个

理论起不了作用以外，实践中大部分同志还是运用这一理论来分析认定犯罪的。1957年以后就不能专题讲授犯罪构成理论了，但担任有关课程的同志精心设计了传授这方面知识的办法，你"左"倾路线不让我讲犯罪构成四要件，我讲构成犯罪的八个条件，实际上把犯罪构成四要件讲得更细了。当时有些教材对认定犯罪的条件，一讲故意，二讲过失，三讲意外事件，四讲行为，五讲结果，六讲因果关系，七讲国家工作人员，八讲责任能力、责任年龄。借助这种迂回的办法跟禁锢刑法理论的专横斗了好多年。粉碎"四人帮"以后，特别是党的十一届三中全会以后，迎来了法学的春天，犯罪构成理论重新受到重视。

三

中国建构法治社会的进程中，社会中存在一些不良现象，侵蚀着法治的原意。中国的法学学者的使命，不仅要建构一个理论体系，追求法的正义性和目的性，还应该关注中国社会现实，对法治实践中的问题进行独立思考，为中国法治建设建言献策，提出合乎法律本质的解决问题之道，推动法治建设的进步。

改革开放之后，杨子明先生恢复了话语权。先生痛感十年"文化大革命"给人民带来的深重灾难，深知法治建设之于国家发展、社会进步和人民幸福的重要意义，并用实际行动践行着对法治的认知。先生利用一切机会不遗余力地为地方法治建设鼓与呼，为决策层建言献策，为基层作法制宣传，为社会提供法律服务，完美地诠释了知识的价值、知识分子的使命、责任与担当。

第二编"法治建言篇"中，收录的十几篇文章正是先生对法治实践的建言和行动。

《完善执法检查制度，让执法检查更富成效》一文，是杨子明先生在甘肃省人民代表大会常委扩大会议上的演讲。他指出，"一府两院"的执法检查报告没有把执法中的深层次问题检查出来，深层次的问题——执法缺乏使命感才是随意执法的要害。不解决执法使命感的问题，执法、司法所追求的正义、公平目标就无从实现，上访率居高不下、群体性事件频发等问题发生就在所难免。执法检查本来是纠正"执法走偏"的救济措施，身负执法检查责任的主体如何才能避免工作走过场？必须依靠完善的执法检查制度，建立执法检查责任追究机制，用制度保证执法检查的效果。这次演讲面对的是甘肃省200多名政府官员，反响热烈，普遍反映先生说出了官员们想说而受处境所限难以说出的话，为完善执法检查制度开出了一剂良方。

《依法治邪几个理论和实践问题之我见》一文是为当年反邪教北京研讨会提交的论文，这次会议实际上是反邪教主管高层向专家问政的会议。针对当时反邪教"全民动员"的做法，先生指出，要用法治思维来应对邪教，用不着兴师动众，应当由负有法定职责的专门机关应对法轮功等邪教，该取缔的取缔，对其信徒该争取的争取，该惩戒的惩戒。沿袭以前搞运动的方式把群众都发动起来搞"人民战争"，无形地张扬了邪教，其负面影响不可低估。这篇论文的观点会后见诸中央和地方的相关红头文件。

《中国道德政治法律全面拒绝"诱惑侦查"》一文直击骇人听闻的"诱惑侦查"。搞诱惑侦查的人，人为制造案件，转而又去"破案子"邀功请赏，把一个本来没有犯意的人，直接做成身负重罪的罪犯。中国道德讲"仁者爱人"，诱惑侦查却利用职权害人，践踏了道德底线，理应发现一起，重拳打击一起，这应当是无可非议的。中国政治讲以人为本，搞诱惑侦查的人，把无辜的人员当成自己加官晋爵领取"破案"奖金的残害对象，天理难容。中国现行法律中，无论是《刑事诉讼法》、

《警察法》，还是《刑事侦查工作细则》《公安机关办理刑事案件程序规定》等，都对"诱人犯罪"作了严格的禁止性规定。现实中诱惑侦查案件屡屡发生，严重地损害了人民警察的形象。仅就媒体公开披露的，有甘肃缉毒警察设圈套的"贩卖毒品案"，有河北"警察与卖淫女合谋勾引嫖客案"，连上海这样大的都市，都发生"钓鱼执法案"，如此种种，不胜枚举。针对某些学者撰文论证"诱惑侦查具有必要性和合理性"的论调，先生奋笔疾书，从中国道德、政治、法律的全视角给予猛烈抨击，指出绝不应当把利用线索破案和诱人犯罪看成一回事。该文结语中写道："诱惑侦查"之类的恶行，无情地糟蹋着国人的生存环境，在少数人搞恶行的时候，及时地加以扑灭，固能使恶行收敛，但最需要花大力气去做的，是提高全民对国家安危的敬畏。全民敬畏国家安危，是我们守卫和谐社会的最低限度，也是最根本的一道防线。读到这段文字，想来读者也会有同感。

《中国经济建设重点转向西部与西部法制环境建设》《甘肃必须加快构建良好法制环境的步伐》《转变法制观念，坚持公正司法》三篇文章重点关注甘肃及西部的法制环境，为地方法制建设进行精确把脉并提出可供借鉴的对策和思考。如果把改革开放以来东西部的法制工作放在一起对比，很容易发现一个十分突出的不同之处，那就是许多在西部认为是违法犯罪的事，在东部根本没有人把它当成问题。同是一个国家，而国家又极为强调法制的统一，为什么出现这样大的差别？一言以蔽之：东部的观念是新的，"新"到在执法问题上也讲"水至清无鱼"；西部的观念仍然是旧的，"旧"到还要"割资本主义尾巴"。要想不吃经济发展滞后的苦果，必须更新法制观念。立法滞后现象什么时候都会有，但观念落后的执法者不应当有。执法者观念落后，即使立法是全新的，也会出现执法偏差。执法者能有全新的法律观，即使立法滞后，所办的案件，也会有利于生产力的发展。邓小平同志的"三个有利于"的观念,即有利于综合国力的提高,有利于社会生产力的发展,有利于人民生活的改善的观念,确系现代精神,应当成为西部地区执法行为的准则。如何构建良好的法制环境?杨子明教授开出的良方是:对各类执法司法人员要定期轮训,牢固树立法制观念,尤其是领导干部更要带头树立法制观念;严把进人关和干部提拔关,用严格的制度规范执法和司法人员的行为;启用一些老同志做督查、做教官;充分发扬民主,加强各方监督,切实纠正有法不依、执法不严、违法不究和办人情案、关系案的问题,杜绝司法腐败。

《为政协法制工作规范化、制度化贡献力量》是先生在甘肃省政协常委任上,对加强政协法制工作提出的建言。文章结合工作实际,提出了政协法制工作任务四个方面的基本内容:积极参与立法协商;开展对国家宪法、法律、法规实施情况的民主监督;将立法和执法问题研究成果转化为参政议政职能;开展法制宣传和法律咨询服务。这就使政协法制工作内容在规范化方面有了基本要求,有了比较明确的目标和任务。要努力实现立法环节上的规范化,实现政协法制工作机构的规范化,通过参与执法检查等活动,探索履行民主监督的方法与途径,通过开展法制宣传、法律咨询,拓宽政协法制工作的服务领域。

在"法治建言篇"中,还收录了杨子明教授的办案心得。一位投保人,面对保险公司拒绝理赔继而撤销合同,并玩弄花样以"通融"退还保金为饵,以骗取投保人息讼的困境,反复交涉但对方毫不让步因而束手无策。投保人请杨子明教授代理诉讼。接案后,他仔细地研究了案情,以保险公司"五违"将保险公司告上了法庭:一违《保险法》第十六条第二款,滥用合同解除权,在投保人无故意又无重大过失的情况下,未承担"如实告知义务"而进行客观归责;二违《保险法》第十六条第三款,在《保险合同》签订后第291天才决定解除合同,远远超过合同解除权在合同签订 30 日内行使的时限;三违《保险法》第十六条第六款,保险人在签订合同时,已知投保人"未如实告知",对比《保险法》明文规定"保险人不得解除合同";四违合同本身的约定,该合同约定解除合同必须投保人写出申请,并递交身份证明,故"必须"缺位不得解除合同;五违行文常识,保险公司以无客户签名、无经办人签名、无签批人签名、无单位签章、无日期的"五无"文书,焉能剥夺投保人应得的理赔。这样依法维权的诉状,保险人无言以对,法官也只好支持。《从一例保险合同纠纷管窥〈保险法〉亟需大力普及》一文是向保监会的进言,其用心显在抓住主要矛盾。那么多矛盾,又很复杂,抓大放小恐系良方,维护法律尊严,唯此为大。

《我也在想睢宁的事儿》是先生对家乡法治建设的建言。先生向当地县委建言,不像写其他论文那样直来直去,那种细腻和委婉,使人读后甚感先生从效果出发连文风都能运用自如,不胜感慨。

四

杨子明先生的建树,不限于法学研究领域,在法学高等教育的理论和实践方面,同样以强烈的开拓精神,取得了一批既有理论深度又具有实践指导意义的研究成果。

第三编"法学教育篇"中,收录了杨子明先生对法学教育发展的相关论文。

作为法学教授,在三尺讲坛教书育人、传道授业,同时,时刻在思考如何提高法学教育人才培养的质量。《刑法案例教学刍议》一文中,先生结合自己数十年的刑法教学实践,认为刑法教学过程中缺乏案例和案例堆砌两种倾向,都偏离教学法,刑法学是一门地道的应用科学,理应在教学活动中拿出一部分时间进行案例教学。案例教学法可以归纳为:列举式案例教学法;讨论式案例教学法;应试式案例教学法;"活"的案例教学法等。在列举式案例教学中,应当注意选取短小精悍的案例,不拖泥带水,该举则举,不该举则不举。在讨论式案例教学中,要讲究覆盖面,讲究讨论质量,选择供讨论用的案例,一般应当是疑难案例。应试式案例教学,是以案例考学生,是锻炼学生实际工作能力的重要途径,不宜选取专家们都认识不一的案例去考学生,让学生在试卷中去争鸣是不妥的。旁听式案例教学和模拟法庭实验案例教学,是课堂内外结合的案例教学,是融理论知识和实践操作于一炉的"活"案例教学,有其他形式的案例教学所无法取代的效果。《学习研究刑法的方法》是一篇关于方法论的文章,一定的方法论,总是以一定的世界观作为基础的。有什么样的世界观,就有什么样的方法论。辩证唯物主义和历史唯物主义是学习研究刑法的根本方法,应当根据马克思主义关于经济基础与上层建筑的理论,联系阶级斗争和社会制度学习研究刑法,以辩证发展的观点,把刑法的现行规定与历史状况和未来前景联系起来学习研究,遵循唯物主义认识论,坚持理论与实践相结合。分析和比较的方法是学习和研究刑法经常采用的方法,应当在辩证唯物主义和历史唯物主义方法的指导下,把分析和比较方法运用在学习研究刑法上,分析比较现行刑法和比较古今中外刑法。认真研究我国刑事立法,深入钻研刑法理论,是学习研究刑法的有效方法。《提高法科学生政治素质的刑法教学思考》一文提出,法科学生要政治素质、业务素质全面提高,在当前特殊的历史时期,政治素质的提高尤为重要,因为实践中一些刑事案件的办理保证不了质量,问题多不出在业务素质上,而是出在政治素质上。大学法学教师要从自己有影响的范围做起,在各学科教学全方位加强的同时,努力提高学生的政治素质,这是我们的当务之急。《高等法学教育应以研究生为培养目标》一文写于九十年代初期,其时国内的高等法学教育分为三级结构,以培养本科生为主,专科生次之,研究生更次之。

彼时体制中的法学研究生教育，主要是为高等法学教育机构和法学研究部门培养教学研究人才的，只有专科生和本科生才是为政法机关培养的从事实际司法工作的人才。先生认为，植根于计划经济基础之上的数十年前形成的法学教育模式，已无法适应改革开放的新形势，已到了非改革不可的时候了。开办以培养研究生为主的高等法学教育已具备了主观条件和客观条件，应当尽快实行。其后数年的高等法学教育改革实践，验证了先生的观点是具有前瞻性、预见性和可操作性的。《立足"三严"、造就合格人才》成文时间更早，针对新建的甘肃政法学院面临如何提高人才培养质量的问题，有针对性地提出要"严格管理、严格训练、严谨治学"。

杨子明先生曾担任甘肃政法学院科研处长、《甘肃政法学院学报》主编，其时这所新建政法院校的科研工作处于从零开始的起步状态，职责所系，他对学院的科研工作倾注了大量心血。《十年科研十年甘苦》一文翔实地记述了其时甘肃政法学院科研工作从艰难起步到不懈成长的历程。《高校社科成果管理几个问题之我见》一文对高校社科成果管理中的登记、评鉴、奖励、宣传、推广等环节做了详尽探讨，是作者多年管理工作经验的结晶。《以改革精神办好法学学报》、《论法学学报之选题》是对学报办刊工作的理论思考，指出法学学报应当与法学的发展同呼吸、共命运，提倡"百家争鸣、百花齐放"的办刊理念。法学学报要面向社会主义市场经济选题，从国际宏观经济的大格局论证选题，紧密联系院校实际选题，面向区域特色选题，实际上是对法学学报的定位、特色和质量要求的深层次思考。饮水思源，今天的《甘肃政法学院学报》已成为在国内有重要影响力的法学专业期刊，与杨子明教授的辛苦"奠基"是分不开的。

一部文选，刻印了杨子明先生的学术足迹。在大学的讲堂上，在公开发表、出版的论著中，在各种法制宣讲的讲坛上，我们所能看到的是，一位历经磨难而矢志不渝的知识分子忧国忧民的高尚情怀，一位信念坚定的法学学人对法学教育和学术研究数十年如一日的不懈追求，一位令人起敬的前辈法学家诲人不倦的长者风范……美国总统约翰·肯尼迪说过："诊断一个国家的品格，不仅要看它培养了什么样的人，还要看它的人民选择对什么样的人致敬，对什么样的人追怀。"掩卷感怀，我们有理由向杨子明教授表达我们由衷的敬意。

曾任甘肃省社会科学院国情调研中心主任、中华美学学会理事、中国社会科学院国情研究中心特邀研究员、甘肃省美学研究会会长的穆纪光曾经这样对杨子明先生的为人为学做出评价：

> 杨子明先生和我虽无共患难的经历，却早已成为莫逆之交。他性情耿直，却与人为善；敢于坚持，却不刚愎自用；作为一名受人尊敬的法学专家，他谙熟律令，从不苟且，却又实事求是，从不生搬硬套。他敢说敢做敢爱敢恨，对人民群众满腔热情，对残害人民的不法分子毫不留情。对亵渎法律随意判案，常以锋利的文笔对之鞭挞。一部《文选》，凝结着他的心血，他的智慧，他的学养，他的思索，他的"犯颜直谏"，他对法治的忠诚，他对真正的法治社会的期盼。

文选即将出版之际，恰逢先生 80 华诞，谨此祝贺先生健康长寿！

史玉成
2014 年 10 月

第一编
法学研究篇

第一章
緒論與數學

刑法在惩治腐败中的地位和作用 *

惊心动魄的动乱和暴乱告诉我们，腐败严重地损害了党和政府在人民群众中的威信。一个全心全意为人民服务的党，一个公正廉洁的政府，敌人是推翻不了的。可我们自己的干部行为腐败，他们从内部破坏党和政府与人民群众的血肉联系，这就可怕得厉害。有鉴于腐败的严重性、危害性以及现实危险性，党和政府决心惩治腐败。要办好这件事，多管齐下、综合治理是必要的，而刑法在其中的地位和作用，必须认真地研究。

一

什么叫腐败？这是首先要搞清的问题。不搞清什么叫腐败，就无法研讨刑法在惩治腐败中的地位和作用。

说法一，腐败一指思想行为堕落败坏；二指政治制度等的腐朽黑暗。持这种说法的，以上海辞书出版社 1979 年版的《汉语小辞典》为代表。

说法二，腐败是权力的变质。持这种说法的，以现任河北省委书记邢崇智为代表。该观点发表在 1989 年 8 月 16 日出版的全党理论刊物《求是》杂志上。

---

*本文原载甘肃省社会科学学会机关刊物《学法》杂志，并被收入吉林大学出版社出版的《刑法发展与司法完善(续编)》，1989年10月。

说法三，腐败是指与党的密切联系群众和艰苦奋斗等优良传统相背离的一些现象。这是现任中共中央政治局常委宋平在1989年8月中旬召开的全国组织部长会议上的讲话里提到的。

说法四，腐败是指政府官员受内外因素的刺激（如金钱的引诱等）利用职权违反法律规范、纪律规范或道德规范而背离既定的管理目标的现象。该观点出现在1989年6月1日《湖北日报》署名为雷红、晓明的文章中。

很明显，第一种说法是从行为学和政治学的角度去讲的；第二种说法是在哲学观点的指导下做出的；第三种说法主要是出于党建的考虑；第四种说法从撰文的雷红、晓明君的愿望看，是想对腐败下个全面的科学的定义，然而字里行间却又有违全面、科学的原则。例如，他们说腐败现象的"弄潮儿"仅限于政府官员。这就不合实际。实际情况是腐败现象在党内、政府中、社会上（例如企事业单位）都有。再如，他们把诱发某人去干腐败行为的动机，作为一种质的规定性放在定义里面。这没有必要，甚至有害无益。那样会使自称"好心"办坏事的人和所谓没有中饱私囊的人有空子可钻。

从研讨刑法在惩治腐败中的地位和作用出发，可否这样表达：应当受刑罚处罚的腐败，是指触犯刑律的贪污、贿赂、玩忽职守、徇私枉法、敲诈勒索、投机倒把以及其他严重妨害廉政、勤政建设的行为。

二

如果腐败触犯刑律的范围确如上文所说，就是贪污、贿赂、玩忽职守、徇私枉法、敲诈勒索、投机倒把以及其他严重妨害廉政、勤政建设的犯罪行为，那么刑法在惩治腐败中的地位和作用是不难确定的。只要执法者有法必依、执法必严、违法必究，刑法在惩治腐败中的作用，也就明摆在人们的面前了。那时刑法在惩治腐败中的地位，也就显而易见了。问题是司法实践告诉我们并不这样简单。例如,某省建六公司副经理马进元,在 1987 年 9 月承担某培训中心基地工程拆迁任务过程中,采取非法转包工程、超补搬迁费等手段,贪污公款 20000 元,收受贿赂 5000 元。案发后马进元积极退清了赃款。如果依法办案的话,对该马应当认定贪污、受贿两个罪,然后实行数罪并罚。在决定执行的刑罚时,考虑他有积极退赃的表现,在总和刑期以下,数罪中最高刑期以上,酌情从轻处罚。然而办理该案的执法者不是这样办的,他们无视《刑法》第 165 条、第 185 条关于贪污罪、贿赂罪的规定,置全国人大常委会《关于惩治贪污罪贿赂罪的补充规定》于不顾,把数额 20000 元的贪污、5000 元的受贿这样的"吞舟之鱼"都能当成政纪案件处理。这还是在动乱、暴乱发生之后,举国上下对腐败引发广大群众不满刻骨铭心之时。如此还谈什么刑法在惩治腐败中的地位和作用? 刑法在这样处理的案件中,地位和作用等于零,甚至是负面的。须知该案的贪污、受贿都已经既遂,退赃只是好的认罪态度的表现。既遂罪不加认定是错误的,认罪态度好,只能在刑期中考虑从轻处罚。

三

怎样才能解决该用刑法惩治的腐败无一例外地被绳之以刑法? 笔者以为不可不对有追究腐败责任的国家工作人员不依法处理,或者因受阻挠而不履行法律所规定的追究职责的行为严加惩处。《刑法》第 187 条所规定的玩忽职守罪、第 188 条所规定的徇私枉法罪、第 190 条所规定的私放罪犯罪等,都是向不履行特定义务的不作为犯罪做斗争的锐利武器。在向腐败做斗争中,我们一定要拿起这些锐利的法律武器,捍卫法律的尊严。不然,手持斧正违法的锐利武器,对有法不依漠然视之,这本身也是一种腐败行为。

我们要使刑法在惩治腐败中占有它应当占有的地位，起到它应当起到的作用，舍弃整肃执法队伍的一着，那是万万办不到的。历史的经验值得汲取：1982年3月8日全国人大常委会第22次会议通过的《关于严惩严重破坏经济的罪犯的决定》好不好？——好，十分好。该《决定》用一半的篇幅规定对走私、套汇、投机倒把牟取暴利、盗窃公共财物、贩毒、盗卖珍贵文物和索贿受贿等严重破坏经济的罪犯必须严加惩处，用另一半的篇幅规定对参与、包庇或者纵容这些犯罪活动的国家工作人员同样必须严厉惩处。七年半过去了，严重破坏经济的罪犯确实严惩了一些，但总的情况是有禁不止，经济犯罪活动猖獗的事实依然存在。究其原因不管多么复杂，与该《决定》第一条的(三)、(四)两项，即保障这一《决定》得以实施的有关条款没有得到贯彻执行有极大关系。很明显，人们没有看到对有法不依绳之以法的案例。前车之鉴，我们在惩治腐败中绝不能再犯这种有保障性法条而不用的错误。必须清醒地看到，惩治腐败流产的可能性不是没有。要防止这种可能性，一定要充分运用《刑法》关于玩忽职守罪、徇私枉法罪、私放罪犯罪的规定，向有追究腐败责任的国家工作人员不依法处理，或者因受阻挠而不履行法律所规定的追究职责的犯罪行为作殊死的斗争。

四

惩治腐败伊始，我们有些案件还是处理得好的。例如，甘肃省天水市人民检察院最近批准逮捕的郭玉炎(正地级干部)、何洪发、李纪平、王建山、唐盘华等，他们犯有贿赂罪，对他们不管地位高低，做到了法律面前一律平等，该逮捕的一律逮捕，不该逮捕的一个不捕。这个案件是这样的：

1988年3月，甘肃省天水市北道区无业人员李明，将江苏省宜兴市倒卖钢材的唐盘华等人介绍给甘肃长城电器工业公司正地级经理郭玉炎。郭在接受唐所行贿的两枚金戒指后，即嘱托他的部下——甘肃长城电器工业公司所属物资供应公司经理何洪发具体办理。在三次成交的倒卖钢板、锌板和矽钢片的交易中，何洪发伙同他的副经理李纪平、材料科科长王建山索取票外现金 3.76 万元的贿赂进行分赃，郭玉炎得 1000 元，李纪平得 3200 元，王建山得 6520 元，其余 2.688 万元全部落入何洪发之手。在这起贿赂案件中，唐盘华构成行贿罪，郭玉炎、何洪发、李纪平、王建山构成受贿罪。而把唐盘华介绍给郭玉炎的李明不犯罪，因为李明对后来发生的行贿、受贿全然不知。承办该案的人民检察院在这方面是掌握得好的。刑法在惩治腐败中保护人民，保卫四化建设，打击敌人，惩治犯罪的地位和作用由此可见一斑。

五

尽管如上所述，刑法在惩治腐败中有着保护人民、保卫四化建设、打击敌人、惩罚犯罪的地位和作用，但我们却没有丝毫理由放松对腐败作其他环节的综合治理。邓小平同志说，十年改革，最大的失误是教育。其实，教育的失误，都记在改革十年的账上也是一种冤枉。新中国成立四十年，我们对我们党的优良传统不是始终如一地对待的，往往是用着就讲，用不着就不讲，例如十年"文化大革命"就全然不顾党的优良传统。面对中华民族的传统美德更是很少强调继承和发扬。叫我们这些昔日被人称为受过"封资修"教育的人看，当今的腐败，主要是传统美德失传的结果。比如孔子说的"不义而富且贵，于我如浮云"，古往今来的道德家们都知道崇尚这句话，我们共产党人焉有做不到之理！

礼防未然，刑惩已失。对于已经发生的腐败，我们一定要严惩不贷。不过严惩却不应当与刑惩划等号。如前所述,刑惩限于构成贪污罪、贿赂罪、玩忽职守罪、徇私枉法罪、敲诈勒索罪、投机倒把罪以及其他严重妨害廉政、勤政建设的犯罪。对于大量的并未构成犯罪的有关行为,则应当绳之以纪律。例如,某巡道交警借查验车照之机,刁难一骑自行车外出的人,扣下自行车,叫其人回家取执照,然后事先与其勾结的"二流子"便诡秘地给骑车人做"工作",说什么你(骑车人)怎么不懂事呢,买上两盒好烟来,我帮你调处。什么调处? 好烟买来,"二流子"、交警一人一盒,自行车得到放行。似此区区小事,再放大十倍,也进入不了刑事案件,但算不算腐败现象呢? 算。对此一定要纪律伺候。

有人把腐败现象罗列若干,诸如以权谋私、弄权渎职、权钱交易、滥用职权、假公济私、官倒私倒、敲诈勒索、贪污腐化、行贿受贿、索纳重金、吃请拿要、巧取豪夺、睁眼闭眼、执法不严、袒护坏人、任人唯亲、多占住房、滥发奖金,等等。所有这些,只要它作为现象由人的行为表现出来,都应当无一例外地纳入惩罚的视野,有多少惩罚多少。不能因为它多,我们就说"法不责众"。即令有这种违纪违法犯罪的人有 55 万,它在 11 亿人口中也才只占万分之五;有 550 万也才只占千分之五,它也还只是极少数。我们一定要调动惩罚体系中的党纪、政纪、法纪一起上,向腐败发动全面的反攻,切不可不适当地估计刑法在惩腐中的地位和作用——估计高了刑法完不成任务,估计低了使惩腐失去它强有力的后盾。刑法在惩腐中的地位和作用,应当是也只能是用刑罚同本文所指出的有关犯罪行为作斗争,以保障廉政、勤政建设和四化建设的顺利进行。

刑法修订前后惩治职务犯罪立法比较 *

1979 年 7 月 1 日全国人民代表大会五届二次会议庄严通过全国人民期待已久的《中华人民共和国刑法》(简称《刑法》)。经过十七年,全国人民代表大会八届五次会议对《刑法》作了修订。修订前后的《刑法》,从两篇十三章 192 条两万字,发展到两篇十五章 452 条近八万字,可比较的地方很多, 本文仅对其中惩治职务犯罪部分做些比较,以求方方面面都看到国家整肃吏制的决心,从而广收廉政勤政建设的功效。

一、立法的时代背景不同

全国人民代表大会五届二次会议通过《刑法》时,党的十一届三中全会刚刚开过不久,这次全会给我们国家创造了极好的政治局面。在这一时代背景之下制定的刑法,其对职务犯罪立法指导思想,只能是有备无患,立上几条,预防腐败,因为那时腐败尚未形成气候。

七十年代制定职务犯罪立法的时候, 谁也没有想到八十年代会出现犯罪高峰,更没有料到九十年代这个高峰仍然居高不下。所幸的是立法反应灵敏,当严重职务犯罪萌发之初,立法者便立即着手补充和修改《刑法》。于是《全国人民代表大会常务委员会关于严惩严重破

---

* 本文原载《甘肃政法学院学报》1997 第 3 期,并收入法律出版社出版的《刑法实施中的重点难点问题研究》,1997 年 5 月。

坏经济的犯罪的决定》、《全国人民代表大会常务委员会关于惩治贪污罪贿赂罪的补充规定》等《刑法》补充规定、决定相继通过并施行。

不幸的是种种复杂的原因，导致虽然有了遏制严重职务犯罪的立法，但腐败到处泛滥的势头不减。

腐败愈演愈烈，危及政权的巩固和社会的稳定。党和国家的高层领导从八十年代到九十年代，不断告诫反腐败斗争的成败直接关系到党和国家的生死存亡。最近党的总书记、国家主席江泽民同志同样指出："反腐败斗争是关系党心、民心，关系党和国家前途命运的严重政治斗争。"江泽民同志如此语重心长的讲话，与在这之前诸多高层领导所做的类似的告诫，反映了全国人民要求整肃吏治的愿望。这就决定了新《刑法》关于职务犯罪的立法指导思想，必须建立在取信于民，适应反腐败斗争的政治需要，使经过修订的职务犯罪立法，在进一步推进廉政勤政建设中起到应有的作用。

古人说"法与时转则治"。《刑法》修订后的职务犯罪立法，从指导思想上反映了整肃吏治的时代要求。立法实践证明这一指导思想在立法过程中始终如一。在修订后的《刑法》正式实施后，贯彻执行新《刑法》时，能将惩治职务犯罪的立法主旨一点不走样地得到体现，纠正有法不依，则国家幸甚，人民幸甚。

二、立法有粗疏和缜密的差别

《刑法》是结合本国同犯罪做斗争的具体经验及实际情况制定的。1979 年制定《刑法》时，我国同职务犯罪做斗争的经验，没有今天这样具体。那时的职务犯罪情况，远不像八十年代、九十年代这样严重，所以苛责 1979 年《刑法》有关职务犯罪立法粗疏是不对的。但是通过实践，已经发现它所编织的法网足以漏掉吞舟之鱼，不承认粗疏，同样不对。

通观 1979 年《刑法》,渎职罪一章不过 8 条,加上侵犯财产罪一章中的贪污罪,主要职务犯罪的法条不过 9 个,占全部《刑法》分则条文 103 条的 8.74%。

经过修订的《刑法》分则十章中,有两章属于职务犯罪范畴。其中第八章贪污贿赂罪,第九章渎职罪,从第 382 条至第 419 条,共计 38 个条文,占分则条文总数 350 条的 11%,高出修订前《刑法》惩治职务犯罪法条在分则条文中比重的 2.3%;修订后《刑法》惩治职务犯罪法条的绝对数是修订前的 4.2 倍。

如上所述的变化,说明修订后的惩治职务犯罪立法,有了向缜密方面转化的立法空间。贿赂罪在《刑法》修订前只有 1 条,而在修订后的《刑法》中,贿赂罪有 8 条。这八条把各种各样的贿赂罪,通过叙明罪状规定出来,使现实司法中碰到的形形色色的贿赂罪,无一可以逍遥于立法之外。通过此例,足见修订后的惩治职务犯罪立法从粗疏走向缜密,增强了可操作性,对反腐败的政治斗争一定会起到积极的作用。

三、立法有刑罚轻重之分

犯罪是刑罚的前提,刑罚是犯罪的必然结果。重罪重刑,轻罪轻刑,这是《刑法》修订前后我国刑事立法共同的立法原则。不过,我国历史上"官当"制度所造成的影响,要叫它一点也不干扰新制度下所确立的立法原则,那是不现实的。要把"法律面前人人平等"的宪法原则真正变为现实,没有几代人的不懈努力是办不到的。当然,今天的"以官当罪"、"以官抵刑",不仅于法无据,在政治上更是身败名裂,所以一点也不妨碍人们对它进行无情的抨击。人民大众在中国共产党的乳汁哺育下,完全可以相信,腐朽的"官当"流毒,或迟或早将被肃清,更懂得它像一切腐朽的东西一样,不会自动退出历史舞台,必须通过与之反复较量,"法律面前人人平等"、"罪刑相适应"这些立法原则,才能最后完全植根于中国的法治土壤之中。

有必要指出:"官当"恶习无孔不入。当我们研究修订前《刑法》内部刑罚是否均衡时,就曾发现其中的玩忽职守罪的法定刑有失于轻。玩忽职守罪以行为人的行为造成公共财产、国家和人民利益遭受重大损失为犯罪构成要件。其中的"人民利益重大损失",实践中往往含有多人伤亡的内容。从多人受伤、死亡的角度说,它的社会危害性比过失伤害罪明显地大得多,但这两个罪的法定刑,在修订前的《刑法》中,玩忽职守罪的法定最高刑是有期徒刑五年,过失伤害罪的法定最高刑是有期徒刑七年。经过修订的《刑法》,其中玩忽职守罪的法定最高刑规定为有期徒刑七年,过失伤害罪的法定最高刑规定为三年有期徒刑。可见经过修订的《刑法》,通过调整《刑法》内部刑罚失衡,反映出惩治职务犯罪的立法指导思想趋向理性化。这种以行为的社会危害性为尺度规定职务犯罪法定刑的做法,是中国法制建设史上的一次重大飞跃,是值得大书特书的。

四、几点具体比较

1. 关于贪污贿赂罪在《刑法》中设立专章与不设立专章的比较

《刑法》修订前,贪污罪是侵犯财产罪一章中的 1 条,贿赂罪是渎职罪一章中的 1 条。修订后的《刑法》,专门为贪污贿赂罪设立了一章,一改修订前很容易使人误把贪污罪混同于一般财产性犯罪,把贿赂罪混同于一般渎职性犯罪的弊端。贪污贿赂绝不是一般性的经济问题,哪里有贪污贿赂,哪里国家机关的信誉必然受到严重损害。早在五十二年前,毛泽东同志在中国共产党第七次全国代表大会上的政治报告中,就曾把"贪污成风"与"廉耻扫地"联系在一起。可见中国共产党人历来是把官员搜刮民脂民膏看成是对政风的严重污染。我们国家的性质和任务决定了我们不可不严厉禁绝贪污贿赂。相信贪污贿赂罪在新《刑法》中设立专章的科学性,必然会带来比修订前分散在《刑法》分则里面更好的惩治贪污贿赂效应。

2. 关于回扣、手续费、礼物有无禁止性规定的比较

修订前的《刑法》,没有关于回扣、手续费、礼物的禁止性规定。经过修订的《刑法》第 385 条第二款规定:"国家工作人员在经济往来中,违反国家规定,收受各种名义回扣、手续费,归个人所有的,以受贿论处";第 387 条第二款规定;国家机关、国有公司、企业、事业单位、人民团体这些"前款所列单位在经济往来中,在账外暗中收受各种名义的回扣、手续费的,以受贿论,依照前款的规定处罚";第 389 条第二款规定;"在经济往来中,违反国家规定,……给予国家工作人员以各种名义的回扣、手续费的,以行贿论处";第 391 条和第 393 条分别规定,对单位违反国家规定给予国家机关、国有公司、企业、事业单位、人民团体、国家工作人员以回扣、手续费的,对单位判处罚金,并对直接负责的主管人员和其他责任人员处以自由刑;第 394 条规定:"国家工作人员在国内事务活动或者对外交往中接受礼物,依照国家规定应当交公,而不交公,数额较大的,依照本法第 380 条、第 383 条(贪污罪)的规定定罪处罚。"新《刑法》的这些规定,一改《刑法》修订前处理回扣、手续费、礼物没有法律准绳的窘境。多年来,违反国家规定的各种名义的回扣、手续费乃至礼物,成了办事的所谓"润滑剂"。在某些地方,缺乏润滑手段,几乎什么事都办不成,败坏了淳朴的风气,腐蚀了一部分人的灵魂。新《刑法》力挽狂澜,对回扣、手续费、礼物作了明确的禁止性规定,不仅对端正单位形象,而且对维护善良民风都有积极的作用。

3. 关于集体私分有无禁止性规定比较

《刑法》修订前,没有把集体私分规定为犯罪。多年来,中饱私囊

的人把"只要为集体,咋干咋有理"作为挡箭牌。化公为私成为某些不择手段笼络人心借机稳住阵脚以至往上爬的单位领导的诀窍,许多穷庙富方丈应运而生。人民群众看在眼里,气在心中,却拿它没有办法。经过修订的《刑法》第396条第一款规定:"国家机关、国有公司、企业、事业单位、人民团体,违反国家规定,以单位名义将国有资产私分给个人,数额较大的,构成私分罪。"并在同条第二款规定:"司法机关、行政执法机关违反国家规定,将应当上交国家的罚没财物,以单位名义集体私分给个人的,依照前款的规定处罚。""依照前款的规定处罚",也就是同样构成私分罪。这样一来,当新《刑法》于今年10月1日生效后,处罚私分罪便于法有据了。

4. 关于民事、行政审判活动中的枉法是否构成犯罪的比较

修订前的《刑法》第188条,只对"司法工作人员徇私舞弊,对明知是无罪的人而使他受追诉,对明知是有罪的人而故意包庇不使他受追诉,或者故意颠倒黑白作枉法裁判的"规定为枉法裁判罪。换句话说,《刑法》修订前,立法者只注意到刑事审判活动中的枉法裁判具有严重社会危害性,把民事、行政审判活动中的枉法裁判,置于向犯罪做斗争的视野之外。可是多年来的客观事实告诉人们,不仅刑事审判活动中有枉法裁判的问题,而且民事、行政审判活动中,同样存在枉法裁判的问题。其中尤以民事审判活动中的枉法裁判危害剧烈,社会震动最大。人民群众中有顺口溜说:"不公不正,肩上扛着西洋秤。"又说"天下衙门朝南开,要想办事拿钱来。"这些顺口溜的矛头,多数指向民事审判活动中的枉法裁判。经过修订的《刑法》第399条第一款规定:"司法工作人员徇私枉法、徇情枉法,对明知是无罪的人而使他受追诉,明知是有罪的人而故意包庇不使他受追诉,或者在刑事审判活动中故意违背事实和法律作枉法裁判的,"构成枉法裁判罪。同条第二款规定:"在民事、行政审判活动中故意违背事实和法律作枉

法裁判,情节严重的,"同样构成枉法裁判罪。有了这样的规定,刑事、民事、行政三大审判活动秩序都有了法律保障,"包青天"将与日俱增,人民群众对审判活动的口碑也将愈来愈好。

5. 关于职务活动多层面有无渎职禁止性规定的比较

修订前的《刑法》渎职罪一章除贿赂罪外,只有泄露国家机密罪、玩忽职守罪、枉法裁判罪、虐待人犯罪、私放罪犯罪、妨害邮电通讯罪等六个罪名,其中半数罪名只涉及政法领域。而职务活动的多层面决定了渎职犯罪立法只注意到少数乃至个别领域本身就欠科学。新《刑法》一改修订前向职务犯罪做斗争视角过窄的流弊,把司法、工商、金融、税务、经贸、林业、环保、卫生、土地、海关、商检、检疫、厂商、出入境、教育等系统的渎职行为,以及在解救被拐卖、绑架的妇女、儿童中的不作为,在查禁犯罪活动中的助罪作为,均作了禁止性规定,这就使向在这些领域的渎职犯罪行为做斗争有了法律依据。有了法律依据不一定立时令行禁止,没有法律依据却使有关渎职犯罪有空子可钻。有总是比没有好。有了向渎职犯罪做斗争的多层面的禁止性规定,有利于我们国家大力推进职务活动的法治化。

五、结束语

新《刑法》惩治职务犯罪立法有许多新鲜成分,本文只择其要者略述于上。本有许多选题可以谋篇,唯先著文讲职务犯罪,这与笔者近几年主持政协法制工作有关。在政协法制工作的岗位上,所接触到的方方面面反映出的问题,唯此为大,唯此为多。促进廉政勤政建设,匹夫有责。笔者甚感应当对职务犯罪严加惩罚,故著文聊表寸心。谨以此文献给那些关心廉政勤政建设、重视廉政勤政建设的人们。

必须向玩忽职守的犯罪行为作不懈的斗争*

一场大兴安岭特大森林火灾，烧得举国上下对官僚主义和玩忽职守空前地深恶痛绝。国家最高权力机关迅速代表民意作出决议，庄严宣告"要坚决反对和纠正严重不负责任的做官当老爷的官僚主义和玩忽职守"（《全国人民代表大会关于大兴安岭特大森林火灾事故的决议》）。众所周知，人大常委会的这种决议，也是广义上的法。我们司法机关应当如何执好这个法？笔者以为应当作如题回答。

一、向玩忽职守罪做斗争的长期性、必要性

我们的国家，现在正处于社会主义初级阶段。脱胎于半殖民地半封建社会的社会主义初级阶段，生产力水平还很低，必须千方百计地去实现别的许多国家在资本主义条件下实现的工业化和生产的商品化、社会化、现代化。我们的国家工作人员，包括政府中行使国家行政权力、执行国家公务的人员，即所谓政务类公务员和业务类公务员，以及其他各种依照法律从事公务的人员，理应发扬革命精神，摒弃半封建半殖民地的旧中国的官场的老爷作风，为改变我们国家的贫穷落后面貌，为实现我们国家的工业化和生产的商品化、社会化、现代化，做"社会的负责的公仆"（《马克思、恩格斯选集》第二卷，第 376 页）。不幸的是在十一届三中全会以前二、三十年间，干部队伍的作风

---

* 本文原载《政法学刊（甘肃政法学院学报）》1988 年第 1 期，1988 年 2 月。

建设,时有时无,尤有甚者,十年"文化大革命"将干部作风拖入绝境。由半封建半殖民地的旧中国胎里带来的糜烂的不对人民负责(当然,旧中国的官老爷还不只是不对人民负责,更本质的还是压迫人民)的官场作风乘隙泛滥。十一届三中全会后的这九年,尽管党中央力挽狂澜,但是干部队伍素质的提高有一个渐进的过程,加上改革开放中,少数干部朦朦胧胧,这就决定了官僚主义和玩忽职守仍然不可避免,而且不可能在短期内消失。为此,我们党和国家这几年除大力进行教育外,并以法律的手段对官僚主义和玩忽职守进行治理。

1982年宪法第27条第2款规定:"一切国家机关和国家工作人员必须依靠人民的支持,经常保持同人民的密切联系,倾听人民的意见和建议,接受人民的监督,努力为人民服务。"为了确保这一宪法条款的实现,1982年宪法颁布后的《水污染法》、《兵役法》和《森林法》,分别就违反《水污染法》规定,造成重大水污染事故,导致公私财产重大损失或者人身伤亡的严重后果的;国家工作人员办理兵役工作时,玩忽职守致使兵役工作遭受重大损失的;违反《森林法》规定,超过批准的年采伐限额发放林木采伐许可证或者超越职权发放林木采伐许可证情节严重,致使森林遭受严重破坏的,均应依照《刑法》第187条玩忽职守罪的规定追究刑事责任。1982年宪法颁布前就已经生效的《刑法》、《关于严惩严重破坏经济的罪犯的决定》和《食品卫生法(试行)》同样规定了对玩忽职守的罚则。《食品卫生法(试行)》规定:"玩忽职守,违反《食品卫生法(试行)》,造成严重食物中毒事故或者严重食源性疾患,致人死亡或者致人残疾因而丧失劳动能力的",依照《刑法》第187条追究玩忽职守罪的刑事责任。《关于严惩严重破坏经济的罪犯的决定》规定,国家工作人员对于情节特别严重的走私、套汇、投机倒把牟取暴利罪,盗窃罪、贩毒罪、盗运珍贵文物出口罪,索取、收受贿赂罪和包庇、窝藏这些犯罪分子的国家工作人员,因受阻挠而不履行法律所规定的追究职责的,比照《刑法》第187条玩忽职守罪处罚。《刑法》第187条则规定:"国家工作人员由于玩忽职守,致使公共财产、国家和人民的利益遭受重大损失的,处五年以下有期徒刑或者拘役。"

我们的国家工作人员在马克思主义的哺育下,在宪法和法律的约束下,多数能够做到胸怀共产主义远大理想,工作兢兢业业,把勤勤恳恳为人民服务当作最大的幸福。但是,也确有少数国家工作人员置党的教育和法的约束于不顾,走上了玩忽职守的犯罪道路。这些人对于国家和人民重托给他的工作漫不经心,不忠实地履行自己的法律义务,在工作中不认真负责,敷衍搪塞,马马虎虎,不深入工作实际,不调查研究,不倾听群众意见,不采纳专家意见,官僚主义十足,致使公共财产、国家和人民的利益遭受重大损失,不仅直接侵害国家机关的正常活动秩序,而且在群众中造成很坏的影响。因此,同玩忽职守罪做斗争,对于纯洁干部队伍和改善国家机关工作、巩固社会主义法制和健全国家制度;对于加强国家机关和人民群众的联系,增进国家机关的威信;对于国家机关在社会主义现代化建设中更好地发挥职能作用;对保护人民群众的合法权益,调动人民群众建设两个文明的积极性;对于促进党风、民风和社会风气的好转,保障改革的顺利进行,都具有十分重要的意义。

二、当前向玩忽职守罪做斗争应当注意的两个问题

1. 正确区分玩忽职守罪与非罪的界限

我国刑法第187条规定:"国家工作人员由于玩忽职守,致使公共财产,国家和人民的利益遭受重大损失的,"构成玩忽职守罪。这就是说,作为本罪的犯罪主体,必须是国家工作人员,非国家工作人员不构成本罪。虽然是国家工作人员,没有玩忽职守,当然也不构成本

罪。即使玩忽职守,并未致使公共财产、国家和人民的利益遭受重大损失,同样不构成本罪。

本罪在主客观两个方面必须具备既有对于自己的工作漫不经心、不负责任的玩忽职守行为,又有致使公共财产、国家和人民的利益遭受重大损失的结果。虽有玩忽职守的行为,没有使公共财产、国家和人民的利益遭受重大损失的结果,或者虽有损失,但损失并非重大,不构成本罪。这是刑法第 187 条的特别要求。这一规定,体现了我国立法从实际出发,兼顾向这种犯罪做斗争的需要与可能,贯彻了实事求是的精神。应当看到,以往我国法制长期不健全,从组织建制上讲,国家设官分职,国家工作人员似乎都有明确的分工,但从实际上讲,不少部门缺乏明确的职责细则。相当数量的国家工作人员科学文化技术知识、工作实际经验和组织领导管理水平与客观形势发展的需要有相当大的差距。此外,领导管理体制也还存在上下左右诸多环节的不协调。所有这些问题,不能不严重地影响着职责范围不清、责任不明、领导不力、管理不善。这就不能不在少数安于做官、不求做事的国家工作人员中,产生玩忽职守的行为。在政治体制改革、干部"四化"完成以前,对大量一般性的玩忽职守行为,给予必要的批评教育或者党纪、政纪处分是适当的。不分玩忽职守行为危害大小,一概按玩忽职守罪论处,则是不适当的。只有当玩忽职守行为给公共财产、国家和人民的利益造成重大损失才应追究刑事责任。所以对玩忽职守的处理,一要照顾国情,不然就出现打击面过宽的问题;二要不徇私情,对那些确给国家和人民的利益造成重大损失的,应当毫不姑息,依法惩办。

玩忽职守的行为,既有以作为形式出现的,又有以不作为形式表现出来的。不管作为也罢,不作为也罢,只要使公共财产、国家和人民的利益遭受重大损失,都构成玩忽职守罪。所谓不作为的玩忽职守,就是不忠实地履行自己的法定义务,消极地该干而不干。所谓作为的玩忽职守,就是滥用职权,凭借其权力、地位,滥为职务上不必要的,甚至是无益而有害的行为,积极地去干不应该干的事。尽管现实生活中以不作为形式表现出来的玩忽职守行为居多,但丝毫不应忽视以作为形式出现的玩忽职守行为,因为后者往往比前者造成的危害后果大。这就是说,对于作为形式的玩忽职守和不作为形式的玩忽职守,我们政法机关都应当予以切实的注意,千万不可只把斗争的锋芒指向致使公共财产、国家和人民的利益遭受重大损失的无所事事、做官当老爷的官僚主义,而放过致使公共财产、国家和人民的利益遭受重大损失的"辛辛苦苦"的官僚主义。

2. 严格划清玩忽职守罪与索贿、受贿罪的界限

过去我们比较注意划清重大责任事故罪与玩忽职守罪的界限。现在这一界限仍应注意划清。目前最要注意划清的是玩忽职守罪与索贿、受贿罪的界限。因为现实的所谓"玩忽职守罪",不少是粗粗看去像玩忽职守罪,细细分析实为索贿、受贿罪。玩忽职守罪与具有使国家和公民的利益遭受严重损失情节的索贿、受贿罪,确有共同之处,例如,犯罪主体都是国家工作人员,但玩忽职守罪的犯罪人没有为给他人谋私利而索取、收受贿赂的问题。因此,对那些身为国家工作人员,利用职务上的便利,成千上万地索取、收受金钱或其他财物,如汽车,或获得非物质性的利益,如提升职务,安置优越工作等,而又致使国家或者公民利益遭受严重损失的,应当认定为索贿、受贿罪。决不应只看某国家工作人员使公共财产、国家和人民的利益遭受重大损失,不问其是否索贿、受贿,就不加思索地以玩忽职守罪定罪判刑。如果把索贿、受贿罪错定为玩忽职守罪,势必发生打击不力的问题。我国刑法第185条规定,具有致使国家或者公民利益遭受严重损失情节的受贿罪,应处五年以上有期徒刑。全国人大常委会《关于严

惩严重破坏经济的罪犯的决定》规定,情节特别严重的索贿、受贿罪,处无期徒刑或者死刑。鉴于索贿、受贿罪牵涉经济利益。法律还规定赃款、赃物没收,公款、公物追还,不能让犯罪分子在经济上占便宜。而玩忽职守罪的法定刑,在刑法第187条上只规定处五年以下有期徒刑或者拘役。可见误此罪为彼罪,不可避免地会严重地影响正确地确定刑罚。

众所周知,利用刑罚同犯罪做斗争是完全必要的。只有根据犯罪分子所犯的罪行,分别处以轻重不同的刑罚,才能收到预防犯罪、减少犯罪、消灭犯罪的效果。否则,他犯了索贿、受贿罪,只不过在为行贿人谋私利时,出现了与玩忽职守罪相同的致使国家和人民的利益遭受严重损失的后果,就定他玩忽职守罪,误重罪为轻罪,预防犯罪的目的是不可能达到的。一般地说,犯罪分子只有得到应得的惩罚,才能开始悔悟,认罪服法,接受教育,不再以身试法。他犯的是重罪,应当处以重刑,却给他定轻罪,处以轻刑,其他给行贿人谋私利而致使国家和人民的利益遭受严重损失的犯索贿、受贿罪的人便不会受到震慑,人民群众同这种犯罪做斗争的积极性也调动不起来,尽管给他定玩忽职守罪,客观效果也是不会好的。因此,我们政法机关面对复杂的索贿、受贿犯罪活动,切不可仅就部分案情办案,一定要顺藤摸瓜,掌握全部案情,认真分析,由表及里,划清此罪与彼罪的界限,稳、准、狠地打击索贿、受贿罪。也只有如此,才能有助于进一步惩罚名副其实的玩忽职守罪。

大陆、台湾著作权法处罚制度比较 *

处罚在著作权法中起着著作权法得以实施的保障作用。处罚制度的宽严关系到是否能够令行禁止，牵涉社会制度的形象，仅此就足以说明研究著作权法处罚制度是何等的重要。尤有甚者，海峡两岸交流日渐频繁，祖国统一大业前景看好。对大陆、台湾著作权法的处罚制度加以比较研究，显得尤具学术价值。

一、有关立法用语之比较

大陆、台湾著作权法，都设专章规定处罚制度，不同的是前者称为法律责任，后者称为罚则。从它们各自的内容看，后者名副其实，前者名不正言不顺。这样说的理由如下。

1. 关于台湾著作权法罚则一章名副其实

台湾著作权法罚则一章起自第 33 条，止于第 40 条，全章 8 条 600 字，不长但比较全面。名为罚则，说罚便罚，而且罚之以刑。其对著作权保护之严厉，达到刑行不分的程度，即对违反刑法之处罚和违反作为行政法范畴的著作权法之处罚均皆动用刑罚。刑罚是犯罪之必然后果，台湾著作权法倒也直言不讳，明文规定违反著作权法的有关条文规定者为罪，这在大陆不易办到。

前文提到"刑行不分"，是按台湾规定，把著作权法划在行政法范

---

* 本文原载广播电影电视部主办《广播影视政策与法制》杂志，1993 年 4 月。

围里面,故对他们来说,有"刑行不分"的问题,而大陆是把著作权法划在民法范围里面,故按我们观点,确属"刑民不分"。

2. 关于大陆著作权法"处罚制度"用语不当

大陆著作权法有关处罚制度一章,名为"法律责任",实际全章 6 条,所涉及的一是处罚(第四十五条至第四十七条);二是有关处罚原则(第四十八条至第四十九条);三是有关处罚程序(第五十条)。此乃前文所说的名不正言不顺。

所谓法律责任,《辞海》说"指因违法行为而应负的法律责任。"(见《辞海》第 2078 页)《中华法律大辞典》进一步解释说"即因违法行为而引起的应当承担的义务。其特点是:以一定的义务存在为前提并出现了违反此种义务的事实。"(见《中华法律大辞典》第 1228 页)这就是说,法律责任是指违法者应当承担的带有强制性的法律上的责任。这种责任同违法行为和法律制裁相联系,即凡是实施某种违法行为的公民(含公职人员)或法人,就应当对国家及受害者承担相应的法律后果。这后果就是国家依法给予的相应的法律制裁。可见违法行为是法律责任的前提,法律制裁是法律责任的必然结果。大陆著作权法法律责任一章囊括了法律制裁以及制裁原则和程序,显然误用了法律责任一语。研究这种失误,对我们纯洁立法用语极有好处。对比之下,还是台湾著作权法中的"罚则"一语比较贴切。建议我国日后修改补充著作权法时,解决这个立法用语不当的问题。

二、有关处罚制度之宏观比较

处罚从理论上说,最大的讲究是宽严适度。对度的掌握就是看是否能够保证令行禁止。宽可以保证令行禁止,那处罚的力度宽一点就好,严了就不好;只有严才能保证令行禁止,那处罚的力度就该严厉一点才好,宽了就不好。这是就立法而论,不是讲执法。执法在任何情况下都有宽中有严、严中有宽、宽严相济的问题。大陆、台湾著作权法处罚制度明显有着宽严不同的差别，即大陆著作权法处罚制度比较宽，台湾著作权法处罚制度比较严，但又有谁能说大陆著作权法处罚制度失之于宽，台湾著作权法处罚制度失之于严呢？即使从另一个角度说，要断定大陆著作权法处罚制度得之于宽，台湾著作权法处罚制度得之于严也有困难。因为困难是实际存在的，起码有两点是实际问题，那就是大陆著作权法自1991年6月1日才开始施行，迄今只有2年，若论其处罚制度之成败为时过早；台湾著作权法虽已施行数十年之久，但由于众所周知的原因，大陆学者对台湾资料的占有不系统、不全面，不便说长道短。不过，这并不等于说对于大陆、台湾著作权法处罚制度从宏观角度加以比较也办不到，应当说作些宏观比较还是有条件的。

不妨提出这样一个问题：大陆著作权法处罚制度为什么比较宽，台湾著作权法处罚制度为什么比较严？笔者认为，大陆对版权即著作权的保护神经比较松弛，台湾对版权的保护神经绷得比较紧，这是主要原因。

说大陆对著作权的保护神经比较松弛，拿中华人民共和国成立40年后才颁布第一部著作权法来证明，是最具有说服力不过的。台湾著作权法历经三次修正公布施行，最后一次修正公布施行的时间是1964年7月10日，距今业经29年了。可以毫不夸张地说，几十年来台湾对著作权的保护一直比较重视。尽管他们对著作权保护比较重视，是为了维护他们那个社会的文化和科学事业的繁荣，《中国大百科全书法学卷》对台湾著作权法的评价仍然失之偏颇。该卷评价台湾著作权法"名为保障言论出版自由，实际上多为文化专制主义服务。"（见《中国大百科全书法学卷》第5页"版权"条）笔者以为该卷系1980年组织编写，1984年成书，从时间上说，有个此一时彼一时的问题,现在再请该条目撰稿人来评介台湾著作权法,恐怕他也会采取笔者的立场观点。是否是这样,可以研究。笔者以为,做些比较,作点反思,对我们自己总是有好无坏。大凡一个社会迟滞不前,总和看自己一枝花,看别人豆腐渣有关,或者索性不跟别人比,只看到自己的成绩,不看或很少看到自己的不足有关。在著作权法的评价问题上,同样应当通过跟别人比,发现自己的不足,才能有长足的进步。是否是这样,当然同样也可以研究。

三、有关处罚制度之几点具体比较

1. 关于未经著作权人许可,发表其作品的

未经合作作者许可,将与他人合作创作的作品当作自己单独创作的作品发表的,没有参加创作,为谋取个人名利,在他人作品上署名的;歪曲、篡改他人作品的;未经著作权人许可,以表演、播放、展览、发行、摄制电影、电视,录像或者改编、翻译、注释、编辑等方式使用作品的(该法另有规定的除外);使用他人作品,未按规定支付报酬的;未经表演者许可从现场直播其表演的以及其他侵犯著作权和与著作权有关的权益的行为,大陆著作权法规定应当根据情况,承担停止侵害、消除影响、公开赔礼道歉、赔偿损失等民事责任。台湾著作权法规定处 2 年以下有期徒刑,得并科 2000 元(指台币,下同)以下罚金。其著作物没收之,并得销毁其制版。对常业犯处 3 年以下有期徒刑,得并科 3000 元以下罚金。两相比较前者的处罚比较松缓,后者的处罚比较激烈。后者规定要负刑事责任,前者限于认定民事责任。而有关侵权案由,大陆著作权法采取如上列举和概括,台湾著作权法只作极其简单的列举即转入概括,这在可操作性上,大陆著作权法显得更胜一筹。台湾著作权法为什么不作更多的列举,恐怕与立法者留给司法机关更多的灵活性有关。

2. 关于剽窃、抄袭他人作品的

未经著作权人许可,以营利为目的,复制发行其作品的;出版他人享有出版权的图书的;未经表演者许可,对其表演制作录音录像出版的;未经录音录像制作者许可,复制发行其录音录像的;未经广播电台、电视台许可复制发行其制作的广播、电视节目的;制作、出售假冒他人署名的美术作品的,大陆著作权法规定应当根据情况,承担停止损害、消除影响、公开赔礼道歉、赔偿损失等民事责任,并可以由著作权行政管理部门给予没收非法所得、罚款等行政处罚。台湾著作权法对上列行为以侵害他人著作权论,处 2 年以下有期徒刑,得并科2000 元以下罚金,著作物没收之,并得销毁其制版;对常业犯处 3 年以下有期徒刑,得并科 3000 元以下罚金。台湾著作权法把上列侵权行为看得并不比前述"1"所列举的行为重,故处罚相同。大陆著作权法显然认为上列侵权行为比前述"1"所列举的行为重,故处罚规定中不仅有民事处罚,还带上了行政处罚(这是从狭义的处罚分类说的)。

3. 关于当事人履行合同义务与否的约定

当事人不履行合同义务或者履行合同义务不符合约定条件的,大陆著作权法规定应当依照民法通则有关规定承担民事责任。台湾著作权法对此未作规定。台湾著作权法对此未作规定,并不意味着台湾其他法律对这种行为不加约束。事实上违反出版合同自有合同法规调整,在著作权法中提它似属累赘。

4. 关于受让或继承

受让或继承他人之著作者,未经原著作人同意或受有遗嘱者,将原著作改窜、割裂、变匿姓名或更换名目发行的,台湾著作权法规定处 1000 元以下罚金。大陆著作权法对上列行为未具体列举,但似可归入其他侵权。若如此,处罚同前述"1"。从立法学的角度说,对已经明显危害社会的行为,应当明令禁止;对可能危害社会的行为,应适当超前做出禁止性规定，但不一定具体列举，宜做概括。大陆、台湾著作权法对此所见略同。

5. 关于著作权年限

将著作权年限已满之著作改窜、割裂、变更姓名或更换名目发行的，台湾著作权法规定处 1500 元以下罚金。对上列视为公共之物的侵犯，台湾著作权法将其处罚之上限提高到 1500 元，而不同于对尚有受让或继承他人之著作权的著作，可见台湾著作权法对著作权年限已满之著作的刻意保护。大陆著作权法对此未作具体列举，显然也可以归入其他侵权。若如此，处罚也就是前述"1"的幅度。大陆、台湾著作权法的这种差别，与立法前有关案例的积累情况有一定关系。台湾这方面的案例有所积累，台湾著作权法就会在罚则中把这一条立起来。大陆这方面的案例不多或无所积累，也就不会在著作权法中立这一条。

6. 关于侵犯制版权

侵犯制版权、注册呈报不实、假刊业经注册字样的，台湾著作权法规定，处罚分别是没收其出版物，并销毁其制版；处 500 元以下之罚金，并得注销其注册；处 800 元以下罚金，并禁止其销售。而大陆著作权法对此未作具体涉及。

四、结　语

通过以上三方面的比较，我们的发现可以归纳为三点：一是台湾著作权法的有关立法用语比较准确，而大陆著作权法相关的立法用语不够科学；二是大陆著作权法的有关处罚制度限于民事和行政处罚，台湾著作权法把侵犯著作权的行为规定为犯罪，适用刑事处罚；三是处罚的前提——有关行为，大陆、台湾均规定得有粗有细。第一点对我们的启示是日后修改著作权法应当力争立法用语科学化；第二点给我们提出的问题是要加强对一宽一严的大陆、台湾著作权法处罚效应的调查研究,我们的好就坚持,人家的好就学人家;第三点同样向我们提出了需要加强调查研究的问题。大陆、台湾著作权法处罚前提的有关行为,其规定粗细各有侧重,是否各有千秋,结论应当产生在充分的调查研究之后。

略论缓刑适用的几个问题 *

当人们一面看到监狱床位紧张，一面又看到法院判了那么多可宣告而不宣告缓刑的实刑；一面看到短刑犯人在狱内受到"交叉感染"；一面又看到某些社会环境难以教化适用缓刑的犯罪分子；一面看到适用缓刑是一种国际潮流，一面又看到国内刑事司法适用缓刑表现得不那么得心应手，诸如此类的缓刑适用问题，使人难免产生某种困惑。因此，研究缓刑适用中的问题，包括研讨我国刑法关于缓刑规定的理论问题，对于更好地贯彻依法适用缓刑，广收短刑罪犯改过自新效应，具有重大意义。

一、关于适用缓刑条件的完整理解问题

我国刑法第 67 条第 12 款规定："对于被判处拘役、三年以下有期徒刑的犯罪分子，根据犯罪分子的犯罪情节和悔罪表现，认为适用缓刑确实不致再危害社会的，可以宣告缓刑。"第 69 条规定："对于反革命犯和累犯，不适用缓刑。"这两条十分明确地指出了适用缓刑必须具备的条件，一是犯罪分子被判处的刑罚是拘役或者三年以下有期徒刑；二是根据犯罪情节和悔罪表现，认为适用缓刑确实不致再危害社会；三是犯罪分子不是反革命犯和累犯。这三个条件虽然分列于

---

* 本文原载甘肃省社会科学联合会机关刊物《社科纵横》1994 年第 3 期，1994 年 7 月。

两个法条，但作为缓刑条件，它们是一个有机的整体。

某些解释不利于执法者对缓刑三条件作有机整体的理解。例如，有两本高等学校法学教材就把作为有机整体的缓刑三条件，作了前提条件和重要条件之分。它们说："犯罪分子被判处拘役或三年以下有期徒刑并且不是反革命犯和累犯，这是适用缓刑的前提条件。"而"适用缓刑确实不致再危害社会，这是可否适用缓刑的重要标准。不具备这一条件，就不能对犯罪分子适用缓刑。"

逻辑思维告诉我们，说这三条件中的一条件重要，无异于说另二条件不重要。说三条件中的二条件是前提，无异于说另一条件并非前提。可是，"在逻辑推理中，（条件）指前提和结论、理由和推断的依赖关系"。（《辞海》关于"条件"一词的释义）因此，其他各家刑法教材，包括笔者的《刑法教程》（南京大学出版社，1987年10月版），无不急忙解释缓刑"三个条件必须同时具备。缺少任何一个条件都不能适用缓刑。"这样解释的明显用意是强调缓刑三条件是有机的整体。如此去理解刑法第67条和第69条的规定，才有利于依法适用缓刑，不至于因错误理解缓刑三条件中有不重要、非前提的无关赘文而贻误缓刑的适用。

二、关于适用缓刑确实不致再危害社会的根据问题

从我国刑法第67条和第69条的规定可知，人民法院对于被判处拘役、三年以下有期徒刑，又不是反革命犯和累犯的犯罪分子，认定确实不致再危害社会的根据，一是犯罪情节，二是悔罪表现。如果犯罪分子的犯罪情节较轻，有悔罪表现，使人民法院相信不对他实行关押，也不至再危害社会，就可以宣告缓刑。那些在法定的两点根据之外，再附加这根据、那根据的做法或解释，都是不可取的。全国法院干部业余法律大学刑法教研组编写的《中国刑法讲义》三卷本上册第

255 页，当讲到认定犯罪分子确实不致再危害社会的根据时说："从审判实践看，主要考虑两点。一是犯罪分子真诚悔罪，确有痛改前非、重新做人的决心"；"二是把犯罪分子放在社会上，有较好的改造环境。例如，犯罪分子的家庭和所在单位、街道、村镇等积极承担教育改造任务，并有一定的条件。"这显然是一段写实的文字，它向我们揭示了这样的问题：审判实践所考虑的，法定二根据中的一个根据——犯罪情节不见了；不是法定根据的"环境"云云被拿来与法定根据相提并论了。

综观法定适用缓刑确实不致再危害社会的根据，就其实质说，一是看犯罪行为的社会危害性，二是看犯罪人的社会危险性在犯罪后是否有所改变，具体地说看是否在向好的方面转化。而全国法院业大教材所揭示的审判实践主要考虑的两点之一的环境，一非客观危害性，二非主观危险性，拿它来决定对符合缓刑法定条件的犯罪分子是否适用缓刑，不能说不是一种偏差。

改造犯罪的环境，虽然不应当与犯罪情节和悔罪表现相提并论，但它确实是一个实际问题。承认它是实际问题，才能够切切实实地去做工作，改变它，给宣告缓刑的犯罪分子创造一个适于改造的环境，而不是对较差的改造环境既不去做工作改变它，还望洋兴叹，以至于连应当宣告缓刑都不宣告。

宣告缓刑，对于罪行较轻的犯罪分子是惩办与宽大相结合政策的体现，使他们在社会上通过劳动或工作得到教育和改造，有利于社会稳定；对于争取犯罪分子的家属，调动一切积极因素，为社会主义现代化建设服务，确有重大意义。我们一定要本着严守立法本意的执法态度，去对待我国刑法第 67 条所讲的"认为适用缓刑确实不致再危害社会"的"根据"问题。

三、关于"可以宣告缓刑"的"可以"问题

我国刑法两编192条,"可以"的字样出现61处。不少人解释刑法上的"可以",多说"可以"有别于"应当"。并说"应当"就是只允许这样,不允许那样;"可以"的含义是可以这样,还可以不这样。其实不尽如此。刑法第67中条的"可以宣告缓刑"的"可以",笔者以为就没有可以不宣告缓刑的意思。这一立论的理由如下:

为了叙述方便、浏览对照也方便,现把法条原文摆出来。第67条第1款:"对于被判处拘役、三年以下有期徒刑的犯罪分子,根据犯罪分子的犯罪情节和悔罪表现,认为适用缓刑确实不致再危害社会的,可以宣告缓刑。"

从摆在这里的条文可以清楚地看到,对于一个被判处拘役、三年以下有期徒刑的犯罪分子,人民法院根据他的犯罪情节和悔罪表现,已经认为适用缓刑确实不致再危害社会了,宣告缓刑就是"应当"宣告缓刑,而不是可以不宣告缓刑。现在我们研究刑法第67条第1款发现,它之所以使用"可以"的字样,主要是因为对于反革命犯和累犯,还有个不适用缓刑的问题。就是说,尽管某一被判处拘役、三年以下有期徒刑的犯罪分子,人民法院根据他的犯罪情节和悔罪表现,认为适用缓刑确实不致再危害社会,应当宣告缓刑,但由于他有反革命犯或者累犯的身份,人身危险性大,也可以对他不适用缓刑。

某大专法学试用教材《刑法教程》的下面一段话是有道理的。这段话是:"对于已具备缓刑条件的罪犯,就应当宣告缓刑。"人家已经具备了缓刑条件,而给人家不宣告缓刑,当然说不过去。这也就是"可以"在刑法第67条中成为问题之所在。

四、关于"依法适当多判一些缓刑"的问题

本文定稿期间,《法制日报》发了中央政法委员会研究室在吉林市召开的研讨会的消息。该消息说:"在对严重刑事犯罪分子坚持依法从重从快严厉打击的同时,对轻微犯罪分子依法适当多判一些缓刑,可以取得良好的社会效果,这是日前参加中央政法委员会研究室召开的研讨会的代表们得出的共识。"(见 1991 年 10 月 10 日《法制日报》第一版)诚如撰写这一消息的记者刘国航所写到的:"目前要充分认识这一工作的必要性和重要性,坚持惩办与宽大相结合的一贯政策,发挥我国社会主义制度的特有优势,广泛动员和依靠社会治安综合治理的一项重要措施。"不过,笔者对"依法适当多判一些缓刑"的提法不敢苟同。试想,如果承认"依法适当多判一些缓刑"的命题是对的,那么,"依法适当少判一些缓刑"的命题无疑也是对的。今天说"多判一些",明天就可能说"少判一些"。今天、明天变化无常,法律规定的缓刑条件权威何在? 因此,笔者以为,比较科学的提法应当是依法宣告缓刑,有多少符合缓刑条件的就宣告多少。

五、关于修改、补充刑法适用缓刑条件规定的问题

综上所述,多数问题与刑法关于适用缓刑条件的规定有关,可见修改、补充刑法有关缓刑条件规定的必要。

笔者建议,我国刑法对缓刑条件应作如下修改和补充:

"缓刑适用于具备下列条件的犯罪分子:①被判处拘役、三年以下有期徒刑;②有悔罪表现;③特定的犯罪原因已经消失;④无反革命犯或者累犯身份。"

建议如此修改补充刑法关于适用缓刑条件规定的理由:

第一,原适用缓刑条件的规定,分别在两个法条(刑法第 67 条和

第69条)之中,无形中把反革命犯和累犯当作符合法定适用缓刑条件的一种例外,不如索性把它用一个法条规定出来,便于使法律规范的文字出现明白无误的效果。

第二,缓刑适用对象是部分犯罪分子。是哪一部分犯罪分子? 是具备"①"、"②"、"③"、"④"四个条件的犯罪分子。如此表述,缓刑四个条件并列,且把原规定中的"认为适用缓刑确实不致再危害社会"的不确定含义,以"特定的犯罪原因已经消失"作了替换,从而增强了可操作性。

第三,"认为适用缓刑确实不致再危害社会"的规定,实践证明其可操作性极差,改用"特定的犯罪原因已经消失",并且名正言顺地把它与其他缓刑三条并列,使原来属于判断范畴的"认为"变为可见的外在表现,其规范性无疑略胜一筹。

第四,删除了在原规定中的"犯罪情节"云云,因为犯罪情节在刑法第57条涉及的量刑一般原则里面已有规定。既然决定刑罚的要素里面就有犯罪情节,而作为适用缓刑条件之一的"被判处拘役、三年以下有期徒刑",又理所当然地考虑了犯罪情节,那么,再把犯罪情节作为"认为适用缓刑确实不致再危害社会"的一个根据,只能认为是不恰当的。

当前烟毒犯罪的情况及法律对策 *

新中国建立后，人民政府在医治旧社会给我们遗留的各种痼疾的同时，也基本肃清了烟毒犯罪。到 1979 年 7 月 1 日第五次全国人民代表大会第二次会议通过《中华人民共和国刑法》的时候，烟毒犯罪表现在个别边境地区还有从国外走私贩运烟毒的情况，对我们国家和民族已经构不成什么严重危害。时隔十年，情况大不一样。从全国看，它已进入了卖淫嫖娼、制作传播淫秽物品、拐卖妇女儿童、私种吸食贩运毒品、聚众赌博和利用封建迷信骗财害人等六大社会公害之列。从个别省份看，它已居于"六害"之首。而《中华人民共和国刑法》只有一条（第 171 条）制造、贩卖、运输毒品罪，而且在执行中各地都有自己的限制解释，使本来就很有限的立法，更加满足不了向当前的烟毒犯罪做斗争的需要。这就有必要在认清当前烟毒犯罪严重性、危害性的基础上，抓紧研究对策，以求取得各方面的共识，从而解决消弭烟毒犯罪的问题。

一、当前烟毒犯罪猖獗

近几年烟毒犯罪活动日益猖獗。其主要表现有三：

---

* 本文系 1990 年 10 月在中国法学会刑法学研究会大连年会上的学术交流论文，被收入法律出版社出版的《廉政建设与刑法功能》一书。

1. 私种罂粟从隐蔽、小量向半公开和大量发展

罂粟是制造鸦片的原植物，随着厉行禁毒，私种它已经十分隐蔽，而且私种的数量也不是太多。某省1986年发现并铲除私种的罂粟60万株，种植的地点都在深山老林之中。1987年该省私种罂粟的数量猛增到90万株，相当于1986年的1.5倍。1988年以来，呈逐年增长的趋势。从查获的案件数说，1988年为1987年的1.3倍，1989年为1988年的3.9倍。从种植的地理位置说，已由深山老林蔓延到城镇边缘，有的甚至公然在责任田中套种。从个别自然村说，有的竟户户种植，连村干部也不例外。更有甚者，有的村种植罂粟的农户不以私种罂粟违法为可耻，不种罂粟的农户倒被谩骂、中伤得抬不起头来。

2. 贩卖烟毒案件激增，而且重特大案件层出不穷

根据调查统计，某省查获贩卖烟毒案件、抓获案犯、缴获烟毒数量，1989年比1985年、1986年和1987年的年均数分别上升1.4倍、1.5倍、9.4倍。1989年分别比1988年上升3.6倍、4倍、1.6倍。1989年比1985年至1987年三年总和分别上升2.6倍、3.2倍、8倍。1990年第一季度发案数，比1989年同期上升7倍多，尤其是贩卖海洛因300克以上的特大案件，比1989年全年的统计数还高1.65倍。

查获贩卖烟毒案件数，抓获案犯数和缴获烟毒数，虽与对查禁烟毒的重视程度和投入的警力多少有关，但与烟毒犯罪活动的实际情况大体呈正比关系，因为前者毕竟脱离不了后者。

3. 吸食毒品者与日俱增，"以卖养吸"在吸毒人员中占有一定比例

根据调查统计，某省查出吸毒人数，1988年为1987年的1.6倍，1989年为1988年的3.2倍，1990年还在第二季度，就已摸排出1989年全年统计数的3倍。在吸毒人员中，有相当一部分既吸又贩，以贩

养吸。据某市对吸毒人员逐个审查,发现既吸又贩者占吸毒人员总数的 12.3%。在某铁路公安派出所抓获的 23 名贩毒人员中,有 21 人吸食毒品,吸毒者在贩卖者中占 90%。

此外,还有一些情况更加令人触目惊心:有一个铁路局的供电段,吸毒者占全段职工总数 3.2%;某部属大企业的热力、拆车两个班,班长带头,全班 100% 吸毒;有两个居委会,吸毒者分别占到各居委会辖区人口总数的 4.1% 和 6.9%。

吸毒人员构成情况,1988 年以前多为社会闲散人员,个体劳动者次之。1989 年以来,职工吸毒的越来越多,他们在吸毒人数中已经超过 50%。这些人中有工人,有干部,还有现役军人和人民警察。

二、烟毒犯罪活动严重危害社会

烟毒犯罪活动危害十分严重。早在清朝,当帝国主义列强侵略中国,帝国主义分子向中国贩卖鸦片烟毒的时候,有识之士就看到了烟毒犯罪的危害性。不过,在旧中国,不管是清朝时期,还是民国时期,烟毒犯罪危害的毕竟是剥削者统治阶级的统治秩序,与今日烟毒犯罪的危害不可混为一谈。今日烟毒犯罪的危害可以从以下两个方面看。

1. 对个人和家庭损害严重

有人说烟毒犯罪毁了涉世不深的一批青少年,害了先行步入小康的某些家庭。这话一点不假。根据调查统计,某监狱关押的 116 名因吸毒而走上犯罪道路的人,全部是青少年,其中 17 岁至 20 岁的 58 名,占在押总数的 50%;21 岁至 24 岁的 42 名,占在押总数的 36.2%;25 岁至 27 岁的 16 名,占在押总数的 13.8%。这里面 18 岁至 22 岁的人最多,共有 84 名,占在押总数的 72.4%,他们的犯罪动机统统是捞钱。其案件性质分别为抢劫(31 名,占在押总数的 26.7%)、抢劫杀人(18 名,占在押总数的 15.5%)、盗窃(42 名,占在押总数的 36.2%)、贩毒(16 名,占在押总数的 13.8%)、卖淫(9 名,占在押总数的 7.8%)。这些统计数字无可置疑地说明吸毒引发犯罪,沦为罪犯的又是一些涉世不深的青少年。

烟毒犯罪的又一罪恶产物是对家庭的损害。一个好端端的家庭,其成员中出了吸贩毒的,不是家破人亡、妻离子散,也要倾家荡产。例如,某县马哈麦与妻子马则乃双双吸毒贩毒,马哈麦服刑后,马则乃为支付每日 20 元的吸毒费用,将家中财产变卖一空,最后把一个 16 岁的亲生女儿也卖掉了。某市女青年杨生华,从事个体劳动,数年积蓄 6 万多元,1988 年染上毒瘾后,每天要支付二、三百元"烟钱",当花完全部积蓄后,为了"以贩养吸",遂坠入贩毒的罪恶深渊。更有毒瘾发作后,持刀威胁亲属索要"烟钱",甚至自伤、自杀的。

2. 对国家和社会危害剧烈

根据调查,某省 1988 年以来,社会治安秩序问题日益突出,刑事发案大幅上升,特别是重特大案件,超过 1983 年"严打"前的二倍多,其原因是多方面的,但与烟毒犯罪激增有密切关系。例如某市宏声贸易公司收款员郭云(女,23 岁)贪污公款 10 万元,与贩毒分子相勾结,住进宾馆大肆吸毒、赌博。某县民警徐宝峥,染上毒瘾后,三个月之内盗窃、抢劫作案 16 起,赃款赃物半数用于吸毒。某县郎万生因吸毒无钱,将河南省农民韩西更杀害后,抢劫现金 1000 余元。22 岁的女青年王某,原为某厂技术员,染上毒瘾后,入不敷出,于是便和几个"烟友"一起盗窃、诈骗,后来发展到以药物麻醉为手段抢劫财物,去年 6 月竟不顾国格、人格,进入某国使馆向外国人卖淫。李某、陆某等8 名青少年,染上毒瘾后结伙盗窃、抢劫,从某市窃得一辆货车,驶出数百公里后,又停车盗窃大量武器弹药和抢劫大宗食品,得手后遂开车去戈壁深处为匪,在武警和公安人员追捕时,还负隅顽抗,开火拒捕,当首犯被击毙后,其余犯罪分子才被迫放下武器。

三、烟毒犯罪的法律对策

当前烟毒犯罪活动的严重性、危害性,通过本文一、二两部分可见一斑。事实说明对烟毒犯罪活动到了非严厉惩治不可的时候了。

这几年一提"严厉惩治",人们多从提高法定刑去考虑。笔者以为提高法定刑只是严厉惩罚犯罪的一着。着数实在还多,我们不应墨守成规。尤其是当原来的着数不灵验的时候,更该另觅新着。

如前所述,惩治烟毒犯罪,1979年制定的《中华人民共和国刑法》已经在它的第171条规定了制造、贩卖、运输毒品罪。根据当时国内烟毒犯罪的情况,这条立法从罪状到法定刑的规定都是符合实际的,所以一度确曾起到有效地遏制烟毒犯罪的作用。后来随着开放搞活的经济政策的推行,而精神文明建设却没有能够做到同步进行,法不完善,一部分人的思想境界不仅没有提高,相反坠落到唯利是图,不择手段地抢先"富起来",干制造、贩卖烟毒的勾当明显得利多、来钱快,于是到1982年初烟毒犯罪活动的嚣张情况,便和1979年制定《中华人民共和国刑法》的时候大不一样。那时比较突出的矛盾是《中华人民共和国刑法》第171条的法定情节,概括不了某些新的烟毒犯罪,特别是贩毒情节,有了前所未有的特别严重的情况,所以1982年3月8日第五届全国人民代表大会常务委员会第二十二次会议做出《关于严惩严重破坏经济的罪犯的决定》,对《刑法》第171条补充了情节特别严重的贩毒罪,并赋予了相应的法定刑,即"处十年以上有期徒刑、无期徒刑或者死刑,可以并处没收财产。"对国家工作人员利用职务犯贩毒罪,情节特别严重的,该《决定》同时规定从重处罚。那时总以为这么一规定,矛盾便可以得到解决。谁知问题并不那么简单,1982年3月8日全国人大常委会《关于严惩严重破坏经济的罪犯的决定》实施后，不仅贩毒活动没有遏制住，还愈演愈烈。私种罂粟、制造毒品的犯罪活动，无形中在与国外的毒源相竞争。这种顶风作案，连杀头都不怕的烟毒犯罪分子，其犯罪活动对我们构成了严重威胁，不怪社会舆论为此惊呼：要对历史负责，对中华民族负责，对子孙后代负责。

制造、贩卖毒品的犯罪活动泛滥成灾，说明毒品有市场。市场在哪里？——在吸毒人员之中。如果没有那么多人吸毒，制造、贩卖毒品的犯罪活动，是不会那么泛滥成灾的。这就使人们不能不问，只惩罚贩毒的人，不惩罚吸毒的人，禁毒工作何日才能奏效？

吸毒人员中，有一部分未成年人，最小的才 12 岁，对这一部分人另当别论。在成年人中，吸毒者多数是些无恶不作的社会渣滓。根据调查统计，在成年吸毒者中，曾经受过打击处理的超过 60%。他们中不少人是 1983 年"严打"中判处的轻刑犯和劳教人员，他们在服刑或劳教期间没有受到应有的教育，劳改释放或解教后便醉生梦死，只要往日的"同学"中有一人吸贩毒，很快便像滚雪球一样，发展成一支庞大的吸毒队伍。例如 1990 年 9 月 1 日某区法院判处的贩毒犯刘胜利，他于 1978 年至 1981 年因盗窃被劳教三年，1983 年至 1985 年又因盗窃被劳教二年，1988 年 8 月因销赃罪被判处有期徒刑一年，1989 年在与其两年前同监的熟人接触中，染上毒瘾。由于其正当收入与吸毒所需要的金钱难成正比，不久便与其妻双双堕落成贩毒犯，他们在堕落贩毒后，在两月之内便在有劣迹的人员中发展了 40 余名吸贩毒犯。

鉴于吸贩毒往往没有不可逾越的界线，更鉴于吸毒人员不是原来就有劣迹，就是染上毒瘾后走上犯罪道路，我们可否作这样的设想：对贩卖毒品罪实行买卖同科。过去我们只处罚卖方，不处罚买主，所以禁毒成效甚少。实行买卖同科，对卖方、买方原则上一律处罚，这样或许能较好地遏制烟毒犯罪。

我国刑法中不是有贿赂罪收受同科，重婚罚主被动的男女同科、赌博罪中的输赢同科，套购外汇的投机倒把罪买卖同科的立法例吗？烟毒犯罪已经发展到如上所述的严重地步，我们为什么不能对贩卖毒品罪也来它个买卖同科呢？如果大家都同意这样做，刑法的现有规定就能够起到更大的作用。

如果觉得对贩卖毒品罪买卖同科不可取，还是增设一个吸毒罪更加名正言顺，那重新立法增设一个吸毒罪也未尝不可。

1950年7月25日由中央人民政府法制委员会定稿的《中华人民共和国刑法（草案）》第67条规定有栽种、制造、运输、买卖烟毒罪；1954年9月30日由中央人民政府法制委员会定稿的《中华人民共和国刑法指导原则草案（初稿）》删去了对购买毒品者的处罚，等于宣布了购买毒品不为罪；1957年由全国人民代表大会常务委员会法律室草拟、法案委员会审议修正，1957年6月28日印发给人大代表征求意见的刑法第二十二次稿——《中华人民共和国刑法草案（初稿）》第200条，以专门一条规定了吸食或者注射毒品罪；1963年10月9日由全国人民代表大会常务委员会办公厅印行的刑法第三十三次稿——《中华人民共和国刑法草案（修正稿）》第189条，照样专条规定了吸食或者注射毒品罪。由此可见，现在提出对贩卖毒品罪买卖同科或者重新立法增设吸毒罪，并不新鲜，不过是因时之议罢了。

再说在其他国家及地区的刑法里，例如在日本的刑法里，甚至连我国台湾的刑法里，早有关于吸毒罪的规定，所以我们当前为了向烟毒犯罪做斗争的需要，对贩毒罪买卖同科或者另设吸毒罪，绝无标新立异之嫌。

解决了"不过是因时之议"、"绝无标新立异之嫌"的问题，不等于就再没有认识方面的障碍，障碍还是难免的。例如有人会说，对贩毒罪实行买卖同科或者另设吸毒罪,势必发生打击面过宽的问题。这个问题倒是需要认真对待的。

打击面的宽窄是由什么决定的?无非是由对社会主义制度和人民利益的维护面决定的,维护面有多大,打击面就有多大。面对吸毒的人成几何级数增加,我们不应当只看到吸毒的人是烟毒犯罪的受害者,还应当看到他们的买毒行为与制造、贩卖毒品的行为互为因果,他们买毒行为本来对社会就有危害。应当好好思索这样一个问题,即烟毒犯罪到底是侵犯人身的犯罪呢,还是妨害社会管理的犯罪?多年来我们刑法教材都把它列为危害人民健康的犯罪,这在某种程度上妨碍了人们对烟毒犯罪侵害体的本质认识。我国的刑事立法,包括未形成正式法典之前的刑草,有把它放在破坏公共秩序的犯罪里面的,有把它放在妨害管理秩序罪里面的,唯独没有把它与侵犯人身、危害健康相联系,实在有助于我们思考烟毒犯罪同类客体的本质。既然吸贩毒侵犯的同类客体同是社会管理秩序,就没有理由不把吸毒与贩毒放在与犯罪做斗争的同一视野中。

只要我们接触一下实际,就不会看不到吸毒对治安秩序、管理秩序的严重危害。例一,目前在某些城市,成色好坏的自行车都有可能被盗,简直成了人们普遍头疼的事。从破案情况看,盗车贼多数系吸毒者。吸毒者毒瘾一患,摸摸口袋没钱,于是便对停放在其附近的自行车打主意。盗窃一辆自行车,换取两小包海洛因(价20元),这是部分吸毒者的惯常做法。例二,一些大型企业中的吸毒人员增加,仪表、电力等关键岗位的职工吸毒后,不能坚持正常工作,成为事故隐患。通过这样的具体事例,我们总该可以看清吸毒危害的主要是什么,从而去掉几分不必要的怜悯,增加一些对社会负责的精神。

有如让吸毒者沿着吸毒——犯罪的道路走下去,再制裁吸毒者,不如当发现他吸毒之初就认定他的吸毒罪,或者以买卖同科的贩毒罪制裁他,恐怕这才是对吸毒者的爱护,因为这时他对社会的危害毕竟小一些,他的罪当然也就轻一些,我们实在没有必要等他罪恶累累时再制裁他。

破坏军人婚姻罪未遂初探 *

　　刑法颁布以后，对刑法第一百八十一条破坏军人婚姻罪的规定，有人说："这条规定的精神不是要削弱对军人婚姻的保护，而是要缩小打击面，更加鲜明地体现男女平等的原则，有利于保护男女恋爱、结婚的自由，有利于鼓励军人实行晚婚，同时也可以避免实际工作中存在的对'婚约'关系不易判断的那种困难。所以，这样的规定是正确的，必要的。"也有人说："刑法第一百八十一条基本上形同虚设。"刑法实施以来，全国各地人民法院审理破坏军婚罪的刑事案件骤减，有的甚至出现空白。对福建、四川、江苏三省的县一级人民法院进行调查发现，三年多来，他们都未判过一起破坏军婚的案件。"为了使国家关于打击破坏军婚犯罪的立法精神与司法实践'和谐一致'，似应对刑法第一百八十一条做出修改和补充。"笔者基本赞同前一论断，对后一观点基本不赞成，但觉得后一观点有它合理的成分，即破坏军人婚姻罪的司法实践，应当与破坏军人婚姻罪的立法精神"和谐一致"。怎样才能使破坏军人婚姻罪的司法实践与立法精神"和谐一致"呢？笔者认为有进行认真研讨的必要。

一

　　破坏军人婚姻罪有既遂，又有未遂，它是一种故意犯罪。这种故

＊本文原载《天津市政法管理干部学院校刊》1986 年第 2 期，1986 年 4 月。

意犯罪,不是一着手实行,犯罪就告完成,一般都有一个犯罪过程。对于已经着手实行破坏军人婚姻的犯罪来说,只是由于犯罪分子意志以外的原因而未得逞的,它和已得逞的区别,仅仅在于尚未出现与现役军人的配偶同居或者结婚的犯罪结果。

当然,司法实践中,有把破坏军人婚姻未遂当作破坏军人婚姻既遂处理的,也有把破坏军人婚姻未遂不认为是犯罪的。前者是混淆了未遂与既遂的界限,后者是混淆了罪与非罪的界限。有这样一个案件,甲男与乙女(现役军人之妻)通奸长达二年之久,其间甲男曾致乙女怀孕并流产。甲男与乙女为了达到公开结合的目的,决意由乙女出面,与其丈夫现役军人丙闹离婚。乙在实施闹离婚的过程中,竟动手打丙,丙出于维护与乙的婚姻关系,以有力的事实教育乙并采取了捉奸的行动。一日丙在甲乙行奸中当场将其捉住,并以甲犯了破坏军人婚姻罪向当地县人民法院提起诉讼。该县法院认为甲乙通奸情节虽然恶劣,但不构成破坏军人婚姻罪,判决认定甲无罪。丙对判决不服,提起上诉,二审法院认为甲破坏军人婚姻情节恶劣,后果严重,判决认定甲触犯刑法第一百八十一条,构成破坏军人婚姻罪,处有期徒刑三年。这个案件的一审判决就是把破坏军人婚姻未遂不当犯罪的适例,而二审判决则是把破坏军人婚姻未遂当作破坏军人婚姻既遂的适例。由此可见,不搞清破坏军人婚姻未遂,就可能放纵犯罪或在认定犯罪情节上发生歧义。

二

破坏军人婚姻未遂有既了(实行终了)未遂和未了(未实行终了)未遂两类。

1. 实行终了的破坏军人婚姻未遂

实行终了的破坏军人婚姻未遂是指行为人为了实现与现役军人

的配偶同居或者结婚的意图而进行的全部行为都实行完毕，只是由于行为人意志以外的原因，未能破坏军人婚姻关系的行为。例如，现役军人的妻子甲与乙以夫妻相称在旅馆登记住宿，查房中经询问始露真正身份，从而使军人婚姻关系得到维护。在这个案件中，甲乙的行为便是实行终了的破坏军人婚姻未遂。

2. 未实行终了的破坏军人婚姻未遂

未实行终了的破坏军人婚姻未遂，是指行为人为实现与现役军人的配偶同居或者结婚的意图所进行的全部行为未实行完毕，由于行为入意志以外的原因，未能破坏军人婚姻关系的行为。例如本文"1"所举的甲男和乙女的行为便是。

以上两类破坏军人婚姻未遂，有一个共同的特征，这就是行为人已经着手实施危害军人婚姻关系的行为，但均因意志以外的原因而未出现与现役军人的配偶同居或者结婚的结果。尽管行为人追求的犯罪结果没有出现，但是，已经给军人婚姻关系造成了损害。司法实践中，对军人婚姻关系没有很好保护多发生在这种未遂案件上。如果我们能充分地认识破坏军人婚姻未遂的社会危害性，一般地说就不会放过对这种犯罪未遂的惩罚，刑法第一百八十一条对现役军人婚姻给予特别保护的立法精神，也就能得到较好的体现，该条立法精神与司法实践"和谐一致"的问题，基本上也就得到解决。否则，只认为出现了犯罪分子追求的与现役军人配偶同居或者结婚的结果，才对社会有危害，才算侵害了我国刑法保护的军人婚姻关系这个客体，那就势必只处罚破坏军人婚姻既遂，不处罚破坏军人婚姻未遂，其结果一方面是使军人的婚姻得不到应有的保护，而另一方面是犯罪分子逍遥法外。

三

如何处罚破坏军人婚姻未遂？刑法第二十条第二款规定："对于未遂犯，可以比照既遂犯从轻或者减轻处罚。"这是我们处罚破坏军人婚姻未遂案件的法律依据。"可以比照"本身含既可以比照还可以不比照两层意思，具体执行起来，一般的应当比照，特殊的可以不比照。例如，对于那些情节恶劣、后果严重的破坏军人婚姻的未遂犯，就可以按刑法第一百八十一条（既遂）的法定刑判处，而不比照既遂从轻或者减轻处罚。本文"一"所举案例，二审法院适用刑法第一百八十一条顶格判处，并未对未遂从轻、减轻，而所处刑罚适当，并没有什么错误。相反，如果我们拘泥于未遂这个从轻或者减轻处罚的情节，不作全面分析，掩盖了从重情节，因而从轻或者减轻了行为人的刑事责任，那倒是量刑不当。当然，碰到本文"二"中所举既了未遂的那类案件，若其相关情节并不恶劣，从轻或者减轻处罚也是可以的。

有人可能会问，你认为破坏军人婚姻未遂具有刑法意义的社会危害性，触犯了刑法第一百八十一条和刑法第二十条，应当受到刑罚处罚，那么，破坏军人婚姻还有预备、中止没有？这个问题虽然不在本文探讨范围之内，但笔者觉得在探讨破坏军人婚姻罪有未遂之后，难免出现这一问题。所以顺便作答也是应当的。笔者认为，单纯从故意犯罪形态说，不能讲破坏军人婚姻没有预备、中止。不过，犯罪最本质的特征是行为的社会危害性，而破坏军人婚姻预备、中止行为的社会危害性一般地说都显著轻微，况且这类人民内部犯罪，打击面过宽，也没有什么好处。故认为破坏军人婚姻预备，中止不构成犯罪也不错。

证据有主观性吗？*

　　我国刑事诉讼法第三十一条第一款指出："证明案件真实情况的一切事实，都是证据"。这一规定告诉我们两点：第一，证据必须是事实，不属于事实的东西，不管多么娓娓动听，也不能成为证据。能够成为证据的，是客观存在的事实。办案人员确认它，它存在；办案人员对它一时尚未确认，它照样存在。它的存在与否，它作为证据的品格，绝不因为任何人的主观意志为转移。举个例子：四十年代发生在曲子县的苏发云案件，在马锡五同志亲自办理之前，被告人苏发云与被害人孙某同行，被曲子县司法处（当时县司法处承办案件）认定为苏家三弟兄杀人证据之一，分手未作为证据；苏家炕上、地下、斧头上的血迹作为证据之二，至于这些血是什么血，未进一步取证，这是否就意味着苏与孙分手的事实就不再存在，是否意味着炕上的血是产妇的血、地下的血是鼻血、斧头上的血是羊血的事实亦不复存在？不能。如果这些最初未确认为证据的事实，能以曲子县司法处的同志的意志为转移，那么，后来接办此案的马锡五同志就无从公断此案了。

　　第二，作为证据的事实，必须是能够证明案件的真实情况。证明案件的事实，如果是虚构，而不是真实，即使能够瞒天过海于一时，绝不能经受考验于久远。归根到底是不能作为事实立于证据之列的。仍以苏发云案件为例。苏家炕上、地下、斧头上的血迹不是一时被作为

　　＊本文原载甘肃政法干部学校《教学简报》1982 年第 8 期，1982 年 6 月。

证据证明苏家三兄弟杀害孙某的所谓事实嘛，但到了陇东专员兼边区法院陇东分庭庭长马锡五同志手里，它却成了半杆子事实。经过进一步查证，当证实炕上、地下、斧头上的血并非孙某的血时，连那半杆子事实也要从证明案件真实情况的事实中退出。由此可见，强调证据是能证明案件事实的客观事实，绝不是没有实际意义。

在今天，强调证据是能证明案件事实的客观事实，还有其理论意义。有人说："证据有主观性"，并说"它不是不以人的意志为转移，而是离不开人的意志，有正常思维能力是提供证据和充当证人的必不可少的条件"（引自《法学研究》1981年第6期第14页），这就要求法学理论工作者要认真地对待。我国刑事诉讼法第三十七条第二款确实规定了"生理上，精神上有缺陷或者年幼，不能辨别是非、不能正确表达的人，不能作证人。"这一规定绝不意味着证据可以人的意志为转移。恰恰相反，对证人设定思维和意志能力方面的条件，正是来自证人证言的这种证据免于不客观不真实的一个保证。

我国刑事诉讼法关于证据的七条规定，从根本上防止了证据以人的意志为转移，从而也从根本上保证了有罪才受法律追究，无罪免遭横祸。

主张证据有主观性的同志说，能充当盗窃案和强奸案证据的，"不是行窃与行奸这些事实本身，而只能是把失窃物品与查获物品进行比对，做出同一认定以后所得出的'这些东西确是赃物'的结论，只能是有关人对奸情的陈述与确认。（引自《法学研究》1981年第6期第13页）笔者觉得这一说法不妥。如果离开行窃事实本身，认定查获物品确是失窃物品的结论是无法做出的。只有有了盗窃行为这个事实，才能派生出失窃物品；没有行窃事实，失窃物品就不存在。没有行奸事实，有关人对奸情的陈述和确认同样是无从说起的。二者都是先有客观事实，后有派生的一切。这一切既包括对查获物品和失窃物品所做的同一认定,也包括有关人对奸情的陈述和确认。尽管行窃、行奸事实必须由审判人员、检察人员、侦查人员加以收集和确认,但这些有关人员不能随心所欲——以自己的意志为转移,而应依照刑事诉讼法第三十一条第三款的规定,"经过查证属实,才能作为定案的根据。"也就是说,只有在对外界提供的证据查证属实以后,外界提供的证据才成为定案的证据。外界提供未经查证属实的证据,可能含主观性,没有含主观性的可能,也就无需查证了;但一经查证属实的证据,就纯粹是客观事实而不再含丝毫主观性了。

综上所述,经过查证属实作为定案根据的证据,不可有、在理论上说也不会有主观性;那些作为定案根据的证据毛坯——外界最初提供的证据,则可能有主观性,但不是所有外界提供的证据都有主观性。正确认识证据有无主观性,对在收集和确认证据的工作中加强客观规定性、减少和避免主观随意性有着重要意义。

讲点被害人学 *

有一门学问叫被害人学。被害人学有一个重要的课题，专门研究各种各样的被害人，是怎样成为犯罪分子加害对象的。它有一个设定是说，犯罪分子固然可憎，被害人却也不一定十分可爱。被害人学认为：被害人的软弱，不知道用法律手段保护自己，麻木不仁，对身边发生的犯罪行为不制止，听之任之；身边出现了见义勇为的人，激不起他心灵上的半点涟漪。这些人不是今天的被害人，便是明天的被害人。他们的被害可以说是由他们的内在素质决定了的。所以被害人学这门新兴学科的一大贡献是：它要通过改变被害人的消极素质，增进被害人的积极素质，给犯罪分子筑起一堵堵不可逾越的墙。出现在我们甘肃的英雄李书深便是构筑这堵墙的一块砖。一块砖不能成为一堵墙，需要千万块砖才能筑起一堵墙。这就是说需要千万个李书深，才能改变犯罪率居高不下的局面。如果让犯罪分子屡屡得手，犯罪分子的嚣张气焰便会愈来愈高。犯罪分子如果得手不易，伸手便遇到李书深式的英雄，我们的社会治安就会变得人人乐道，犯罪分子便会收敛得多。

在距离兰州火车站不远的一家小饭店里，一名歹徒寻衅滋事，巡警李书深上前制止，被歹徒一刀刺中胸部。倒地血流不止的李书深，

---

* 本文为在中共甘肃省委书记顾金池主持召开的表彰李书深英雄事迹座谈会上的发言，1994 年 4 月 4 日。

拔枪对继续行凶的凶犯腿部开了一枪,有效地实行了抓捕。这一英雄行为不仅成功地制止了犯罪,而且极为有力地震慑了犯罪。如果人人都有李书深的素质,哪怕是只学到英雄的一点点,我们的社会便会变得安宁得多,被害人学的传播,也就算有所收效了。

犯罪基础理论研究 *

一、犯罪概述

（一）犯罪的概念

犯罪是一定历史范畴的社会现象。它不是从来就有的，也不是永世长存的。它是人类社会发展到一定的历史阶段，有了剩余产品、私有制，出现了阶级、国家和法以后才有的，将来随着人们物质生活极大地丰富，精神文明极大地提高，私有制、阶级和法的不复存在，犯罪这一特定的现象也就消失了。马克思、恩格斯在《德意志意识形态》一书中指出：犯罪是"孤立的个人反对统治关系的斗争，和法一样，也不是随心所欲地产生的。相反地，犯罪和现行统治都产生于相同的条件。"①这是马克思主义关于犯罪的经典论述。它科学地论证了犯罪的阶级本质，精辟地指明了犯罪的一般概念，清楚地告诉我们犯罪是同一定的阶级利益联系在一起的，犯罪有着明显的阶级性，犯罪是阶级斗争的表现和反映。

在剥削阶级国家里，它们的刑事立法把侵犯生产资料私有制、危害剥削阶级统治秩序和利益并予刑罚处罚的行为规定为犯罪。但是，他们却竭力掩盖犯罪的阶级实质，有的干脆对什么是犯罪避而不谈，

---

* 本文摘自作者编写的《刑法教程》（犯罪部分），南京大学出版社，1987年出版。
① 本文《马克思恩格斯全集》第 3 卷，第 379 页。

像我国的《唐律》、《清律》等，只规定具体犯罪及其法定刑，对一般犯罪概念讳莫如深；有的虽然也规定犯罪概念，却限于形式主义的概念，像《印度刑法典》规定："犯罪一词，指本法典使其应受惩罚的事项。"《瑞士刑法典》规定："凡是用刑罚威胁所确实禁止的行为"是犯罪。美国纽约州的刑法典规定："依法所禁止的，法院宣判应受惩罚的行为是犯罪。"这些剥削阶级国家的刑法，要么回避犯罪概念，要么只说明犯罪的违法性、应受惩罚性，对法律为什么把某些行为认定为犯罪并处以刑罚这一实质性问题，竟然避而不谈。因为他们的刑事立法是代表少数剥削者统治阶级意志和利益的。

我国是社会主义国家，实行人民民主专政，所以我国刑法能够公开揭示犯罪的阶级实质。我们通过刑法明文揭示犯罪的阶级实质，有助于动员广大人民以国家主人翁的态度起来同犯罪行为做斗争。在同犯罪做斗争的问题上，只有广大人民的积极性与专门机关的积极性相结合，才能收到预防犯罪、减少犯罪和消灭犯罪的最佳效果。

我国刑法对犯罪作了明确规定。刑法第 10 条规定："一切危害国家主权和领土完整，危害无产阶级专政制度，破坏社会主义革命和社会主义建设，破坏社会秩序，侵犯全民所有的财产或者劳动群众集体所有的财产，侵犯公民私人所有的合法财产，侵犯公民的人身权利、民主权利和其他权利，以及其他危害社会的行为，依照法律应当受刑罚处罚的，都是犯罪；但是情节显著轻微危害不大的，不认为是犯罪。"这一规定，给犯罪概念下了一个完整的定义。它通过列举危害哪些社会关系的行为，达到什么程度，我国刑法就认为那是犯罪并处以刑罚，指出了我国犯罪的阶级实质和法律形式，科学地规定了我国刑法中的犯罪概念。

从我国刑法给犯罪所规定的概念，可以看到在我国犯罪具有以下三个基本特征。

1. 犯罪是危害社会的行为，即具有社会危害性

（1）行为对于社会的危害性，是犯罪的最本质、具有决定意义的特征。某种行为之所以被认定为犯罪，从本质上说，就是因为它具有社会危害性。不具有社会危害性的行为，就不是犯罪。不过，对"不具有社会危害性的行为就不是犯罪"这句话，不能反过来推。如果反过来推，说"具有社会危害性的行为就是犯罪"，那就错了。因为刑法第10条在列举什么行为是犯罪之后，紧跟着便指出："但是情节显著轻微危害不大的，不认为是犯罪。"对刑法第10条中"但是"以后的部分，我们习惯上把它叫作"但书"。这个"但书"很重要，它把行为的社会危害性划分为刑法意义上的和非刑法意义上的两类。行为的情节严重危害大，例如杀人、放火，就是刑法意义上的，即具有犯罪性质的社会危害性；行为的情节显著轻微危害不大，例如小偷小摸，就是非刑法意义上的，即不具备犯罪性质的社会危害性。就刑法意义上的社会危害性来说，它又包括两种情况，即一是指已经造成的社会危害，例如杀人已经把人杀死；二指可能造成的社会危害，例如为了犯罪准备工具、制造条件的犯罪预备行为。

（2）行为对社会的危害从刑法第2条和刑法第10条的规定看，表现在四个方面：一是危害人民民主专政的政权和社会主义制度；二是危害社会主义的经济秩序和公私财产权；三是危害公民的人身权利、民主权利和其他权利；四是危害社会秩序、生产秩序、工作秩序、教学科研秩序和人民群众的生活秩序。这四个方面，不管哪个方面受到危害，都危害到我国的统治关系和人民的利益。因此，这四个方面可以说是我国犯罪的社会危害性的基本内容。

（3）国家的统治关系和人民的利益与一切事物一样，是在发展变化之中的。同一种行为，在一定的历史条件下，不具有社会危害性，而在另一历史条件下，则有可能具有社会危害性。相反，原来具有社会

危害性的行为，在新的历史条件下，则有可能不具有社会危害性。例如，妊娠妇女的自愿堕胎行为，在新中国成立初期，由于当时人口问题还不十分突出，加上医药卫生等条件十分落后，所以当时认为这类行为具有社会危害性，司法实践中一般是把这类行为当作犯罪处理的。但是，在医药卫生等条件相对改善，特别是人口问题十分突出的今天，需要大力开展计划生育工作，妊娠妇女的自愿堕胎行为不仅对社会无害，而且有益，所以受到国家的鼓励，再把它作为犯罪处理，那就毫无必要了。再如，买卖粮食，在新中国成立初期，只要不搞囤积居奇，一般不会认为是犯罪；到了统购统销时期，再买卖粮食营利，一般认为具有社会危害性；在实行经济改革的今天，把甲地的余粮即使运销到乙地，也不会被认为对社会有危害，相反，这是一种有益的行为。可见，行为危害性的有无不是僵死的东西。认识这一点，在大变革的今天，对正确理解犯罪有重大的现实意义。

(4)行为的社会危害性总是具体的，而不是空洞的，它和行为在客观上对国家和人民利益的损害，有着密切的联系。一般地说，犯罪行为都会引起危害社会的后果，但是，不能把在一切场合下引起危害社会后果的行为，都认为是犯罪。例如，行为在客观上虽然造成了损害结果，但是不是出于故意或过失，而是由于不能抗拒或者不能预见的原因所引起的，不能认为是犯罪。

(5)犯罪是危害社会的行为，而不是人的思想活动。我们国家不承认有"思想犯罪"。人们的思想，是主观内在的东西。它要对客观世界发生作用，必须见诸客观外在的行为。如果只有主观的、内在的思想，而无客观外在的行为，那是不会对客观世界起任何作用的。因此，尽管有些人的思想乌七八糟，但没有犯罪行为，对社会就谈不上具有刑法意义上的社会危害。作为刑法，能禁止人们的行为，却不能禁止人们的思想。刑法是调整人们行为的规范，思想是要靠其他规范去调整的。我国刑法的社会主义性质决定了它永远不把思想作为惩罚的对象。我们必须把思想问题和犯罪行为严格区别开来。马克思在批判反动的普鲁士法律时指出："不以行为本身而以当事人的思想方式作为主要标准的法律，无非是对非法行为的公开认可。"这是"最可怕的恐怖主义"。[①]在中世纪的欧洲，在封建制度下的旧中国，惩罚思想的现象是普遍存在的，那是统治阶级残酷镇压人民，维护其反动统治的需要与表现。有的人对刑法理论讲我国不承认"思想犯罪"有误解，把一些诽谤干部、群众的犯罪行为，说成是"思想"，于是得出错误的结论，说什么这种行为不应认定为犯罪，这是十分有害的。

2. 犯罪是触犯刑律的行为，即具有刑事违法性

行为的社会危害性虽然是犯罪最本质的特征，但并不是所有具有社会危害性的行为都是犯罪，只有刑法明文规定禁止的行为，才是犯罪行为。因此，行为的刑事违法性，其实就是行为的社会危害性在刑法总则、分则和其他单行的刑事法规上的表现。危害社会的行为是多种多样的，危害的性质和程度也各不相同。我国刑法根据国家和人民的利益，对那些危害社会达到一定程度的行为规定为犯罪。这就使犯罪不仅具有社会危害性的特征，而且具有刑事违法性的特征。行为的社会危害性决定着行为的刑事违法性。行为的刑事违法性是行为的社会危害性派生出来的。没有行为的社会危害性，就没有行为的刑事违法性。但是，行为仅有某种程度的社会危害性，尚未达到刑法意义上的社会危害性时，它还并不具有刑事违法性。只有违反了刑事法律规范，也就是触犯刑法所规定的罪，才是犯罪行为。否则，非刑法意义上的危害社会的行为不是犯罪行为。例如，殴打行为，非暴力干涉婚姻自由行为，一般性赌博行为，等等，虽然也有某种程度的社会危

---

① 《马克思恩格斯全集》第 1 卷，第 16 页。

害性，但刑事立法者考虑到这种社会危害性还没有达到相当严重的程度，故在刑法中未作禁止性的规定，从而这种行为也就缺乏刑事违法性的特征。因此，行为的社会危害性，只有在刑法上得到表现，才能成为犯罪的特征。我国刑法第79条规定了类推制度，说明类推在刑法上得到了表现。根据类推原则对刑法分则没有规定的犯罪，比照刑法分则最相类似的条文定罪，同样是具有刑事违法性这个特征的。

刑法颁布前，一般不强调犯罪应当具备违法性这个特征。因为那时没有如今这样比较完备的刑法，很多现实生活中危害社会的行为，没有明文规定为犯罪，强调行为刑事违法性这个特征，有可能放纵许多犯罪，对于同犯罪做斗争是不利的。现在有了刑法，不强调这一点就不对了。有了刑法而不依照刑法办事，刑法在人民群众中的权威就要受到影响。因此，强调犯罪的刑事违法性，是我国刑法的法制原则的表现。有了刑法，任何人都只能依照刑法的规定来确定某种危害社会的行为是犯罪还是不犯罪。任何脱离刑法的规定，侈谈或者借口某种行为具有社会危害性还是不具有社会危害性，随心所欲地追究犯罪或不追究犯罪，都是破坏社会主义法制的行为，是不能容许的。

3. 犯罪是应当受刑罚处罚的行为，即具有应受惩罚性

具有刑法意义上的社会危害行为，触犯了刑法所做的禁止性的规定，决定了这一行为应当受刑罚处罚。因此，可以说犯罪的应受惩罚性这一特征，是由犯罪的前两个特征派生出来的，它是行为的刑法意义上的社会危害性和刑事违法性的法律后果。如果一个人的行为严重地危害了社会，触犯了刑事法律，却没有得到应有的刑事制裁，或者相反，行为并不危害社会或者虽危害社会但是情节显著轻微危害不大的，却受到了不应受的刑罚惩罚，那都是不依法办事的表现。

不过，必须明确，行为应否受到刑罚惩罚，与司法实践中对某个犯罪人给不给予刑罚处罚不能混为一谈。有的行为已经构成犯罪，本

应该受刑罚处罚,但因情节轻微,或者具备了有关从宽处理的条件,像未成年人、聋哑人、自首犯、预备犯、中止犯、防卫过当和紧急避险超过必要限度、共同犯罪中的从犯、胁从犯等,不需要判刑而予以免除处罚,这与犯罪应当受刑罚处罚这个特征是不矛盾的。因为这种免除处罚是在应当受刑罚处罚的前提下出现的,就整个犯罪来看,这是一种特殊情况,体现着我国刑法惩办与宽大相结合的原则。这种应当受刑罚处罚而予以免除处罚的情况,是由刑法做出的规定,不同于法外任意处置;前者符合社会主义刑法的法制原则,后者是破坏社会主义刑法的法制原则,二者截然不同。

行为的应受惩罚性,对行为的刑事违法性起着制约的作用。不是说它由行为的刑事违法性决定就处于无足轻重的地位。某种危害社会的行为,只有当立法者认为应当动用刑罚这种最严厉的惩罚方法加以处罚的时候,才会在刑事法律上做出禁止性的规定,从而赋予该行为以刑事违法性的特征;相反,如果立法者认为该行为不应当采用刑罚方法处罚,只要给予批评教育或者适当的行政处罚、纪律处分就够了,那就不会规定为犯罪,从而该行为也就不会发生触犯刑律的问题。可见,行为应受惩罚性这个特征有其独立存在的意义。这还可以通过下面的情形得到印证:《中华人民共和国治安管理处罚条例》第2条规定:"扰乱社会秩序,妨害公共安全,侵犯公民人身权利,侵犯公私财产,依照《中华人民共和国刑法》的规定构成犯罪的,依法追究刑事责任;尚不够刑事处罚,应当给予治安管理处罚的,依照本条例处罚。"这里明确地把够不够刑事处罚,作为划分犯罪与违反治安管理行为的界限,从而更加证明行为应受刑罚处罚这一特征,也是犯罪不可缺少的基本属性之一。

上述犯罪三个基本特征紧密结合,从原则上划清了罪与非罪的界限,所以我国刑法中的犯罪,简要地说,就是危害社会的、触犯刑律的、应当受刑罚处罚的行为。正确地理解和掌握它,对于区分罪与非罪和适当量刑都有重要意义。不过它毕竟只能从原则上区分罪与非罪,至于具体地区分罪与非罪,还需要掌握犯罪构成的基本理论和刑法分则规定的各个具体犯罪构成的要件。

(二)我国刑法中的类推

1. 类推的概念

我国刑法第 79 条规定:"本法分则没有明文规定的犯罪,可以比照本法分则最相类似的条文定罪判刑,但是应当报请最高人民法院核准。"这就是我国刑法中的类推制度。

在我国人民民主革命的刑法史上,历来都有类推的制度。远在第二次国内革命战争时期,1934 年 4 月 8 日公布的《中华苏维埃共和国惩治反革命条例》第 38 条规定:"凡本条例所未包括的反革命犯罪行为,得按照本条例相类似的条文处罚之。"中华人民共和国成立以后,在 1951 年 2 月 21 日公布的《中华人民共和国惩治反革命条例》中,继续规定了类推。该条例第 16 条规定:"以反革命为目的之其他罪犯未经本条例规定者,得比照本条例类似之罪处刑。"刑法第 79 条就是在总结了这些历史经验并主要考虑到我国当前的实际情况制定的。

在刑法草案的历次草稿中,都有关于类推的规定。但是,在快要定稿时,有的同志主张,我国刑法应当采取罪刑法定主义,有必要明确宣布:法律无明文规定的不为罪、不处罚。有的认为规定类推"后患无穷",而且很可能造成"不教而诛",因此法律上应当"禁止类推"。有的认为把适用类推的核准权交给最高人民法院,会造成司法侵越立法权力。对此,多数人不这样看,认为我国刑法在罪刑法定原则的基础上,应当允许类推,作为罪刑法定原则的一种补充。这后一种主张的理由是比较充分的。我国地大人多,情况复杂,加之政治经济形势发展变化较快，不可能把一切复杂多样的犯罪形式在刑法中包罗无遗。为了使我们的司法机关能及时有效地同刑法虽无明文规定,但实际上确属严重危害社会的犯罪行为做斗争,以保卫国家和人民的利益,完全有允许类推的必要。

至于顾虑有了类推,就会发生"司法侵越立法权力"的问题,更是没有必要。因为我国刑法中的类推,与历代王朝刑法中的"比附援引",不论方法或结果都有很大的不同,目的更是截然两样。"比附援引"无限制,是剥削者统治阶级推行罪行擅断主义的一个组成部分。类推只能有限度地缩小罪刑法定的作用,并不根本否定罪刑法定的存在。因之两者并行不悖,实属原则和例外的对立统一。当然,类推毕竟是针对刑法没有明文规定的行为的,因此适用类推时必须十分严肃谨慎,否则就有破坏社会主义法制的危险。

2. 类推的条件

按照刑法第79条的规定,适用类推必须具备以下条件:

(1)适用类推必须是对社会造成危害,应当受刑罚惩罚的犯罪行为。这是适用类推的基础,具体地说只有当某种行为基本符合刑法第10条规定的犯罪概念时,才可以采取类推。行为没有社会危害性,或虽有社会危害性但未达到应当受刑罚惩罚的程度,不能适用类推。即使是一般的错误行为和违法行为,照样不能适用类推。一时很难划清罪与非罪界限的,也不要匆忙地做出适用或不适用类推的抉择。须知在罪与非罪的问题上,最要讲究慎重:有罪不罚是放纵坏人,无罪加罚是冤枉好人。对于统治阶级来说,冤枉好人和放纵坏人同是最大的忌讳,都是不可取的。冤枉好人的损害远远超过错放坏人的损害。错放坏人,给社会上留下了一个毒瘤固属不好,但只要他继续危害社会,其行为的犯罪界限清晰了,他就再也不可能逃脱惩罚了。如果他不再危害社会,那也是对社会无害而有益的。冤枉好人却大不一样,那是加害自身的骨肉，久而久之伤了元气，会酿成动摇统治的恶果的。两害相权取其轻，作为统治术是不得不考虑的。

类推不是"乱推"。比如与现役军人偶配通奸并且引起了严重后果，基本符合刑法第 10 条规定的犯罪概念，类推适用刑法第 181 条定罪量刑，完全合乎类推必须针对构成犯罪的要求。相反，不合乎这个要求，就不能适用类推。例如，有一对男女青年，在恋爱过程中发生了越轨行为。女方怀孕，受到父母的责骂，同事同学都讥笑她、疏远她，男方也不愿和她结婚。女方认为既然男方对她是这个样子，其他人对她又是那个样子，觉得活着没有味儿，自杀了。女方自杀后，是否可以对男方类推定罪？不行。男方的行为是错误的，应当受到道德谴责，甚至可以由所在单位给予行政纪律方面的处分，但不应当作犯罪处理，不发生类推的问题。"越轨"是双方"越轨"，况且"越轨"也不属于刑法调整的行为；终止恋爱关系，同样不能用刑法去调整。

(2)依照类推定罪的行为，必须是刑法分则没有规定的。如果某种行为在刑法分则中已有明文规定，就不能以任何借口不适用这一条文，而类推适用其他条文。例如，有个犯罪分子出于想长期维持和一个寡妇通奸的动机，暴力干涉这个寡妇婚姻自由，不让这个寡妇再嫁。这种行为违反了刑法第 179 条规定的暴力干涉婚姻自由罪。如果有人觉得按刑法第 179 条暴力干涉婚姻自由罪顶格判处二年有期徒刑太轻，为了重判，去按刑法第 139 条类推为强奸罪，那就错了。不应当为了重判而把刑法分则已有明文规定的犯罪类推为其他罪。为了轻判同样不可这么做。例如，有个犯罪分子，仅仅因为他昔日的女朋友和他断绝了恋爱关系，三次买刀预备杀人，前两次均被别人发现后把刀收了，第三次买了一把菜刀在大庭广众中找见女方，连向女方的头部砍十数刀，脑浆都砍出来了，这明显符合刑法第 132 条故意杀人罪。如果有人鉴于被害人经过及时抢救不久痊愈出院，为了轻判被告人,类推适用刑法134条故意伤害罪定罪判刑,照样不符合类推的条件。

(3)适用类推必须比照刑法分则最相类似的条文定罪判刑。所谓最相类似, 是指该行为的特征与被援引的条文所规定的犯罪构成的特征,应当是基本一致。例如,我国刑法第181条规定的破坏军人婚姻罪,其客观方面是与现役军人的配偶同居或者结婚,而不是指一般的通奸行为。但如与现役军人的配偶通奸,造成了死亡的严重后果,破坏了军人的婚姻,则可类推适用这一条文定罪判刑。因为与现役军人的配偶通奸以致现役军人家破人亡,除了犯罪行为的方式与刑法第181条的规定有所不同之外, 在犯罪构成的其他各个方面都是相同的。实践中有些与现役军人配偶通奸,并未造成死亡的严重后果,而按刑法第181条类推定罪判刑, 又不报最高人民法院核准而交付执行的案件,那是对社会主义法制的破坏。

我国刑法中的类推实际上是用来补充刑法分则条文犯罪构成的不足的, 即针对分则条文中犯罪客观方面的作为或不作为在表述上的不足。正是这个不足部分,是立法者在制定刑事法律时所没有、也不容易全面预见到的。因此,在实施侵害行为的主体、主观方面和客体相同的情况下, 应受惩罚的社会危害行为和类推适用分则条文中的犯罪行为在方式方法上允许有所不同。不过, 也仅限于行为的方式方法上与分则条文所规定的有所不同才能适用类推。否则, 客体不同,主体不同,犯罪的主观方面不同,则不适用类推。

(4)类推必须报请最高人民法院核准。关于核准的程序,要求逐级上报核准。上级法院如果认为事实不清,定性不准,可以让下级法院重新审判;上级法院也可以不同意下级法院所报的类推。这条规定体现了类推是受到严格控制的。类推案件,一律要报请最高人民法院核准。这一规定对于维护社会主义法制的统一,贯彻有法可依、有法必依的原则具有重要意义。

二、犯罪构成

（一）犯罪构成的概念

犯罪构成的理论在刑法中占重要地位，所有的犯罪都与犯罪构成有密切联系。我们前面讲了犯罪概念，现在讲犯罪构成，那么犯罪概念与犯罪构成是什么关系呢？犯罪概念与犯罪构成，二者既有联系又有区别，即二者是抽象与具体、本质与现象的关系。犯罪概念揭示了犯罪的本质特征，即犯罪是危害社会的、违反刑法规定的、应当受刑罚处罚的行为。但是，只了解犯罪的本质属性和基本特征，还不能解决某人的行为是否构成犯罪或者构成什么罪。犯罪构成是研究犯罪的规格和标准，即研究某种行为必须具有哪些具体要件才能构成哪一种犯罪的问题。也就是说，犯罪构成是犯罪概念的具体化，是对犯罪概念更进一步的阐述或说明。

马克思指出："如果犯罪的概念要有惩罚，那末实际的罪行就要有一定的惩罚尺度，实际的罪行是有界限的。"①毛泽东在七届六中全会的报告中强调镇反工作"要注意规格"，"要完全合乎规格，货真价实，硬是反革命，不要冤枉好人"。②

犯罪构成理论，就是研究上述马克思所说的界限和毛泽东所说的规格的。如果对犯罪不讲规格，不讲界限，那就势必要出现任意出入人罪。

研究犯罪的规格和界限，一定要从具体犯罪入手。因为社会上的各种犯罪现象，都是具体的，没有抽象的。比方说某人犯罪了，总是说

---

①《马克思恩格斯全集》第 1 卷，第 140 页。
②《毛泽东选集》第 5 卷，第 200 页。

他具体地犯了杀人罪、盗窃罪、抢劫罪、诈骗罪,还是什么其他的犯罪,诸如强奸罪、干涉婚姻自由罪,等等。没有没犯具体罪的犯罪人。而每一个具体的犯罪,又都有它必须具备的条件:犯罪主体必须是达到一定年龄有责任能力的自然人;他在主观上必须具有一定的罪过;其行为也必须具备一定的条件。例如,盗窃罪必须是秘密地窃取他人财物的行为,强奸罪必须是违背妇女意志,使用暴力、胁迫等手段与妇女发生性关系的行为,重婚罪必须是自己有配偶而又与他人结婚,或者明知他人有配偶而与之结婚的行为等等。这表明每种犯罪都有它自己的必要条件。

尽管各种具体犯罪的必要条件都是具体的,但是,通过对各种具体犯罪必须具备的必要条件的综合分析,可以归纳出构成一切犯罪都必须具备的必要条件。这构成一切犯罪都必须具备的必要条件,也就是犯罪构成的共同要件。

所谓犯罪构成,是指我国刑法所规定的,决定某一具体行为的社会危害性所必需的一切客观要件和主观要件的总和。这一概念是从各式各样具体犯罪构成中概括出来的。从这一概念中我们可以看出以下几个特点:

1. 犯罪构成是一系列要件的总和。每一个犯罪的构成都包含许多要件。例如,刑法第 151 条规定的盗窃罪,这一犯罪包含这样几个要件:侵犯的必须是公私财产所有权;其手段是秘密窃取;非法占有财物要达到数额较大;行为人必须达到责任年龄,并且有责任能力;主观上必须是直接故意。这些要件结合在一起,就构成了盗窃罪。

2. 任何一起犯罪,都有许多特征,而只有影响着这一犯罪的特征才是犯罪构成的要件。也就是说,某一犯罪的出现,有许多事实特征表现出来,但并非所有事实特征都可以作为犯罪构成的要件。例如,强奸罪,行为人某甲,是一个穿牛仔裤的青年人,年龄约 23 岁,精神正常,蓄有小胡子,刚从馆子里饮完酒,有点醉意,他闯进一个姑娘房里,手持一把短刀,对姑娘说:"不准嚷叫,否则,杀死你。"接近姑娘后,就去搂抱,拉姑娘的裤子。姑娘用起功夫,飞起一脚,踢掉他右手所持的短刀,接着与其厮打,最后姑娘将其制服扭送派出所。这一系列的事实,包含许多特征:行为人穿牛仔裤,蓄小胡子,23岁,精神正常,刚饮完酒,有点醉意,闯进姑娘房里,手持短刀,搂抱拉裤子,双方厮打,被擒扭送等等。但是,影响着这一强奸罪的特征是什么呢?男青年(犯罪主体),23岁(责任年龄),精神正常(责任能力),手持短刀(以犯罪工具进行胁迫),拉姑娘的裤子(危害行为)。从上述事实特征看,其主观内容是以奸淫为目的。这就是这一强奸罪的犯罪构成。其他诸如穿牛仔裤、蓄小胡子、喝醉酒、搂抱、与姑娘厮打等,虽然也属于这一犯罪事实的特征,但却不是构成强奸罪不可缺少的特征,因而也不是这一犯罪构成的要件。

3. 行为成立犯罪必须具备的诸要件,是由我国刑法加以规定的。这是罪刑法定原则的直接体现。任何犯罪都是违反刑法规范的行为,而违反刑法规范,也就是指行为具备了刑法所规定的犯罪构成的诸要件。因此,行为是否具备犯罪构成与行为是否违反刑法是一致的。有些犯罪在刑法条文中没有详细规定构成要件,甚至规定得极其简单,却不等于犯这种罪无须全面具备犯罪构成要件。例如,刑法第151条盗窃罪,只写盗窃公私财物数额较大的,没有写其他要件,不是说其他不重要,更不是说可以无须其他要件。其他要件,比如行为人是否达到法定年龄的条件肯定还是不可缺少的。这就是说,总则规定的构成犯罪的共同要件对每一个具体犯罪是普遍适用的。研究具体犯罪构成时,要把总则分则规定的要件结合在一起进行考虑。

我国刑法第2条、第10条、第11条、第12条、第14条、第15条、第16条等,对犯罪构成的共同要件作了具体规定。根据这些规定,刑法理论认为犯罪构成的共同要件是：(1)犯罪客体——研究刑法所保护的社会关系是否受到了侵害；(2)犯罪客观方面——研究某种社会关系是怎样受到侵害的，即通过什么行为侵害的，是否造成危害结果；(3)犯罪主体——研究行为人本身的情况，即研究什么人才能构成犯罪主体；(4)犯罪主观方面——研究行为人的心理状态，即在主观上有无罪过，也就是有无故意或过失。

(二)研究犯罪构成的意义

我国对犯罪构成理论的研究，在新中国成立初期曾经有所开展，在立法和司法实践中也都有所运用，一度起着积极的作用。例如，当时颁布的《惩治反革命条例》、《惩治贪污条例》都很讲究犯罪构成要件。像《惩治反革命条例》就规定，构成反革命罪，必须有反革命目的，有反革命行为，侵犯无产阶级专政的政权，必须是故意。具备这些条件才能构成反革命罪。

不幸的是 1957 年那次"反右"开始之后，犯罪构成理论被说成是资产阶级的理论，是"束缚我们的手脚的理论"，是"为罪犯服务的理论"。然而，在司法实践中，却又不能不研究行为侵犯了什么，行为人本身情况如何，行为人是故意还是过失，以及是什么目的，行为和结果之间的关系怎样等等。定罪总是离不开这些东西，这是客观的东西，不在于允不允许讲。所以尽管这个理论被批了，批的人成了一代天骄，提这个理论的人被打翻在地，但除了十年动乱期间这个理论起不了作用以外，实践中大部分同志还是运用这一理论来分析认定犯罪的。1957 年以后就不能专题讲授犯罪构成理论了，但担任有关课程的同志精心设计了传授这方面知识的办法，你"左"倾路线不让我讲犯罪构成四要件，我讲构成犯罪的八个条件，实际上把犯罪构成四要件讲得更细了。当时有些教材对认定犯罪的条件，一讲故意，二讲过失，三讲意外事件，四讲行为，五讲结果，六讲因果关系，七讲国家工作人员,八讲责任能力、责任年龄。借助这种迂回的办法跟禁锢刑法理论的专横斗了好多年。粉碎"四人帮"以后,特别是党的十一届三中全会以后,迎来了法学的春天,犯罪构成理论重新受到重视。

在犯罪构成理论遭到错误的批判以后,导致实践上的错误,出现了大量冤假错案。林彪、江青反革命集团利用理论上的混乱,实践中的错误,肆无忌惮地毁法、乱法,调转专政矛头,无限扩大犯罪面。在那群魔乱舞的年月里,没有反革命目的的"反革命",没有侵害任何犯罪客体的、缺乏客观要件的"思想犯罪",如实反映情况和发表正当意见的"反革命恶毒攻击罪"等等,无奇不有。冤狱遍于国中。如果说有些思想解放的先驱的言论触动了林彪、江青一伙搞反革命复辟的神经,以至惨遭毒手,而另一些案件在今天听起来纯粹是笑话。讲个可笑的案件:有个农民想搭乘班车进城,好不容易跑着赶到汽车跟前,汽车开了,气得这个农民诅咒汽车,说汽车到前面就翻。汽车开到前面不远,真的翻了。于是这个农民被抓,定了个"骂翻汽车罪"。这哪里还有什么规格、界限,根本不讲构成犯罪的条件。这种随意入人于罪的做法,不能不追溯到与把犯罪构成理论一棍子打死有关。

把犯罪构成理论全盘否定,一棍子打死的政策,不是无产阶级的政策,是一种儿戏的态度。犯罪构成这个名词虽然是资产阶级学者提出来的,但是犯罪构成要件是由法律规定的。每个国家的法律都有鲜明的阶级性,按照法律规定的要件来分析犯罪的规格、界限,并不是超阶级的或者是什么资产阶级的。相反,它不仅在社会主义刑法理论中占有中心地位,而且对推进刑法科学的建设,都有着不可替代的作用。

犯罪构成理论同其他刑法理论一样,都是为实现我国刑法的任务服务的,正确理解和运用犯罪构成理论,具有十分重要的意义。

第一,只有掌握犯罪构成理论,才能正确分析刑法中的基本问题和各种具体犯罪的要件。例如,刑法规定的类推,不同客体、不同主体、不同主观方面都不能类推;再如共同犯罪的规定,实施共同犯罪的人必须具有共同故意。所有这些必须以犯罪构成理论为指导,才能正确理解。尤其是刑法分则中的问题,每一个具体犯罪,都与犯罪构成有着直接的联系,只有掌握了犯罪构成理论,才能具体分析犯罪构成,从而正确定罪。

第二,只有掌握犯罪构成理论,才能正确划清罪与非罪界限。刑法分则规定的具体犯罪,都有其质的规定性,要透过复杂的犯罪事实,正确确定某一行为性质。例如,赌博罪,如果是以营利为目的,聚众赌博为"赌头",或以营利为目的,以赌博为常业的"赌棍",就构成赌博罪。如果不是以营利为目的,是一般的赌博行为,就不能以赌博罪追究刑事责任。再例如窝赃罪,必须有"明知是犯罪所得赃物"这一主观要件,才构成窝赃罪;即使是赃物(如一个盗窃犯把盗窃的一台录音机放在一位朋友家里,他欺骗朋友说是买来的),在主观上不是"明知"的,也不构成窝赃罪。这说明,每一具体犯罪,都有其特定的规格和标准,即质的规定性,只有掌握这种规格、标准,才能准确认识其本质特征。也就是说,只有掌握了每一犯罪构成要件,才能分清罪与非罪的界限。

第三,只有掌握犯罪构成理论,才能区分此罪与彼罪的界限。我国刑法分则有 150 多个具体罪名的规定,每一个具体的罪都有其本质属性,只有掌握了每一个具体罪的本质属性,才能够区分此罪与彼罪的界限。有些犯罪在侵犯的客体、犯罪主体、主观罪过形式等方面都是相同的,之所以构成不同性质的犯罪,就在于犯罪的客观方面有所不同。例如,盗窃、诈骗、抢夺三种犯罪,侵害的客体都是公私财物的所有权,犯罪主体都是一般主体,主观罪过都是以故意非法占有他人财物为目的,只是在犯罪客观方面即所实施的犯罪行为方式上不同:盗窃罪是用秘密窃取的行为,诈骗罪是用欺诈手段骗取的行为,抢夺罪是用乘人不备夺取就跑的行为。认真学习研究并掌握犯罪构成理论,才能准确地区分此罪与彼罪的界限。

总之,我国的犯罪构成理论是以马克思列宁主义毛泽东思想为指导,在总结同犯罪做斗争的经验基础上建立和发展起来的。研究犯罪构成理论,不仅对建立我国刑法学的科学体系有重要意义,而且对于司法实践中准确地区分罪与非罪、此罪与彼罪的界限,并准确、有力地与犯罪做斗争,都具有长远的、现实的意义。

三、犯罪客体

(一)犯罪客体的概念

犯罪客体是犯罪构成的基本要件之一。在我国,犯罪客体是指我国刑法保护的,而被犯罪行为所侵害的社会主义社会关系。它在我国刑法第2条和第10条中得到明确的反映。

从犯罪客体的概念可以看到,犯罪客体有以下特征:

第一,犯罪客体是一定的社会关系。所谓社会关系,是指人们在社会共同生活和生产过程中所形成的相互关系。比如经济关系、政治关系、法律关系、婚姻关系,等等,都属于社会关系的范畴。

社会关系又可分成物质性的关系和非物质性的关系两种。所谓物质性的关系,它有一定的物质表现。例如,张三有一台录音机,张三对这台录音机的所有权是通过录音机这一物质表现形式表现出来的。因此我们说所有权关系是一种物质性的社会关系。所谓非物质性的社会关系,是指没有外在物质表现的社会关系,像人格、秩序,它就没有外在物质表现。列宁曾把社会关系分为物质的和思想的关系。他说:"社会关系分成物质关系和思想关系。思想关系只是基于不依人们意志和意识为转移而形成的那种物质关系的上层建筑,而物质关系是人们维持生存的活动的形式(结果)。"①我们讲物质的和非物质的关系和列宁的说法是一致的。我国新中国成立后,随着新民主主义到社会主义的转变,建立了崭新的社会主义的社会关系。这种社会关系,对于建设社会主义,向共产主义过渡,提供了最重要的条件。而一切犯罪,不是别的,正是对我国社会主义社会关系的侵犯。例如,我国刑法第 90 条明确地指出,反革命罪的犯罪客体是无产阶级专政的政权和社会主义制度;第 155 条规定,贪污罪是侵犯了社会主义公共财物的所有权。总之,从提高对犯罪作斗争的认识的角度说,不论侵犯任何具体的社会关系,"都是侵害我们国家和人民的利益的, 都是侵犯我国正在发展中的社会主义社会关系的, 它不仅是单纯犯罪者同被害者个人之间的矛盾问题,而是同国家和人民利益相矛盾的,是同社会主义社会关系相矛盾的。"②相反,不侵犯任何社会主义社会关系——不侵犯任何客体的行为,就不危害社会,也不能认为是犯罪。

第二,犯罪客体是我国刑法所保护的社会主义社会关系。社会关系表现为多种多样,不同的社会关系由不同的规范加以调整或保护。有些社会关系,按其性质,它是社会主义社会关系,但它不是我国刑法所保护的社会主义社会关系。例如夫妻间的感情关系,这是维系社会主义社会婚姻家庭关系的基础,它无疑属于社会主义社会关系,但它归道德规范调整,刑法规范并不调整它。即使民法、行政法保护的社会关系,例如企业向国家纳税的关系,原则上也是由税法调整。一般情节的偷税、漏税,并不由刑法调整,故税收关系一般不至于成为犯罪客体。

第三,犯罪客体是被犯罪行为所侵犯了的社会关系。我国刑法第

---

①《列宁选集》第 1 卷,第 18 页。
②董必武:《论社会主义民主和法治》,第 165 页。

2 条、第 10 条所保卫、保护、保障的而为犯罪行为所危害、破坏、侵犯的客体,包括分则条文具体化了的这些客体,都是犯罪客体。社会关系总是具体的,客观存在的,只有当刑法所保护的社会主义社会关系受到危害社会行为所侵害时, 并达到了应当受刑事惩罚的严重程度时,被侵害的社会主义社会关系才成为犯罪客体。这就是说,我国刑法所保护的社会主义社会关系如果没有被犯罪行为所侵害, 它还并不就是犯罪客体。这也说明,社会关系本身并不是犯罪客体,即使是刑法所保护的那些社会关系,也不能简单地称为犯罪客体。例如,我国刑法第 132 条规定了故意杀人罪,其直接客体是人的生命权利,当某人生命权利没有被犯罪行为侵害时, 就不能说某人的生命权利是犯罪客体。

总之,犯罪客体不仅是我国刑法保护的社会主义社会关系,还必须是犯罪行为所侵犯的社会主义社会关系。不是我国刑法保护的社会关系不是犯罪客体,即使是刑法保护的社会关系,但未受到犯罪行为侵害,仍然不是犯罪客体。

(二)研究犯罪客体的意义

研究犯罪客体,对于正确认识和处理各种刑事案件,有着普遍的意义。

第一,各种犯罪的性质和危害程度,首先是由犯罪行为所侵犯的客体的性质决定的。同是故意杀人行为,反革命杀人与普通杀人的性质不同。因为它们侵犯的社会关系有所不同。同是普通的故意杀人,社会主义国家的刑法规定为犯罪行为, 资本主义国家的刑法也规定为犯罪行为,但是行为所侵犯的社会关系不同,进而决定犯罪和刑罚的性质有根本的不同。因此,研究犯罪客体,不仅对分清罪与非罪的界限、此罪与彼罪的界限有着重要意义,而且对明确犯罪和刑罚的性质,也有重要意义。

第二，研究犯罪客体，对于分析某种行为是否构成犯罪，具有头等重要的意义。任何一种行为，它对社会有无危害和对社会危害大与小，其客观标准只有一个，那就是侵犯与未侵犯刑法所保护的社会主义社会关系。如果某种行为并未侵犯刑法保护的社会主义社会关系，即不具备犯罪客体这个犯罪构成的要件，那它也就不具备犯罪构成的其他要件。从这个意义说，犯罪客体是犯罪构成的基础。

第三，正确地认识犯罪客体，能使我们正确地裁量刑罚的轻重。犯罪行为侵害的客体不同，其对社会的危害程度也不一样。因而在判刑上就有所区别，例如，男女流氓奸宿，所侵害的客体是公共秩序，按照刑法第 160 条的规定构成流氓罪，其法定刑为七年以下有期徒刑、拘役或者管制；另一犯罪分子以暴力强行奸淫妇女，所侵犯的客体是妇女性的不可侵犯的权利，按照刑法第 139 条的规定构成强奸罪，其法定刑为三年以上十年以下有期徒刑。这两种行为，从犯罪分子发泄兽性（用犯罪分子自己的话说叫"玩玩"）的角度说没有太大的不同，但侵犯的客体不一样，刑罚也就有轻重差别。因此，正确认识犯罪客体，对于正确地裁量刑罚的轻重也有重要意义。

总之，我们研究犯罪客体，就是为了掌握罪与非罪的界限、此罪与彼罪的界限，为了裁量刑罚的轻重。简言之，为了更好地运用刑法，恰如其分地处理犯罪分子。

（三）犯罪客体的种类

1. 根据犯罪所侵犯的社会关系的范围的不同，可以把犯罪客体分为三类

（1）一般客体（共同客体）

一般客体，是指一切犯罪行为共同侵犯的客体，也就是我国刑法保护的社会主义社会关系的整体，即刑法第 2 条和第 10 条所列举的全部社会关系。它反映了任何犯罪行为所侵犯的客体的共同本质。

在我国，犯罪行为侵害的是我国社会主义的法律秩序、社会秩序。任何犯罪，都必然要侵犯我国的法律秩序、社会秩序。这里所说的法律秩序，专指用刑法调整和保护的社会关系在刑法的保护下所形成的秩序。这里所说的社会秩序指通过法律秩序所反映出来的社会秩序。这种法律秩序和社会秩序，只有通过刑法所保护的一般客体得到充分的维护才能体现出来。

用法律秩序和社会秩序来概括刑法所保护的一般客体的体现，其实际意义在于避免把犯罪的一般客体不加任何分析地直接理解为人民民主专政的政权和社会主义制度。从刑法的意义上讲，侵害人民民主专政的政权和社会主义制度的，只有反革命罪。其他刑事犯罪，固然对人民民主专政的政权和社会主义制度不利，却不应直接理解为侵害了人民民主专政的政权和社会主义制度。如果那样，其他刑事犯罪和反革命犯罪就无法区分了，实际等于扩大了反革命罪的范围。

正确认识犯罪客体的共同性质，对于认识犯罪的阶级实质，了解我国刑法同犯罪做斗争的社会政治意义是非常重要的。犯罪的一般客体告诉我们：任何一种犯罪，都对我们的社会有危害，这种危害并不是只针对个人，也不是只针对局部，而是针对我们整个社会的法律秩序和社会秩序的。

（2）同类客体（分类客体）

同类客体是指某一类犯罪所共同侵犯的客体，也就是某一类犯罪行为所共同侵犯的我国社会主义社会关系的某一部分或某一方面。

犯罪的一般客体揭示了犯罪的共同本质。但是，在现实生活中，不存在一般的犯罪，只存在具体的犯罪。为了对形形色色的具体犯罪有个提纲挈领的认识，有必要对犯罪做出分类。而根据一定标准分类的犯罪所侵犯的社会关系，只能是社会关系的一部分或一个方面。我

国刑法分则按某一类犯罪行为所共同侵犯的那一类社会关系的性质,把各种犯罪分为八大类,即分则八章:

第一章,反革命罪。其同类客体是人民民主专政的政权和社会主义制度。

第二章,危害公共安全罪。其同类客体是我国社会的公共安全。

第三章,破坏社会主义经济秩序罪。其同类客体是社会主义经济秩序。

第四章,侵犯公民人身权利、民主权利罪。其同类客体是公民的人身权利、民主权利。

第五章,侵犯财产罪。其同类客体是社会主义公有财产权利和公民私人所有的合法财产权利。

第六章,妨害社会管理秩序罪。其同类客体是社会管理秩序。

第七章,妨害婚姻、家庭罪。其同类客体是社会主义的婚姻家庭关系。

第八章,渎职罪。其同类客体是国家机关的正常活动。

刑法颁布后,全国人大常委会又制定了《中华人民共和国惩治军人违反职责罪暂行条例》。这个条例实际上是刑法的补充和续编,相当于刑法分则第九章。其同类客体是国家的军事利益。

现实生活中的绝大部分犯罪,按其侵害的客体加以分类,界限是明显的。有的犯罪却在同类客体间跨界,似乎既可以列入这一类,又可以列入那一类。例如,邮电工作人员私自开拆或隐匿、毁弃邮件、电报这种犯罪行为,它既侵害了公民的通讯自由,又损害了国家机关的正常活动,所以似乎可以列入侵犯公民人身权利、民主权利罪,又似乎可以列入渎职罪。对于这一类情况,立法者根据这种犯罪行为通常对哪一同类客体危害较重,就把它列入哪一类犯罪。鉴于邮电工作人员私自开拆或隐匿、毁弃部件、电报对国家机关的正常活动的危害较重,所以把它列入渎职罪一章。暴力干涉婚姻自由罪也有这种情况,它既侵犯了他人的人身权利,又侵害了他人的婚姻自由。立法者鉴于暴力干涉婚姻自由的行为主要是使婚姻自由受到了粗暴的干涉,故不把暴力干涉婚姻自由罪列入侵犯公民人身权利、民主权利罪一章,而把它列入妨害婚姻、家庭罪一章。研究这类情况,有助于明确有关犯罪行为对哪一部分或哪一方面的社会关系危害较重,从而便于确定对它从哪个方面进行处理。就全面情况而言,研究同类客体的意义,一是同类客体的原理为立法者和刑法理论工作者建立科学的刑法分则体系提供了理论根据;二是按照同类客体的理论,在很大程度上把多种多样的犯罪行为,从其性质上和社会危害程度上将其区别开来,便于进一步理解和掌握我国刑法的阶级实质和各类犯罪的基本特点,从而有利于正确地定罪量刑。

(3)直接客体

直接客体是指某一犯罪行为所直接侵犯的具体的社会主义社会关系。

犯罪行为对社会关系的侵犯,都是通过对具体的社会关系的侵犯而实现的。区别各个犯罪行为性质及其具体特征,首先取决于被侵犯的直接客体的不同。例如,刑法分则第四章中,故意杀人罪和故意伤害罪所侵犯的同类客体,都是刑法保护的公民的人身权利,但它们所侵犯的直接客体,前者是他人的生命,后者是他人的健康。这两个罪的区别,从犯罪客体来说,正是由于犯罪行为所侵犯的直接客体的不同。不同的直接客体,反映了不同的犯罪行为所侵犯的社会关系的具体特征。如果不了解这一点,就不能从侵犯的客体上把某些犯罪之间的界限区别开来,甚至会造成错定罪名,例如,把故意杀人罪误认为是具有致死情节的故意伤害罪。由此可见,研究犯罪的直接客体,对于正确定罪量刑具有非常重要的意义。

上述三种客体并不是互相对立的,它们之间是一般与具体、整体与部分的关系。事实上任何一个具体的犯罪,都存在着一般客体、同类客体和直接客体。刑法理论对犯罪客体进行这样的分类,是为了使我们既认识犯罪客体的共同本质,又认识每一类以至每一具体犯罪所侵犯的客体的性质,以便正确地定罪量刑。

2. 根据犯罪所直接侵犯的具体社会关系的多少,犯罪客体又可分为简单客体和复杂客体

犯罪现象是复杂的,某些犯罪行为不仅直接侵犯某一种具体社会关系,而且直接侵犯两种以上具体的社会关系,这就使我们有必要将犯罪客体划分为简单客体和复杂客体两类。

所谓简单客体,是指一种犯罪行为只直接侵犯到一种具体社会关系。例如,盗窃罪,直接侵犯公私财产权利;故意杀人罪,直接侵犯他人的生命权利;故意伤害罪,直接侵犯他人的健康权利。简言之,这些罪的直接客体是单一的。

所谓复杂客体,是指一种犯罪行为所直接侵犯的客体包括两种以上的具体社会关系。例如,我国刑法第 150 条的抢劫罪,不仅直接侵犯公私财产权利,而且也直接侵犯到他人的人身权利;第 139 条第3 款的具有致人重伤、死亡情节的强奸罪,不仅直接侵犯妇女性的不可侵犯的权利,而且也直接侵害妇女的健康或生命权利。

当犯罪所侵犯的直接客体是复杂客体的时候;客观上发生一个问题,即根据它所侵犯的哪一种直接客体来划分它的同类客体的问题。这个问题如果在认定上发生偏差,就会导致错误的犯罪分类。对此,我国立法的解决办法是结合这些犯罪的主客观两方面的特点,根据其危害的主要客体来决定犯罪分类。例如,抢劫罪虽然使用暴力、威胁或其他相当于暴力、威胁的方法直接侵犯了公民的人身权利,但它的根本目的是抢劫公私财物,其所侵犯的主要客体是公私财产所

有权,所以我国刑法把它归入侵犯财产罪,而不归入侵犯公民人身权利罪。外国也有把抢劫罪归入侵犯人身权利罪的。在他们来说,那是把侵犯人身看得比侵犯财产严重。由此可见,当犯罪所侵犯的是复杂客体时,究竟如何决定犯罪的分类,是由各国立法者根据本国的具体情况决定的。

有必要指出,犯罪指向纯而又纯的单一的简单客体的案件,几乎是没有的。事实上每一犯罪都不仅仅侵害一种社会关系。例如,上面说过盗窃罪所侵犯的客体是简单客体,然而进行盗窃不可能没有情节,入室盗窃侵入了人家的住宅,掏包的贴近了人家的身体,这都不是仅仅侵犯一种社会关系。但只要抓住被严重侵犯了的客体,再没有必要强调它侵犯了两种客体。过分强调倒是不利于恰当地认识犯罪的性质。

(四)犯罪对象与犯罪客体的关系

犯罪对象是指犯罪行为直接侵犯或指向的物或人。它与犯罪客体既有区别又有联系。犯罪对象是被犯罪行为侵犯的直接客体的承担者。作为犯罪对象的物,它是具体社会关系的物质表现;作为犯罪对象的人,它是社会关系的主体。如果我们只看到犯罪行为直接侵犯或指向的物或人,而看不到在其背后所体现的具体的社会关系,那就不能正确地定罪量刑。例如,在我国刑法中,反革命杀人罪和故意杀人罪都剥夺人的生命,这两种罪的被害人,是这两种罪的犯罪对象。两种对象从其都是有生命的自然人的角度去考察,他们都是一样的,但是,这两种罪的被害人所体现的具体社会关系的性质是不同的。前者是被犯罪分子作为人民民主专政政权的代表,后者则不具备这种身份。所以,只有懂得犯罪客体与犯罪对象的密切联系,又能加以正确的区别,才能对犯罪行为的性质作出正确的评价。马克思在《关于反对盗窃林木法案的辩论》一文中明确指出:盗窃林木这一"犯罪行为的实质并不在于侵害了作为某种物质的林木，而在于侵害了林木的国家神经——所有权本身"。①这就深刻地指出必须把犯罪客体与犯罪对象区别开来，它们的主要区别是：

第一，犯罪客体是指我国刑法所保护而为犯罪行为所侵犯的社会关系，它决定着犯罪的性质。犯罪对象本身不是社会关系，既不属于社会经济基础，也不属于社会上层建筑，它不决定犯罪的性质。因此，我们在分析每一个犯罪行为时，单从犯罪对象去看是分不清犯罪性质的，只有通过它所体现的社会关系——犯罪客体，才能明确犯罪的性质，弄清究竟犯了什么罪。例如，同样是对火车、汽车、电车、船只、飞机等进行破坏，如果这些被破坏的对象所体现的社会关系是公共安全，就作为危害公共安全罪，依照刑法第 107 条定罪；如果这些被破坏的对象所体现的社会关系是社会主义公有财产权利，则应当作为毁坏财产罪，依照刑法第 156 条定罪。因此，正确区分犯罪客体与犯罪对象，并善于从犯罪对象背后找出它所体现的社会关系——犯罪客体，有助于正确定罪。

第二，犯罪客体是每一个犯罪都必须具备的必要条件，没有犯罪客体，就没有犯罪的存在。而犯罪对象则不是每个犯罪所必须具备的要件，只是在刑法分则条文具体规定它为犯罪构成要件时，它才能有犯罪要件的意义。在实践中，有不少犯罪并没有犯罪对象。例如，我国刑法第 98 条反革命集团罪，第 161 条脱逃罪，第 176 条偷越国（边）境罪等都没有犯罪对象。犯罪对象作为刑法分则中某些条文特定的犯罪构成要件是值得重视的。例如，刑法第 107 条破坏交通工具罪的破坏对象是"火车、汽车、电车、船只、飞机"。如果破坏的对象不是这一些，而是自行车、手推车，就显然不可能构成这种犯罪。又如，刑法

①《马克思恩格斯全集》第 1 卷，第 168 页。

第157条妨害公务罪的对象是依法执行职务的国家工作人员。如果行为所侵害的对象不是依法执行职务的国家工作人员，而是违法乱纪的国家工作人员，就不构成这种犯罪。由此可见，在研究犯罪构成时，必须注意按照刑法分则条文对某些犯罪对象所限定的范围来认定犯罪，否则，就有可能作出错误的认定。

第三，任何犯罪都必然侵犯一定的社会关系，也就是使犯罪客体受到一定的危害，而犯罪对象则不一定遭受损害。例如，盗窃、诈骗、贪污、窝藏、包庇等犯罪，它们的犯罪对象作为客观存在的物或自然人，虽然受到犯罪行为的影响，但其本身并没有受到损害。

四、犯罪客观方面

（一）犯罪客观方面的概念

犯罪客观方面，是指犯罪活动的客观外在表现。它是犯罪构成的基本要件，也称客观要件。

犯罪客观方面的事实特征是多种多样的。像危害行为、危害结果，以及犯罪的方法（手段）、时间、地点等，都是犯罪客观方面的事实特征。不过我国刑事立法并不把它们一概视为每个具体犯罪的客观要件，只把最基本的、与危害社会有密切关系的客观事实规定在具体罪的客观要件之中。我国刑事立法规定的犯罪客观要件有两大类，即必要要件和选择要件。

所谓必要要件，是一切犯罪构成都必须具备的要件，没有这样的要件，就不能认为是犯罪。例如，危害社会的行为就是犯罪构成客观方面的必要要件，没有这样的要件，就不能构成犯罪。仅仅有作为犯罪意念的思想活动，还没有通过行为表现出来，是不可能对社会造成任何危害的。我国刑法不认为那是犯罪活动，当然也就更不把那作为犯罪进行惩罚。林彪、江青反革命集团为了给其复辟扫清障碍，大量惩罚"思想犯罪"。有鉴于历史的经验教训,我们一定要坚持社会主义法制原则,肯定犯罪是一种危害社会的行为,只有思想而没有行为就不能认为是犯罪。

所谓选择要件,是指某些犯罪所必须具备的要件,不是每一个犯罪在客观方面必须具备的要件。例如犯罪的时间、地点、方法(手段)等,这些要件并不是每个犯罪必须具备的,但在刑法分则条文明文规定时,就成为该条犯罪的要件。例如,刑法第130条规定的破坏野生动物资源罪:违反狩猎法规,在禁猎区(地点)、禁猎期(时间)或者使用禁用的工具、方法进行狩猎,破坏珍禽、珍兽或者其他野生动物资源,情节严重的,处二年以下有期徒刑、拘役或罚金。在这里,时间、地点、方法就成了这种犯罪的必备要件。在许多犯罪中,时间、地点、方法不是必备要件。如故意杀人罪不论实施杀人的时间是在白天,还是在黑夜,地点是在室内还是在室外,是在公共场所还是在僻静的小巷,其方法是用刀杀、棍子打还是用毒药等,所有这些都不影响故意杀人罪的成立。当然这并不是说时间、地点、方法不重要,这些只能作为量刑的情节予以考虑,而不能作为犯罪的构成要件。危害结果严格地说也是犯罪的选择要件,因为它不像危害行为那样是每一个犯罪在客观方面必须具备的要件。但它却是绝大多数犯罪在客观方面具备的要件。

有必要指出:研究犯罪客观要件具有重要的意义。

首先,研究犯罪客观要件,有助于区分罪与非罪的界限。犯罪客观要件是行为人在实施犯罪时,对刑法所保护的社会关系进行的侵害,这种侵害是通过具体的危害行为实施的。如果说客观上缺乏危害行为,纵然出现某种危害后果(这里所指的是危害后果,而不是危害结果),也不构成犯罪。例如,李某偷窃大队水里面养的鱼被干部追赶,他为了保住偷得的鱼,仗着水性好,带鱼跳水逃跑,在水中右手高举鱼篓踩水前进。由于水深塘宽、足着皮鞋，至塘中心下沉溺死。某人民法院判处两名追赶李某的干部各二年有期徒刑，这是缺乏根据的。追赶偷鱼人的行为是维护集体利益的合法行为，而不是刑法所要求的构成犯罪客观要件所应有的危害行为。也就是说，只有危害行为才是犯罪客观方面的要件。合法行为是受刑法保护的，而不是刑法所禁止的。因此，上例缺少犯罪客观要件，就不构成犯罪。

其次，研究犯罪客观要件有助于区分此罪与彼罪的界限。刑法分则所规定的各种犯罪，都是由其本质属性决定的。影响着各种罪的"属性"，都要由犯罪构成来决定。犯罪客观要件是犯罪构成中重要要件之一，在刑法分则规定的所有犯罪中，这一要件对犯罪性质的决定占着重要地位。如各种反革命罪之间的界限，一般都是根据犯罪客观要件区分的。同样，在侵犯财产罪中，如盗窃罪、诈骗罪、敲诈勒索罪等，它们的犯罪客体、犯罪主体、犯罪主观方面都相同，只有犯罪客观方面，即犯罪时所实施的危害行为不同，而构成各种性质不同的犯罪。正因为这个道理，我国刑法在规定各种犯罪的罪状时，对犯罪构成的客观要件大多加以具体规定，而对于犯罪构成的其他要件，往往不作具体描述。这说明，犯罪客观要件在犯罪构成中的重要性。因此，研究并掌握犯罪客观要件，有助于我们准确地定罪量刑。

再次，研究客观要件有助于正确分析和认定犯罪主观方面。毛泽东曾指出："社会实践及其效果是检验主观愿望或动机的标准。"[①]行为人要达到某种预期的目的，必须通过他的行为来实现。但是行为人所实施的犯罪行为，是由其主观罪过即主观要件决定的。例如，一个犯罪分子实施杀人行为后，又把被害人肢解，八大块掩埋郊外，从这一残酷的手段看，足以看出他的主观恶性的危险程度。

---

①《毛泽东选集》第 3 卷，第 825 页。

犯罪客观方面不是孤立的,它与犯罪客体、犯罪主观方面的联系都很密切。犯罪客体说明犯罪侵犯了什么,而犯罪客观方面则说明犯罪客体是在什么样的条件下、通过什么行为受到侵犯的。侵犯客体的这种行为不是别的,正是犯罪主观方面的外部活动的表现。而要正确判断和认定犯罪的主观方面,只有认真地研究犯罪所表现出来的一系列的客观事实。因此,犯罪客观方面既是对犯罪客体怎样受到侵犯的说明,又是发现和判断犯罪人主观心理态度的客观根据。

(二)危害行为

1. 危害行为的概念

行为是指受思想的支配而表现在外部的活动。危害行为是指刑法所禁止的,受意识和意志支配而表现在外部的危害社会的活动。它不同于思想。思想是人的一种内心活动,而行为则表现人的意识和意志的外部动作。一个人仅有内心活动,而没有表现为外部动作,那就不发生对社会有危害的问题。没有危害社会的行为,也就没有犯罪。不过,虽有一般危害行为,而没有严重危害行为,不是刑法禁止的,仍然不是这里所说的危害行为。这里所说的危害行为是刑法意义上的行为。刑法意义上的危害行为,都直接或间接地侵害到刑法保护的社会主义社会关系, 亦即对我们国家的法律秩序和社会秩序具有危害性。危害社会的行为,是每一犯罪都必须具备的犯罪客观方面的必要要件, 它在犯罪中居于核心地位。马克思曾说:"我只是由于表现自己,只是由于踏入现实的领域,我才进入受立法者支配的范围。对于法律来说,除了我的行为以外,我是根本不存在的,我根本不是法律的对象。"①这就是说,危害行为是行为人担负刑事责任的客观基础。我国刑法第 19 条关于预备犯罪的规定同样告诉我们,犯罪是从犯罪

---

①《马克思恩格斯全集》第 1 卷,第 16–17 页。

预备才可以追究刑事责任。没有出现犯罪预备形态,即使有犯罪思想活动(有犯意表示),也不能把那当作犯罪行为追究刑事责任。

　　一个人的行为是在他的意识和意志支配下做出来的。假如一个人的无意识的举动对社会有危害,那是不应当叫他担负刑事责任的。因为那不是刑法意义上的危害行为,当然不能叫他负什么刑事责任。有这样一个案件,一个青工平时爱搞恶作剧,某日他正在厂门口抽烟,见一与他相熟的司机驾驶一辆货车回厂,于是他猛抽纸烟,待车到身旁时,他用烟火烫司机的脸。司机左脸被烫,头本能地偏向右方,手里的方向盘也跟着向右转动,车撞在门内右侧电杆上,驾驶室右门被震开,靠门坐的押运员一头栽到地下,碰瞎了一只眼睛。可以看出这个司机的动作是身体受外力强制造成的,所以他没有刑事责任。

　　如果不是身体受强制,而是精神被强制,即在受威胁的情况下做了某种对社会有危害的事,有关的人要不要负刑事责任呢?这就要看具体情况,对于因精神上受强制、威胁而危害社会的,是否应视为刑法第13条规定的"不能抗拒"的原因造成损害结果的行为,刑法学界有三种不同的看法:一是认为符合刑法第13条关于意外事件的规定;二是认为不符合刑法第13条关于意外事件的规定;三是认为应视有无伤亡情况,有伤亡情况就不应视为刑法第13条规定的意外事件,无伤亡情况就应视为刑法第13条规定的意外事件。我们认为第二种看法是对的。例如有一个犯罪分子,为了逃避法律的追究,逼迫知情人作伪证,说什么你若如实作证,我就要放火烧死你全家。假如这个知情人真的作了虚假证明,他应当担负刑法第162条包庇罪的罪责。其行为虽然是在精神受强制的情况下实施的,但不属于意外事件,也不属于紧急避险,而是属于危害行为。

　　2. 危害行为的形式

　　我国刑法上规定的一切犯罪,按其客观属性来说,都是具有社会危害性的作为和不作为。这就是说危害行为的形式,在客观上的表现尽管多种多样,但概括起来不外两种,即作为和不作为。

所谓作为,就是犯罪人以积极的行为去实施为我国刑法所禁止的危害社会的行为。简单地说,作为就是人的积极行为。我国刑法中规定的各种具体犯罪,绝大部分是以作为形式实施的。如抢劫、投毒、强奸、诈骗、走私,等等。都必须通过犯罪分子一系列主动积极的行为才能完成。用作为形式作案的犯罪分子,只有通过一系列主动积极的行动,才能使刑法所保护的客体受到损害,并实现自己的犯罪意图。例如,引诱容留妇女卖淫的犯罪分子,他的行为就包括用金钱、物质等方法,把妇女引诱到手,然后让妇女卖淫为其营利;或给卖淫妇女提供卖淫的场所和方便,然后从中渔利。这一系列活动,都是主动积极的活动,故属于作为形式的犯罪行为。

所谓不作为,就是犯罪人消极地不去实施自己所应当实施的行为。简单地说,不作为就是人的消极行为。但这绝不等于说一切消极行为都是犯罪行为,只有负有某种特定义务的人,在能够履行义务的情况下而不履行这种特定的义务,造成了或可能造成一定的损害结果的时候,才是犯罪行为。如果不存在特定义务,或在不能履行这种特定义务的情况下,造成了或可能造成一定损害结果,那就不应当认为是犯罪行为。例如,某妇女被几个犯罪分子劫持,路遇某厂长,该妇女向其求救,某厂长置若罔闻,这虽然是一种不道德行为,但不是犯罪行为。如果某被劫持的妇女路遇的是一个公安局长,经求救竟不闻不问,这个妇女终被强奸,这个局长的做法就具备了刑法意义上的不作为的特征了。

历史上有个很有名的不作为犯罪的案例,可惜相传有误,那就是汉朝张汤处死颜异这个案子,今人多说张汤在此开了"腹诽罪"的先例。殊不知汉朝法律规定皇上作出错误的决定,臣子有谏阻的义务,知其错而又不谏者有罪。颜异身为朝廷九卿之一,对皇上作出改革币制的决定,明知多有不便,但他当面又不说,在背地却对持异议者,不持异议并表同感,张汤奏明汉武帝后问了颜异的死刑,显然是把颜异当成不作为犯罪处理的。可见,古今刑法意义上的不作为,都是以负有特定义务的人,不实行他应当履行的特定义务为前提的。这种特定义务,产生于下列三种场合:

(1)法律明文规定应当履行的义务。例如,我国婚姻法第15条规定:"父母对子女有抚养教育的义务;子女对父母有赡养扶助的义务。"刑法第183条规定的遗弃罪,就是不履行上述义务的不作为形式构成的。

(2)职务上或业务上产生的特定义务。例如,铁路上的扳道工有义务按照铁路信号扳动道岔;消防队员有义务扑灭火灾;急诊室值班医生有义务抢救危急病人;护林员有义务维护林木免遭乱砍滥伐,等等。上述人员如果不履行自己应尽的义务,而造成了危害结果,就以不作为形式构成了犯罪。

(3)自己的行为所产生的特殊责任。例如:医生在做手术时,擅离职守,致使病人死亡,即构成不作为形式的犯罪。再如某人带领一个不善于游泳的孩子到深水区游泳,就要对这个孩子的人身安全负有特殊义务,若不履行这一义务,致小孩溺水后淹死,就构成不作为形式的犯罪。

以不作为的形式构成犯罪的情况,在刑法分则规定的具体犯罪行为中居少数。不过,近几年,立法对不作为犯罪益发重视了。全国人大常委会《关于严惩严重破坏经济的罪犯的决定》对刑法所作的四项补充和修改,其中就有一项专门对不作为犯罪作了新的规定。该决定第1条第4项规定:"对于本条(一)、(二)、(三)所列的人员(指犯刑法第118条、第152条、第171条、第173条、第185条、第155条、第

188条、第162条、第148条、第157条、第146条等的有关罪犯)有追究责任的国家工作人员不依法处理，或者因受阻挠而不履行法律所规定的职责的，对犯罪人员和犯罪事实知情的工作人员不依法报案和不如实作证的，分别比照刑法第187条、第188条、第190条所规定的渎职罪处罚。"这是一项为保证《关于严惩严重破坏经济的罪犯的决定》得以切实执行的法律措施。不要小看这些不作为犯罪，正是这些不作为犯罪保护了有关犯罪。因此我们说有些不作为形式的犯罪，造成的危害却不一定比作为形式的犯罪造成的危害小。研究它，有着重要的意义，可以使我们认识到犯罪不仅有以积极的行为实施的，还有以消极的行为实施的。在实践中，既不要让任何形式的犯罪逃脱应得的惩处，也不要把不负特定义务的人的不作为当作犯罪对待。

不作为形式的犯罪，往往比作为形式的犯罪更为复杂，对以这种形式犯罪的，必须很好地确定行为人是否有某种特定义务，以及是否有完成这种特定义务的能力。如果行为人有某种特定义务，并有完成这种特定义务的能力，也就是有责任履行某种义务而不履行这种义务，造成了后果，应当认为构成了犯罪，否则不应当认为构成犯罪。如果行为人在精神上受威胁，行动上受阻挠的情况下，实施了危害社会的行为，不管威胁、阻挠怎样严重，甚至危及生命，也应当认为他的行为构成了犯罪。因为在这种情况下，行为人没有丧失控制自己行为的能力，他的行为仍然是有意识的。总之，凡有意识、有意志实施的，为刑法所禁止的，应当受刑罚处罚的危害社会的作为和不作为，在认定犯罪时，都有重要意义。司法实践中，认定不作为犯罪的阻力，一般比认定作为犯罪的阻力大，我们一定要坚持有法必依、执法必严、违法必究。

(三)危害结果

1. 危害结果的概念

结果，就一般意义上讲，是指客观事物在一定力量作用之下所发生的变化，如洪水冲垮了堤坝，淹没了庄稼；雷电袭击，引起了火灾，等等。而刑法中所说的危害结果不是一般意义上的结果，而是专指危害行为对我国刑法所保护的客体造成的损害。例如，杀人造成他人生命的死亡，伤害造成他人健康的损害，盗窃造成公私财物的损失，等等。总之，不同的危害行为可以引起不同的危害结果，但归纳起来，都是对我国社会主义社会关系的损害。

危害结果和犯罪客体有着内在的有机的联系，犯罪之所以具有社会危害性，就是因为它能给刑法所保护的客体造成损害。如果一种行为不可能对社会主义社会关系造成任何损害，刑法也就不可能把它规定为犯罪。危害结果虽然在犯罪的客观方面中占有重要的地位，但同危害行为比较起来，它毕竟不像危害行为那样，是每一犯罪构成所必须具备的要件；缺乏危害结果仍然可以构成犯罪。刑法分则中，那些只要求有危害行为，不要求有危害结果的罪就属于这种情况。例如，刑法第92条规定的阴谋颠覆政府、分裂国家罪，就只要求以反革命目的实施了阴谋颠覆政府、分裂国家的行为，并不要求出现政府被推翻、国家被分裂的危害结果便构成犯罪。这就是说，我国刑法分则规定的具体罪，虽然都是以既遂为标本，但既遂却不一定都要求出现危害结果。尽管分则的绝大多数罪以危害结果的发生为犯罪既遂的要件，却也有少数罪只要求实施了有关条文所规定的行为，即按犯罪既遂定罪而不问是否发生了危害结果。

危害结果的性质是受犯罪客体的性质制约的。由于犯罪客体有物质性和非物质性的区别，危害行为对犯罪客体所造成的损害——危害结果——也相应地表现为物质性和非物质性的两种形式。物质性的危害结果，通常是具体的、有形的，人们往往可以看得见、摸得着,如财物被损害,生命被剥夺,健康受损害,等等。非物质性的危害结果,通常是抽象的、无形的,人们往往难以捉摸和具体计算,如公民的名誉、人格被损害,党和国家的信誉被破坏等。

对物质性的危害结果,因为它是具体的、有形的,可以直接考察和衡量,故我国刑法分则一般都明确地把危害结果规定出来。

例如,刑法第 134 条所规定的故意伤害罪。按伤害的结果,具体分为一般伤害、伤害致人重伤、伤害致人死亡三种,并分别规定了三种不同的刑事责任。再如,刑法第 155 条所规定的贪污罪,按贪污结果的情况,区别出一般贪污罪,数额巨大、情节严重的贪污罪,情节特别严重的贪污罪三种,并规定分别处以不同的刑罚。

对非物质性的犯罪结果,由于它是抽象的、无形的,难以衡量与计算,故在刑法分则条款中,一般不作明文规定。也就是说,不把它作为犯罪构成要件,它的有无和大与不大,通常只作为量刑时予以考虑的情节。实践中对这类犯罪的认定,只要按照有关刑法条文规定的要求,查明客观上具备了有关条文规定的行为,并不要求具备造成具体的损害结果,就已构成有关犯罪。当然,非物质性的危害结果,并不是在客观上没有造成损害结果,不过它通常与行为同时发生罢了。

2. 危害结果对定罪量刑的意义

(1)根据刑法第 11 条和第 12 条的规定,犯罪有故意和过失之分,其中的过失犯罪,在刑法分则的有关条款中,都是以损害结果为构成犯罪的要件,对客体没有造成损害,就不构成过失犯罪。例如,刑法第 113 条规定交通肇事罪的构成,必须以"致人重伤、死亡或者使公私财产遭受重大损失"为前提。再如,刑法第 187 条规定,玩忽职守罪必须具备"致使公私财产、国家和人民利益遭受重大损失"的结果才能构成犯罪。

(2)有一些犯罪,是以具有某种危害结果的危险,作为犯罪构成的要件,例如,刑法第178条规定:"违反国境卫生检疫规定,引起检疫传染病的传播,或者有引起检疫传染病传播严重危险的"就构成犯罪。

(3)有一些犯罪,是以有发生某种严重后果的危险但尚未造成严重后果作为犯罪构成要件,而把事实上已经造成严重后果作为加重法定刑的根据。例如,刑法第107条、第108条、第109条,对破坏交通工具、交通设备、电力煤气设备、易燃易爆设备罪,明文规定必须具备"尚未造成严重后果"的重要特征。而刑法第110条则规定造成严重后果的上述各罪的加重法定刑。

(4)有一些犯罪,是以危害结果的轻重作为判处不同刑罚的根据。例如,刑法第134条规定:故意伤害他人身体的,处三年以下有期徒刑或者拘役;致人重伤的,处三年以上七年以下有期徒刑;致人死亡的,处七年以上有期徒刑或者无期徒刑。

(5)有些故意犯罪的既遂和未遂,是以是否发生危害结果为标志的。例如,刑法第132条规定的故意杀人罪,是以造成被害人死亡为既遂;如果尚未造成被害人死亡的结果,则构成杀人未遂。

总之,危害结果对定罪量刑有着重要意义。在实践中,既要注意有形的危害结果,又要注意无形的危害结果。只注意有形的结果,而忽视无形的结果,会放纵犯罪;相反,毫无根据地任意夸大无形的结果,也会导致冤、错案件。只有严格依法办事,按照刑法条文规定的犯罪构成要件定罪量刑,才能稳准狠地打击敌人、惩罚犯罪。

(四)危害行为与危害结果之间的因果关系

1. 因果关系的概念

因果关系是客观事物、现象之间的一种联系,表现为一种事物、现象引起另一事物、现象的产生。换句话说,一定的原因引起一定的结果,一定的结果由一定的原因所产生。哲学上把原因和结果之间的这种联系,叫作因果关系。

　　刑法学中的因果关系,是辩证唯物主义关于因果关系理论的具体运用。我国刑法中的因果关系,是指人的危害行为与危害结果之间的引起与被引起的联系。对以危害结果为犯罪构成要件的犯罪,必须查明危害行为与危害结果有无这种引起与被引起的联系。一个人的行为,与危害结果之间有着引起与被引起的联系,就有着应当由他担负刑事责任的客观基础。如果行为人的行为同危害结果之间没有因果关系,就不能要他对客观上出现的危害结果担负刑事责任。

　　多数案件的因果关系是不难确定的。例如,某甲向某乙开枪射击,某乙中弹后立即死亡。某乙死亡结果是由某甲开枪射击的行为造成的,开枪射击和死亡这两个现象之间的联系——因果关系是十分明显的。也有少数案件,由于情况复杂,或者罪犯有意制造混乱和假象,往往给解决因果关系问题带来困难,有时还要借助科学技术鉴定才能解决。例如,张某的小孩一天发烧到40℃,值班医生李某检查后开出处方,护士王某按处方药量给病孩注射青霉素二十万单位,但注射前未按处方和常规对病孩作皮下试验,不久小孩发生休克,经急救脱险。十天后,小孩又发高烧,王某仍未作皮下试验,又注射青霉素二十万单位,小孩再次发生休克,抢救无效,于次日死亡。张某控告王某不按规定做皮下试验,造成小孩死亡。经过解剖,证明小孩死于小叶性肺炎,与注射青霉素未作皮下试验无关。这样,王某的错误同小孩死亡结果之间没有因果关系,不能要王某负致人死亡的刑事责任。因此,在解决因果关系问题时,决不能为表面现象所迷惑,而必须认真地调查研究,全面分析案情,有的还要进行科学技术鉴定,才能找出结果发生的真正原因,从而确定行为和结果之间有无因果关系。

2. 分析刑法上的因果关系的注意事项

(1)掌握因果关系的客观性。辩证唯物主义认为,因果关系是客观存在的,不以人们意志为转移的现象之间的联系。列宁曾多次论述因果关系的客观性,他说:"我们通常所理解的因果性,只是世界性联系的一个极小部分,然而——唯物主义补充说——这不是主观联系的一小部分,而是客观实在联系的一小部分。"[1]这就是说,因果关系的概念不是人们主观地根据所谓"纯粹逻辑上的联系或纯粹思维上的概念"创造出来的,而是客观实在的因果关系在人们头脑中的反映。因果关系的这种客观性,在人们的实践活动中是可以进行验证的。这种验证的正确程度是和人们的实践发展的程度密切联系在一起的。随着科学技术的发展,人们对因果关系的认识会更加正确。

把哲学上因果关系的原理应用到刑法中来,不是指别的,是指对客观现实存在的两个涉及刑法的现象——行为和结果,进行周密的、科学的调查研究,从具体的实际情况出发,按照客观事物本身的规定性来判断有无危害行为与危害结果之间的因果关系,进而确定行为人有无担负刑事责任的客观基础。因此,它既不以行为人是否预见为前提,也不能凭其他任何人主观随意判断来确定。例如,某干部带着姘妇回到农村家中,把妻子的炕给占了,其妻受不了这种精神上的虐待,当晚自杀身亡,我们决不能以虐待者不以为会发生这种后果而否认此精神虐待与引起被害人死亡之间的因果关系,也不能以"一般情况下"这种精神虐待不一定引起自杀为借口否认其因果关系的存在。因为在主观上除了行为人应当预见而没有预见外,在客观上,这位农村妇女的死亡,实际上是由其夫及其姘妇的虐待行为引起,不应当苛责这位农妇"心胸狭窄"。

---

①《列宁选集》第38卷,第170页。

（2）掌握原因与结果的相对性。一个现象，对于引起它的那个现象来说，它是结果，而对于它引起的另一现象来说它又是原因。

刑法所要研究的因果关系，是刑法规定的危害行为与危害结果之间的因果关系。例如，老张到老王家串门，把手枪遗忘在老王家中，老王的儿子拿老张的手枪作案，杀死一个妇女。被杀妇女有一个吃奶孩子，孩子因为他母亲死后没奶吃，不久也死了，在这个多因果的链条上，我们要研究的是老王的儿子开枪杀害妇女的行为与被杀害妇女死亡间的因果关系。因为：杀人行为是刑法禁止的行为，而这个妇女的死亡，是老王儿子杀人行为的结果。况且，杀人行为与被害人的死亡，都是杀人罪的构成要件。明确了这一点，就抽出杀人要件这一段进行研究。于是便可以得出正确的结论：杀人决定这个妇女的死亡，老王的儿子要负刑事责任。至于老张丢枪的行为，只是老王儿子得到枪的原因，不是这个妇女死亡的原因，因此不应当追究老张的刑事责任。至于吃奶孩子的死，是她妈死后，他没有奶吃的结果，不是杀人罪的构成要件。当然，在量刑时应当考虑这个情节。这就是说，应当按照刑法规定的犯罪构成要件来研究因果关系。不能把凡是与犯罪行为有点关系的结果，都作为危害结果；也不能把凡是与危害结果有点关系的行为，都作为危害行为。如果是那样认定危害行为与危害结果之间的因果关系，那将导致扩大犯罪面并错误地追究刑事责任。

（3）要注意区别结果发生的原因和条件。任何事物的存在，都要有一定的条件。但这样、那样的条件对某一事物的存在，并不处于相同的地位，也不起同样的作用。为了区别各种条件对于事物存在的意义和作用，刑法理论把对结果起着引起和决定作用的行为认为是原因，把那些虽然起着一定作用，但不起引起和决定作用的行为认为是条件。起条件作用的行为不负刑事责任，起引起和决定作用的行为是担负刑事责任的客观基础。例如，司机某甲驾驶汽车，由于疏忽大意撞伤了某乙,某乙到医院治疗要通过一条河,需乘坐一条小船才能到医院。在渡河时,由于小船超载而沉没,某乙落水溺死。在这里,司机某甲是否负某乙死亡的刑事责任呢?按照刑法上的原理,某乙的死亡结果与某甲开汽车撞伤的行为没有引起和被引起、决定和被决定的因果关系,因而某甲不应负某乙落水溺死的责任。他只能对某乙撞伤负责。因为,某乙不是死于某甲的伤害,而是死于翻船事故。某甲的伤害仅仅是使某乙死亡的条件,不能把条件作为原因。这一沉船肇事案,应追究肇事者的刑事责任。

(4)必须区分因果关系的多样性、复杂性。客观事物之间是相互联系、相互制约的,是错综复杂的,它们表现出来的因果关系也就有多样性、复杂性。有的是一因多果,如放火烧房子,既烧毁了房子又烧死了人。有的是多因一果,如某主治医生为病人开处方,时逢一个实习医生请教问题,致使分散了主治医生的思路,将10CC注射液,写成100CC。护士注射时发现量大,向护士长请示。护士长不负责任地说:"谁开方谁负责任,你只管注射你的。"结果药水注射一半,病人便死亡。这一死亡的结果,医生、护士长、护士都有责任,他们的玩忽职守的行为都是引起患者死亡的原因,但是,三个人应负的法律责任是不同的。

因果关系还具有相对性,即某种现象是另一种现象的结果,在不同的场合下,这种现象又是另一种结果的原因。例如,某甲放火(原因)烧了器材仓库(结果);由于器材仓库被烧(原因),引起某工厂停工(结果);由于某工厂停工(原因),又引起某施工单位无法施工(结果)等等。研究这种因果关系,对于弄清行为的危害程度,确定应负的刑事责任有着直接的关系。

(5)自杀案件的因果关系。自杀案件非常复杂,必须对具体案件具体分析。首先,研究自杀案件,是研究某人自杀是由于什么行为引起的,即研究引起他人自杀的原因(行为)是什么,而不是研究自杀者自己的原因(行为)。马克思曾指出:"如果自杀要归罪于谁,那首先是活着的人。"①因为自杀者本人已经死亡,其行为纵然违法也不予追究。其次,研究引起他人自杀的行为是否违法。

自杀不能独立地成立罪名,它必须依附于特定的案件,作为这一特定案件的情节和后果实行后果加重,对犯罪人进行处罚。

依据上述之点,据认为,有些自杀案件,应依附于特定的案件,追究行为人的刑事责任或作为后果加重,对行为人从重处罚;有些自杀案件,当事人是无罪的,不应追究其刑事责任;有的自杀案件,由于自杀者本人的错误或罪过,应由自杀者本人负责。

实践中的自杀案件,主要有以下几种情况:

第一,行为人实施的行为是犯罪行为,由于这种犯罪行为而引起被害人自杀;自杀或自杀身亡是这一犯罪案件的严重后果,对行为人应从重处罪。属于这一类案件的,有强奸罪、强迫妇女卖淫罪、拐卖人口罪、刑讯逼供罪、非法拘禁罪、拐卖儿童罪等,这些行为本身就已构成犯罪,再加上犯罪行为引起被害人自杀,就属于后果加重,应从重处罚。例如,刑法第139条规定的强奸罪"致人……死亡的",既包括致被害妇女或幼女直接死亡,也包括引起妇女或幼女自杀死亡。在一般情况下,强奸或奸淫幼女,在量刑上适用该条刑法第1、款规定的幅度处罚;如果因强奸或奸淫幼女致人死亡(包括自杀死亡),则必须依照该条刑法第3款规定的幅度处罚。

第二,由于违法行为而引起被害人自杀,应依附于特定案件,作为严重后果,追究行为人的刑事责任。也就是说,行为人的行为是违法的,这种违法行为,如果没有引起被害人自杀,有可能不作为犯罪

①《马克思恩格斯全集》第42卷,第305页。

处理;如果引起了被害人自杀,特别是自杀身亡,造成严重后果,其行为构成了犯罪,应追究刑事责任。属于这类案件的,有干涉婚姻自由罪、侮辱罪、诽谤罪、虐待罪、遗弃罪、体罚虐待被监管人罪、非法搜查罪、非法管制罪,等等。触犯上述罪名,如果情节轻微,行为人又真诚悔改,是可以不作定罪量刑处理的。但是,在实施行为时,如果引起被害人自杀或自杀死亡,就应认定为后果严重,而必须对行为人定罪科刑。例如,刑法第17条规定的干涉婚姻自由罪,"引起被害人死亡"中所说的"死亡",就包括致人死亡和自杀死亡两种。

第三,由于不正之风的错误或其他错误以及双方互有错误引起的自杀事件,不能追究行为人的刑事责任,必要时可以给予行政处分或纪律处分。例如,青年女共产党员范熊熊,由于单位领导的不正之风,即招工不按政策而引起范的上告,屡告不准,无望投海自杀。范上告期间,单位领导既未追查控告人,也未对控告者实行报复陷害。因此,这类自杀案不应追究当事人的刑事责任,可适当给予行政或党纪处分。

还有邻里之间争吵、家庭成员之间争吵、恋人之间争吵等等而发生的自杀案,不应追究刑事责任。上述矛盾属于一般是非问题,并不涉及刑事法规,刑法不追究无罪人的刑事责任。

第四,正当行为引起了自杀,或自杀者本身原因引起的自杀,其他人概不负责。例如,上级派某干部到山区艰苦的地方工作,他拒绝执行引起的自杀;那种因错误行为败露或畏罪自杀,正是咎由自取。

(6)对以不作为方式所实施的犯罪的因果关系,应和以作为形式实施的犯罪的因果关系一样解决。例如,母亲有义务给尚在哺乳的小孩喂奶,如果她有条件给小孩喂奶,却出于故意不给喂,引起小孩死亡,要负刑事责任。因为小孩的死和他母亲的不作为之间存在因果关系。同样,应该扳道的扳道工,出于故意或过失没有扳道,引起火车相撞,造成重大损失,这里面也有明显的因果关系。相反,汽车司机李某驾驶一辆载重汽车,在连任何过失都没有的情况下,轧伤一个小孩,他将小孩抱起准备送医院抢救,但又害怕负责,于是把小孩抱上车,将车开到自己家里。因他家离肇事地点较远,等他到家发现小孩已经死了。后经法医鉴定,小孩死亡是由于被轧时重要器官被轧碎,任何及时医疗救助,都不能避免死亡的发生,故李某的不作为与小孩的死亡没有因果关系。

总之,刑法上的因果关系问题是一个极为复杂的理论问题。面对具体案件时,一定以辩证唯物主义的基本原理为指导,认真地做艰苦细致的调查研究工作,实事求是,从实际出发,对具体问题进行具体分析。切不可简单从事,仅仅根据现象发生的时间先后顺序就草率地做结论。

目前法学界对因果关系问题有很大争论,我们应关心这场争论。但我们承办的案件不能等这场争论解决之后再加以解决,正确的态度是对因果关系是一种什么性质的联系审慎地理论联系实际地去解决。对是不是只有一种现象必然地、合乎规律地引起或产生另一种现象,就是说行为与结果之间具备内在的、必然的、合乎规律的联系的时候才叫因果关系,否则就不叫因果关系;还是说因果关系既有必然的因果关系,又有偶然的因果关系。在没有弄清以前,本着既不扩大也不缩小刑事责任的原则,从有利于同犯罪作斗争又不扩大打击面出发,一般地说就可以正确地认定有无因果关系。

(五)犯罪的时间、地点和方法

犯罪的时间、地点和方法(手段),是犯罪客观方面的选择要件。在一般情况下,这些要件并不是犯罪构成所必需的,也不决定犯罪的性质;但在刑法有明文规定的某些犯罪构成中,则具有必要要件的意义。

1. 犯罪的时间和地点

犯罪都是在一定时间和地点实施的,不过,在一般情况下,犯罪时间和地点并不是犯罪构成的必要要件。也就是说,犯罪行为实施的时间、地点,通常并不影响犯罪的成立。例如杀人罪,不论杀人行为是在白天、黑夜,还是在战时、平时;也不论杀人现场是在野外,还是在街头,对于杀人罪的成立并没有影响。但是,在法律对于犯罪的时间和地点有特殊要求的时候,也就是把它作为构成某种犯罪的要件加以规定的时候,时间和地点就成为构成犯罪的必要要件了。例如刑法第 129 条和第 130 条,把"禁渔期""禁猎期"和"禁渔区""禁猎区"规定为犯罪的必要要件。这样一来,在禁期、禁地捕捞和狩猎,情节严重的,就构成犯罪了。可见,在这种情况下,是否按国家法律规定的时间、地点进行捕捞和狩猎,也就成了区分罪与非罪的重要条件了。

在法律没有把时间、地点规定为犯罪构成的必要要件的情况下,犯罪的时间和地点对我们正确认识犯罪的社会危害程度,从而正确地适用刑罚,也有一定意义。例如,在社会治安状况不好的情况下,杀人、放火、抢劫、强奸、爆炸等犯罪的社会危害性,要大于正常情况下的同样行为。社会危害性大了,量刑就应当重。相反,社会危害性不那么大,量刑就应当轻,不能不管形势的变化,此时、彼时一个样,没有区别,也就没有依法办事。

2. 犯罪的方法(手段)

犯罪分子为了达到犯罪的目的,总是要采取一定的方法(手段)实施犯罪行为。在一般情况下,犯罪的方法(手段)对于犯罪的成立并没有影响。例如,杀人罪不论枪杀、刀杀、毒杀或其他什么方法(手段),只要故意非法剥夺他人的生命,都构成故意杀人罪。但是,在某些情况下,刑法把犯罪的方法(手段)规定为犯罪构成的必要要件,以此说明行为的特点和犯罪的特征。这时,行为的方法(手段),便成为划分罪与非罪、此罪和彼罪的界限。例如，刑法第 139 条规定，"以暴力、胁迫或者其他手段强奸妇女的"构成强奸罪，第 150 条规定，"以暴力、胁迫或者其他方法抢劫公私财物的"，构成抢劫罪。从这两条的规定来看，是否采用暴力、胁迫等方法（手段）是强奸罪与非强奸罪、抢劫罪与非抢劫罪的根本区别。再如，刑法第 179 条规定，"以暴力干涉他人婚姻自由的"，构成干涉婚姻自由罪。暴力在这里便成了构成干涉婚姻自由罪的必要要件。如果不采用暴力的方法而是采用其他缓和的办法，尽管也干涉了他人的婚姻自由，仍不构成干涉婚姻自由罪。

在刑法条文中，还有把犯罪的方法（手段）作为判处较重刑罚的条件加以规定的情况。在这种情况下，犯罪的方法成了依法加重处罚的根据。例如，刑法第 161 条第 1 款规定："依法被逮捕、关押的犯罪分子脱逃的，除按其原犯罪行判处或者按其原判刑期执行外，加处五年以下有期徒刑或者拘役。"第 2 款则规定："以暴力、威胁方法犯前款罪的，处二年以上七年以下有期徒刑。"可见，犯罪的方法（手段）在刑法条文有特别规定的情况，对定罪量刑均有重要意义。

五、犯罪主体

（一）犯罪主体的概念

犯罪的主体，是指达到一定年龄，具有刑事责任能力，应负刑事责任的自然人。任何犯罪都是人所实施的危害社会的行为，但是并不是任何人实施了危害社会的行为，都应负刑事责任。依照刑法规定，只有具备一定的条件才可以成为犯罪的主体。根据我国刑法第 3 条至第 8 条、第 14 条至第 16 条以及分则有关条文的规定，我国刑法中的犯罪主体，是指达到法定责任年龄、具有刑事责任能力的自然人。由此可见，犯罪主体必须具备三个条件：即一是自然人，二是有刑事责任能力,三是达到一定年龄。具备了这三个条件,刑法理论把它叫做犯罪的一般主体。与犯罪的一般主体对称的是犯罪的特殊主体。犯罪的特殊主体除了要具备犯罪一般主体的三个条件之外,还要具备一定的身份。我国刑法分则中规定的一百几十个罪,大部分罪的犯罪主体属于一般主体,刑法分则条文对它一般不作具体规定。只能由特殊主体构成的犯罪,刑法分则条文一般都作明确规定。例如刑法第190条规定:"司法工作人员私放罪犯的"构成私放罪犯罪。这就是说,构成私放罪犯罪的犯罪主体,必须是特殊主体——司法工作人员。

犯罪主体是犯罪构成的必要要件之一,任何犯罪都要有犯罪主体,没有犯罪主体就不能构成犯罪。不符合犯罪主体条件的人,即使他的行为对社会造成了危害结果,也不负刑事责任。因此,研究犯罪主体所必须具备的条件,对于维护社会主义法制,保护公民权利和有效地同犯罪作斗争有着重要的意义。

(二)自然人

自然人,也就是有生命的人。它是法人的对称。根据我国刑法第3条到第9条规定的刑法适用范围,第10条规定的犯罪概念等规定看,我国刑法中的犯罪主体,只能是自然人。死人、动物、物品等,都不能构成犯罪主体。法人是否能作为犯罪主体呢?目前刑法学界对此争议很大。有的认为可以作为犯罪主体,有的反对这种观点。这是刑法理论上的学术讨论,是可以"百家争鸣"的。但是《民法通则》第110条已经提到法人犯罪:……"法人构成犯罪的","对……法人的法定代表人应当依法追究刑事责任"。这说明法人本身不能处以自由刑或生命刑,而必须惩罚人,即法人的法定代表人。

自然人,是指有生命的人,活着的人。人死以后的尸体不属于自然人,因而不能作为犯罪的主体。

我国刑法规定的所有犯罪，都是人有意识实施的危害社会的行为。只有有生命的人，才能实施这种行为；未出生的胎儿、人已经死亡的尸体，或者是动物、物品等等，则不能有意识地实施危害社会的行为，因而不能作为犯罪的主体。

我国对犯罪人适用刑罚的目的，就是通过刑罚改造罪犯，预防犯罪，消灭犯罪。如果适用对象不是有生命的人，而是死人或动物、物品，就达不到改造罪犯、预防犯罪、消灭犯罪的目的。

在封建社会里，封建统治者为了威吓劳动人民，巩固封建地主阶级专政，把动物当作犯罪的主体处以刑罚。例如1474年，因一只雄鸡食鸡蛋，法庭认为它与"不纯洁力量"有关系，将这只雄鸡处以死刑。1593年俄国把教堂的钟作为犯罪主体以国事罪进行了审判，钟被判处鞭笞，并放逐到西伯利亚托波尔斯克城。判处的理由是这口钟声起那天，皇太子狄米特死亡。1644年3月，李自成进北京，明朝崇祯皇帝朱由检走投无路，自缢在景山一棵树上。后来封建统治者将这棵树加上镣铐，处以示儆。美国杜邦特市法院曾对一只狗判处三周监禁，理由是他换了八个主人，逃跑了八次，犯了流浪罪。

总之，我国刑法关于犯罪主体的规定，总则和分则均把它限制在有危害行为的自然人，非自然人不能作为犯罪主体。

(三)刑事责任年龄

犯罪主体必须是达到刑事责任年龄的人。刑事责任年龄就是法律规定行为人对自己的犯罪行为负刑事责任所必须达到的年龄。

责任年龄是犯罪主体必须具备的条件之一。犯罪，是人的有意识的行为，一个人对事物的理解、判断和分析的能力，是受年龄限制的。年龄很小的儿童，对事物缺乏分析判断能力，随着年龄的增长，生活经历的丰富，才具备对其行为有正确的理解和分析判断能力。只有达到一定年龄的人，才能要求他们对自己实施的危害社会的行为承担刑事责任。

中国古代有悼(7岁)与耄(90岁)犯罪不加刑之说。《唐律》亦规定，"90岁以上7岁以下虽死罪不加刑。"这是指刑事责任年龄问题。在外国，刑事责任年龄各国规定也不相同。印度规定为7岁，西班牙、意大利等国规定为9岁，不少国家规定为12岁、14岁、16岁，多数国家规定为14岁。对于年岁的计算，通常以周岁计算。由于一个人辨别和控制自己行为的能力是逐步发展的，因此各国把刑事责任年龄分为几个阶段，但方法不完全相同。

我国刑法根据长期司法实践经验，对刑事责任年龄作了以下的规定：(1)不满14岁的人，尚属年幼，他们对自己的行为性质和法律后果是不明确的，不论实施何种行为，都不负刑事责任。这叫绝对不负刑事责任年龄。(2)已满14岁不满16岁的人，由于他们的智力发育尚不健全，但对于重大是非已有一定的辨别能力，所以法律规定，他们犯杀人、重伤、抢劫、放火、惯窃罪或者其他严重破坏社会秩序罪，应负刑事责任。所谓"严重破坏社会秩序罪"，包括爆炸罪、投毒罪、强奸罪等。这叫相对负刑事责任年龄。(3)已满16岁的人犯罪，应负刑事责任。这叫完全负刑事责任年龄。

此外，刑法还规定，已满十四岁但不满十八岁的人犯罪，应当从轻或者减轻处罚。并规定，因不满十六周岁不处罚的，责令他的家长或者监护人加以管教；在必要的时候，也可以由政府收容教养。还规定，犯罪的时候不满十八岁的人，如果所犯罪行特别严重，罪该判处死刑的，可以缓期二年执行。

刑法关于责任年龄的规定，体现了我们国家对未成年人，采取以教育为主，尽量缩小打击面的方针。对未成年人的危害行为务必要正确处置。古人说"刑惩已失，礼防未然"。现行宪法规定，公民在法律面前一律平等。未成年人只要触犯刑律，也应当毫无例外地依法制裁。

有的人一提"打击",就以为愈严愈好,甚至连对象也不分;一提"教育",又以为连犯了罪,应当依法惩处的,也以"礼"相待为上。这是与法不合的。要处理好这方面的问题,关键在于正确理解刑法第 14 条第 2 款。该款规定:"已满十四岁不满十六岁的人,犯杀人、重伤、抢劫、放火、惯窃罪或者其他严重破坏社会秩序罪,应当负刑事责任。"对本条一般有两点疑问,一是"或者"前后列举和概括的罪,是否一概不包括过失罪;二是概括式中的"其他严重破坏社会秩序罪",到底具体指哪些罪。对此不搞清楚,确实存在对未成年人宽严不便掌握的问题。我们认为:

关于刑法第 14 条第 2 款各罪是否一概不包括过失罪。抢劫罪和惯窃罪明显不包括过失罪,刑法上的抢劫罪和惯窃罪只有故意罪,没有过失罪。杀人、重伤、放火在刑法上都是既有故意罪,又有过失罪;其他严重破坏社会秩序罪也有过失罪,不是只有故意罪,一概没有过失罪。这是就刑法分则的有关规定而言。而就刑法总则中的第 14 条第 2 款的规定看,那就不同了。刑法第 14 条列于刑法第 12 条之后,刑法第 12 条第 2 款规定:"过失犯罪,法律有规定的才负刑事责任。"既然第 14 条第 2 款没有规定已满 14 岁不满 16 岁的人,犯过失杀人、过失伤害致人重伤、失火或者其他过失破坏社会秩序罪应当负刑事责任,那么,完全有理由认为刑法第 14 条第 2 款所列举和概括的罪,一概不包括过失罪。

关于刑法第 14 条第 2 款中所提到的"其他严重破坏社会秩序罪",这些罪到底具体指哪些罪,法律没有具体规定。我们认为它并不是专指刑法分则第六章规定的妨害社会管理秩序罪,而是泛指情节恶劣、后果严重的强奸妇女、奸淫幼女、爆炸、投毒、数额巨大的盗窃等罪。虽犯"泛指"的各有关罪,如果情节一般,后果不严重,可以不追究刑事责任。

当前,我国青少年犯罪比较严重,这些人从某种意义上讲,既是犯罪者,又是受害者。因此,对他们的犯罪,既不能放任不管,又要着重对他们进行共产主义道德品质的教育、遵纪守法的教育,帮助他们肃清和抵制一切非无产阶级思想的影响和侵蚀,使之逐步树立爱祖国、爱人民、爱劳动、爱科学、爱社会主义和守法光荣、犯法可耻的新思想。各地在综合治理中,对失足青少年的挽救工作取得了可喜的成绩。今后应继续采用各种形式加强对青少年的教育,使他们健康成长。这是全党和全国人民一项重要而光荣的任务,更是司法工作者义不容辞的职责。

(四)刑事责任能力

犯罪主体必须是有刑事责任能力的人。刑事责任能力是指一个人能够了解自己行为的性质、意义和后果,并有自觉地控制自己行为和对自己的行为负责任的能力。简单地说,就是能够辨认和控制自己行为的能力。有这种能力的人,对自己所实施的犯罪行为,应当负刑事责任。这就是说,能理解和控制自己行为的能力,便是有刑事责任能力的人和对自己的行为不负责任的无刑事责任能力的人的不同点。当人达到了一定的年龄,在个人意识的发展过程中,积累了关于外界各种现象间的联系,对社会主义社会中人们共同生活准则,特别是对国家的法律的要求,有了起码的知识,他就要对自己的行为负责了。因为一般说来,他已经具有辨认和控制自己行为的能力。

有的人虽已达到一定年龄,由于患病而丧失了这种能力,因而仍无担负刑事责任的能力。我国刑法第15条规定:"精神病人在不能辨认或者不能控制自己行为的时候造成了危害结果的,不负刑事责任;但是应当责令他的家属或者监护人严加看管和医疗。"对间歇性精神病人在精神正常的时候犯罪,同条第2款规定应当负刑事责任。这就是说,在我国刑法中,精神病人作为无刑事责任能力的人是有条件的,这个条件就是在他"不能辨认或者不能控制自己行为的时候"。否则,在他"精神正常的时候",他仍然是有刑事责任能力的人。因此,凡涉及精神病患者实施的危害社会的行为,应当借助于司法鉴定等科学方法,先行弄清其人当时是否具备刑事责任能力。

我国刑法没有具体规定有精神分裂症、渐进性麻痹症、癫痫症等慢性精神病和一时精神错乱、病理的奋激、病理性醉酒,以及精神衰弱等病态的人无责任能力,司法实践中的做法是本着立法精神,具体问题具体对待。

我国刑法第 15 条第 3 款规定:"醉酒的人犯罪,应当负刑事责任。"醉酒完全是人为的。饮酒的人都知道醉酒后会部分地丧失辨认和控制自己行为的能力。也就是说,一个人醉酒前对自己醉酒后可能实施危害社会的行为是可以预见的。已有预见,还要放任醉酒后去实施危害社会的结果,因而构成犯罪的,是故意犯罪。司法实践中对醉酒的人触犯故意罪的,也都是以故意犯罪处理的。这对维护社会秩序有着积极的意义。

又聋又哑的人和盲人,也不属于无责任能力的人。他们并未丧失辨认和控制自己行为的能力,但他们生理上的缺陷,使他们对事物的了解在一定程度上受到了影响,接受教育也受到一定限制,以致有时容易作出错误的判断。因此,刑法第 16 条规定:"又聋又哑的人或者盲人犯罪,可以从轻、减轻或者免除处罚。"这一规定,体现了我国刑法实事求是和社会主义人道主义的精神。

(五)犯罪的特殊主体

我国刑法分则所规定的某些犯罪,除了要求犯罪主体是达到法定责任年龄、具有刑事责任能力的自然人以外,还要求具有一定身份作为犯罪主体的特定条件。这种法律上要求具有一定身份的犯罪主体,叫做犯罪的特殊主体。因此,在分析犯罪案件时,明确某些犯罪对犯罪主体有否特殊要求，对于正确定罪具有重要意义。例如刑法第188条规定的徇私枉法罪，第189条规定的体罚虐待被监管人罪，第190条规定的私放罪犯，都只能由司法工作人员构成，其他国家工作人员不能成为这些罪的犯罪主体。但是，如果事关严重破坏经济的犯罪，有追究责任的国家工作人员不依法处理，或者因阻挠而不履行法律所规定的追究职责的；对犯罪人员和犯罪事实知情的直接主管人员或者仅有的知情的工作人员不依法报案和不如实作证的，则不论其是否司法工作人员，按全国人大常委会《关于严惩严重破坏经济的罪犯的决定》，应分别比照刑法第187条、第188条、第190条所规定的渎职罪处罚。

有些犯罪，在行为相似的情况下，因为有无特殊身份，可能构成不同的犯罪。例如刑法第191条的犯罪客观行为是私自开拆或者隐匿、毁弃邮件、电报；第149条的犯罪，客观行为为隐匿、毁弃或者非法开拆他人信件，这两个罪的客观行为是相似的，但因为犯罪主体不同，构成不同的罪。属于犯罪的一般主体的，构成第149条规定的侵犯公民通信自由罪；属于犯罪的特殊主体的邮电工作人员则构成渎职罪中的妨害邮电通讯罪。

有些犯罪要由特殊主体构成，但在共同犯罪中，有些人由于没有特殊身份，也可以成为由特殊主体才能构成的共同犯罪人。例如，强奸罪的犯罪主体一般是男人，但有的妇女帮助男人实施了强奸行为，可以是强奸罪的共犯，也成了强奸罪的主体。

我国刑法往往把具有一定特殊身份的人犯罪，在处罚上规定要比无特殊身份的人犯相同的罪为重，即作为一种从重处罚的情节。例如，刑法第119条规定："国家工作人员利用职务上的便利，犯走私、投机倒把罪的，从重处罚。"第138条规定："国家工作人员犯诬陷罪的，从重处罚。"忽视这些规定，则会在量刑上发生错误。实践中，涉及对刑法第 83 条规定的国家工作人员如何理解的问题。如"依照法律从事公务的人员"到底是哪些人员？乡镇企业的会计利用职务之便把集体财产据为己有了，能否适用贪污罪的条文？商店售货员，汽车、电影院的售票员利用职务之便侵吞公款，能否作为国家工作人员适用贪污罪条文？在审判实践中，对于这些人，只要他具备了贪污罪的客观行为等犯罪构成要件，基本上都是按照贪污罪来处理的。随着经济体制改革的深入，在对外开放、对内搞活经济的新形势下，还有外商独资经营、与我合资经营以至个体联营等企业中的工作人员，他们利用职务之便，侵吞、盗窃公私财物，但他们却又不具备国家工作人员的身份，对他们以什么罪处罚，也适用于只看是否具备贪污罪的客观行为等犯罪构成要件，不必拘泥于他们是否是国家工作人员。

六、犯罪主观方面

（一）犯罪主观方面的概念

犯罪的主观方面，是指刑法规定的犯罪主体对于他所实施的危害社会的行为及其危害结果所抱的心理态度。这种心理态度是支配犯罪行为的犯罪主体的主观心理活动，或为故意，或为过失。它是每一犯罪所必须具备的犯罪构成的主观要件。犯罪的动机和目的虽然对支配犯罪主体去实施犯罪行为也有作用，但犯罪目的不是每一犯罪所必须具备的犯罪构成的主观方面的必要要件，只在刑法分则条文明确规定其为犯罪的主观要件时，才具有犯罪主观方面必要要件的意义；而动机只对量刑有意义，对构成犯罪与否不起任何作用。

犯罪的主观方面，同犯罪的客观方面一样，也是犯罪构成不可缺少的要件。任何犯罪，不仅在客观上具有危害社会的行为，而且在犯罪主体的主观上还必须有罪过（故意或过失）。要认定一个人构成犯罪，不仅要证实他在客观上已经实施了某种危害社会的行为，而且还要证实他在主观上具有罪过(故意或过失)。否则,"行为在客观上虽然造成了损害结果,但是不是出于故意或过失,而是由于不能抗拒或者不能预见的原因所引起的,不认为是犯罪。"(刑法第13条)可见,只具备了犯罪客观要件,而不具备犯罪的主观要件,还不能得出构成某种犯罪的结论。

认定犯罪,一定要讲主、客观相统一的原则。如果否认主观因素,不看行为人是故意还是过失,不分析犯罪目的,只以造成的后果去认定犯罪,就是"客观归罪";如果不看行为,也不看是否造成危害,只以主观思想去认定犯罪,便是"主观归罪"。这种"主观归罪"和"客观归罪",是与我国刑法精神相违背的。

有的犯罪分子为了逃避罪责,不愿说出自己的真实思想和心理态度,或者避重就轻,甚至制造假象借以蒙混。因此,单凭行为人的口供是难以正确认定其主观心理态度的。事实上,行为人主观心理态度是客观存在的,行为人想掩饰也是掩饰不了的。只要对他的活动进行全面的分析,就能够做出正确的结论。

(二)故意犯罪

刑法第11条第1款规定:"明知自己的行为会发生危害社会的结果,并且希望或者放任这种结果发生,因而构成犯罪的,是故意犯罪。"

根据这一规定,刑法理论把故意犯罪区分为两种:一是直接故意,二是间接故意。

直接故意,就是行为人明知自己的行为会发生危害社会的结果,并且希望这种结果发生。

直接故意有两个特征:一是行为人对自己行为会发生危害社会的结果,是明知的;二是行为人对危害社会结果的发生,是希望的。具备了这两个特征,就构成故意犯罪。例如,张三想杀死李四,明知用手枪向李四头部射击,会引起李四死亡的结果,并且在希望这种结果发生的心理状态下,实行了射击。这个张三的行为,就构成了直接故意杀人罪。

间接故意,就是行为人明知自己的行为会发生危害社会的结果,并且放任这种结果的发生。

间接故意也有两个特征:一是行为人对自己的行为会发生危害社会的结果,是明知的;二是行为人对这种危害结果的发生,是放任的。这里所说的放任,虽然不像直接故意那样希望危害结果的发生,但对结果的发生,采取漠不关心、听之任之的态度。

间接故意犯罪的形式是多种多样的,常见的有以下三种:

1. 行为人追求一个犯罪的目的,同时放任另一个危害结果的发生。例如,王某想杀死他的妻子,在他妻子的饭碗里放入毒药,虽然明知他的幼子会分食有毒的饭,但对其幼子分食与否,采取听之任之的态度,结果其幼子果然吃了有毒的饭,并被毒死。这个王某对其幼子的死亡,就是一种间接故意犯罪。

2. 行为人为了实现某种非犯罪意图时,自觉地放任某种危害结果的发生。例如,张某打猎,看到目标附近有人走动,对是否会把人打死,毫不在乎,于是开枪射击,结果打中的恰恰是人,其人的死亡,张某应负间接故意杀人的罪责。

3. 行为人追求一个危害的结果,而放任另一个危害结果的发生,损害的是同一个对象。例如,故意伤害张三,而同时放任张三的死亡,就属于这种间接故意的情况,这就不是原来故意伤害的问题了。当前,有些犯罪分子,捅刀子的时候,不择手段,不计后果,一刀子捅出去,是死是活在所不顾。其中,有的就属于这种间接故意杀人。当然,不能一概而论,应当具体问题具体分析。

直接故意与间接故意相同之处在于从行为人的意识上说,都预见到自己行为的危害结果；区别在于从行为人的意志上说有希望和放任之分。希望危害结果发生的是直接故意，放任危害结果发生的是间接故意。无论直接故意犯罪，还是间接故意犯罪，都要负故意罪的刑事责任，在定罪上并无区别，仅仅在量刑时应予以考虑。因为在一般情况下或在大多数场合，直接故意犯罪的社会危害性大于间接故意犯罪。不过这不是绝对的，有些间接故意犯罪情节很恶劣，危害非常大，就不应当比直接故意犯罪处刑轻。

(三)过失犯罪

我国刑法第 12 条第 1 款规定："应当预见自己的行为可能发生危害社会的结果，因为疏忽大意而没有预见，或者已经预见而轻信能够避免，以致发生危害结果的，是过失犯罪。"根据这一规定，过失犯罪也有两种情况：一是出于疏忽大意的过失犯罪；二是出于过于自信的过失犯罪。

疏忽大意的过失犯罪，就是行为人应当预见自己的行为可能发生危害社会的结果，因为疏忽大意而没有预见，以致发生这种结果。例如，王某抓住小偷，出于气愤，把小偷打了一拳，不料一拳把小偷的眼睛打瞎了。这个王某伤害致人重伤的行为，就是属于疏忽大意的过失。

由此可见，疏忽大意的过失有两个特征：第一，行为人对于自己的行为可能发生危害社会的结果，是应当预见、能够预见的。第二，行为人对危害社会结果的发生，实际上没有预见。

在分析认定疏忽大意过失时应当注意：

1. 查明行为人对危害结果的可能发生能不能预见。这是认定疏忽大意过失的关键。为此，要注意查明当时的具体环境和条件；分析行为人本身的智力和身体的发育情况，知识水平，实际经验，以及技术熟练程度等。查明这些情况，对准确无误地认定疏忽大意的过失有好处。因为行为人能否预见某些危害结果的可能发生,与这些情况有着密切关系。有些危害结果的可能发生,对具有专门知识的人来说,是能够预见、应当预见的;对于不具备这种专门知识的人,则是不能预见的。

2. 注意把疏忽大意的过失与意外事件区别开来。如果查明行为人是由于不能抗拒或者不能预见的原因而引起了损害结果的发生,就属于意外事件,而不是疏忽大意的过失。

过于自信的过失,就是行为人预见到自己的行为可能发生危害结果,但他轻信这一结果的发生是可以避免的。例如,某甲将拌有农药的种子洗晒后喂鸡。一群鸡吃了某甲给喂的这些食以后全部死了。某甲又将种子洗晒多次,尔后卖给某乙。某乙一家九口吃后全部中毒,经抢救尚有五人死亡。这个某甲就是过于自信的过失犯罪,因为他主观上有避免危害结果发生的念头,客观上还采取了避免危害结果发生的措施,只是轻信可以避免结果发生。

由此可见,过于自信的过失也有两个特征:一是行为人对危害结果的可能发生,是预见到的;二是行为人对危害结果的可能发生,轻率地相信可以避免。

在分析认定过于自信的过失时,应当注意:

1. 要把过于自信的过失与间接故意区分开来。二者相同之点是,它们都预见到自己行为的危害结果,而且都只预见到危害结果发生的可能性;同时,它们对危害结果的态度,都是不希望这种危害结果的发生。二者的区别主要是:过于自信的行为人,轻信危害结果是可以避免发生的;间接故意的行为人,对危害结果的发生,采取漠不关心、满不在乎,或者若无其事的态度,放任危害结果的发生。

2. 注意分析行为人所预见的是危害结果发生的可能性还是必然性。如果是必然性,那就属于直接故意,根本谈不到过失问题;如果预见的是结果发生的可能性，那就有可能是过于自信的过失。

关于过失罪的处罚问题，刑法第 12 条第 2 款规定："过失犯罪，法律有规定的才负刑事责任。"这一规定的基本精神，是说作为犯罪问题，由刑法处理的，只是比较严重的过失行为；一般的过失行为，则不认为是犯罪，可以用行政的、纪律的方法处理。因此，分则规定的过失犯罪有两个特点：一是处罚面比较小；二是处罚一般比较轻。

（四）犯罪的动机和目的

犯罪的目的，就是犯罪人实施犯罪行为希望达到的结果。如杀人希望把人杀死。犯罪的动机，就是推动犯罪人实施犯罪的内心起因。如杀人的动机，可能是出于仇杀，可能是出于奸杀，还可能是图财害命。

犯罪的目的和动机，只存在于直接故意的犯罪之中，间接故意是不存在犯罪目的和动机的。例如，某农村卫生院医生为了防止他种植的一小块即将成熟的花生被盗，在花生地周围设置了电网，使一个路过的小学生触电死亡。这个医生私设电网是违法的，对危害他人生命安全的后果可能发生是明知的，还要放任这种结果的发生，所以他对学生死亡，是出于间接故意，但他的这一间接故意犯罪是没有犯罪目的的。

过失犯罪也不存在犯罪的动机和目的。如果行为人有犯罪的动机与目的，那就根本谈不到过失犯罪。

研究犯罪的目的，对于划清罪与非罪、此罪和彼罪的界限，有着重大意义。犯罪目的对于有些罪来说，是其犯罪构成要件。例如，反革命罪的犯罪构成要件之一就是要具有反革命的目的。再如伪证罪要以意图陷害他人为目的才能构成；引诱、容留妇女卖淫罪要以营利为目的才能构成。犯罪行为相同，但目的不同，在法律有规定的情况下，可以构成不同的罪。例如，同是杀人，若有反革命目的，则属于反革命杀人罪;没有反革命目的,则属于侵犯人身权利罪中的故意杀人罪。

犯罪的动机和目的不能搞混。例如,刑法第97条第2款规定,供给敌人武器、军火或者其他军用物资的,构成资敌罪。这种犯罪的目的是推翻人民民主专政的政权和社会主义制度,其动机则可能出于阶级报复或者图财,等等。假如把图财的犯罪动机当成犯罪目的,那就会导致把资敌罪错定成其他以营利为目的的普通刑事犯罪。再如,实施盗窃的目的在于非法占有公私财物,其动机可能出于贪图腐化享受,也可能出于暂时经济困难或者生活所迫,等等。这种动机的不同,对认定犯罪没有影响,但在量刑时,则有必要区别对待。因为犯罪动机的不同,反映了犯罪人的主观恶性程度,而且也反映了犯罪行为的社会危害程度。

犯罪的目的和动机,都是犯罪人主观上的东西,需要我们进行深入细致的调查研究,全面地、辩证地、实事求是地分析案件的全部情节加以解决。

(五)刑法上的意外事件

刑法第13条规定:"行为在客观上虽然造成了损害结果,但是不是出于故意或者过失,而是由于不能抗拒或者不能预见的原因引起的,不认为是犯罪。"这就是我国刑法关于意外事件的规定。意外事件不认为是犯罪,因而不负刑事责任。意外事件有两种情况:

1. 由于不能抗拒的原因引起的意外事件。所谓不能抗拒的原因,是指行为人遇到某种力量,根据当时的环境,自己不能避免或制止危害结果的发生。这种不能抗拒的原因,一种是来自自然灾害的,也称所谓"天灾"。例如,汽车在公路上行驶,遇到狂风暴雨,公路塌方,汽车遭到破坏,货物受到损失。另一种是来自动物造成的损失。例如,赶马车遇到汽车鸣笛,马受惊带车逃跑撞死行人。还有来自人为的行为,也就是所谓"人祸",例如,歹徒绑架扳道工,使火车发生撞车事故。在这里,汽车司机、马车夫、扳道工,在当时的情况下,不能避免、制止和抗拒这种损失。虽然客观上造成了社会危害,但他们在主观上既没故意,也无过失,因此,其行为不构成犯罪,不能追究刑事责任。

2. 由于不能预见的原因引起的意外事件。所谓不能预见的原因,是指行为人根据当时的情况,根本不可能预见。例如,一对夫妻为了毒老鼠,将硫化锌下到油条上,并将其置于院内一个角落里,锁门离家上班。院外打排球的青少年,将球弹至院内,二少年翻墙拾球,恰遇油条,拾上便吃,吃后中毒身亡。我们看到,在客观上虽然造成了危害结果,但那对夫妻在主观上既没故意,也没过失,而是由于不能预见的原因引起。因此,其行为不构成犯罪,也不应追究刑事责任。

意外事件是不应追究刑事责任的。因为,犯罪行为是行为人在一定思想意识支配下实施的。也就是说,是在故意或过失的心理状态下实施的。一个人由于不能抗拒或者不能预见的原因,失去了支配自己行为的能力,造成的危害结果,不是行为人意志的体现。因此,这种行为不能认为是犯罪,也不能让其担负刑事责任。

意外事件与疏忽大意过失有相似之处:二者的行为人对危害结果的发生,都没有预见。因此,在人们认识中和司法实践中易于混淆。但实际上,二者是有区别的。疏忽大意过失是行为人对危害结果的发生,应当预见,而没有预见;意外事件,是行为人对危害结果的发生,不能预见,而没有预见。

在工矿企业中,发生的重大责任事故,是过失犯罪,必须依法处理,追究刑事责任。但是,有的事故,如果确属意外事件,就不应追究刑事责任。否则,虽然实际上没有预见,但应当预见,或者虽已意识到事故可能发生却因急功近利等原因耍大胆,以致发生重大伤亡事故,造成严重后果的,则应当绳之以法。

（六）刑法上的认识错误

刑法上的认识错误，是指行为人对自己行为的法律性质和事实情况的错误认识。这个问题是属于故意犯罪主观方面的一个特殊问题。在过失犯罪中，不存在刑法上的认识错误问题。在一般情况下，行为人对自己行为的法律性质和事实情况，是不会发生错误认识的，但在某些情况下，就会发生这类问题。为了正确解决行为人的刑事责任问题，对这类问题有研究的必要。

刑法上的认识错误分为两种，一是行为人在法律上认识的错误，一是行为人在事实上认识的错误。

1. 法律上认识的错误

所谓法律上认识的错误，是指行为人对自己的行为在法律上是否构成犯罪，或在法律上应当受到何种刑罚处罚的一种认识的错误。对法律上认识的错误主要有以下三种情况：

（1）行为人的行为在法律上并不构成犯罪，而他错误地认为是犯罪的，这在刑法理论上叫做"假想犯罪"。由于这种"犯罪"只存在于行为人的想象中，实际上这种行为并不构成犯罪，因而也不应追究刑事责任。例如，某甲在一天晚上，潜入一个女青年的宿舍，对她实施强奸，女青年挣扎喊叫，被隔壁的父亲某乙听到。某乙翻身起床，到厨房拿把菜刀，从窗子进入女儿房间。某甲见状夺刀行凶，某乙力斗某甲，在女儿的帮助下，重伤某甲，后将其送医院抢救无效而死亡。某乙认为，他犯了杀人罪，于是向公安机关"自首"。根据法律规定，对强奸妇女这一犯罪行为，是允许实施正当防卫的。歹徒某甲不仅不束手就擒，反而夺刀行凶。在这种情况下，正当防卫者是可以对不法侵害的人实施严厉的防卫手段，甚至可以置之于死地，否则就难以达到防卫的有效目的。正当防卫行为，不仅不构成犯罪，不追究刑事责任，而且应受到鼓励和表扬。

（2）行为人的行为在法律上是犯罪行为，他认为不构成犯罪。这种主观上的错误认识，并不影响定罪量刑。例如，曹某的妻子邬某与林某通奸，被曹某发觉，一天曹持刀将林某砍成重伤。他认为，这种重伤林某的行为是正当行为，并不构成犯罪。实际上曹某的行为触发了刑法第134条第2款规定的故意伤害罪，应追究刑事责任。再例如，有些人写大字报、小字报侮辱诽谤他人的人格和名誉，在群众中造成恶劣的影响。但这些人认为，这是正当的行为。实际上这种行为触犯了刑法第145条规定的诽谤罪，应追究刑事责任。

（3）行为人对自己所实施的犯罪行为，在犯罪性质上和刑罚轻重上的错误认识。也就是说，他本来是犯了这种罪，而误认为犯了那种罪。本来应判这种刑罚，他认为应判那种刑罚。例如，某甲一天晚上持刀进行抢劫，由于被害人奋力反抗，仅抢到几元钱和少量财物，人民法院以抢劫罪判处某甲有期徒刑三年。某甲认为，他虽然带了刀，但并未触及人身，而仅抢到少量钱物，不应认定为抢劫罪，更不应判那么重的刑罚。这种错误认识，不影响对他的定罪量刑。

2. 事实上认识的错误

事实上认识的错误，是指行为人对自己行为的事实和性质的一种错误认识。事实上认识的错误有三种情况：

（1）对象错误，也叫目标错误。是指行为人在实施犯罪时认错了对象，侵害了不是他要侵害的对象。这里也有三种情况，应区别对待。

①误将甲当乙侵害。例如，张某本来想杀死阎某（女），结果把他自己的妹妹当成阎某杀死。这种错误，不影响故意杀人罪的认定。因为张某的行为，具备了故意杀人罪的一切要件，应负故意杀人罪的刑事责任。杀害阎某未遂应被故意杀人罪所吸收，从重处罚。

②误将兽当人杀害。例如，李某与王某有仇，欲将王某杀死。一个秋天的晚上，李某进了王某家里，看见院里一个黑影，认为是王某坐

在那里,便开枪射击。结果打死的不是王某,而将王家的马驹打死。这说明,李某在主观上是有杀人故意的,在客观上也实施了杀人行为,只是由于意志以外的原因,未发生杀死王某的危害结果。因此,对李某应以故意杀人未遂定罪量刑。

③误将人当兽杀害。例如,一个看瓜农民,白天有人问他,晚上有没有野猪来吃西瓜? 农民说,不要紧,如果有野猪来吃西瓜,我有枪,可以把野猪赶跑。到了晚上,这个农民在月光朦胧中看到远处一个晃动的黑影,以为果然是野猪来吃西瓜,遂举枪瞄准黑影射击,结果打死的不是野猪,而是本村的张某。对这一案件要分析这个农民是否能够预见。如果他应该预见,而没预见,构成过失杀人罪;如果预见不到,是意外事件。

(2)行为人对手段认识的错误。是指行为人选择的手段或方法并不能发生危害社会的结果。例如,某地一个老太婆要害死她的一个仇人,用稻草扎了一个草人,捆到一棵树上,每天用开水浇两次。据她认为,如果浇七七四十九天,即可把她的仇人烫死。这是愚昧无知的迷信行为。她欲把人害死,从主观恶性来讲是很坏的,但使用这种手段,根本不能达到预期的结果。这种情况,只能对其进行教育,不能按犯罪处理。

(3)行为的差错,也称打击的错误。这是指行为人在故意侵害某一特定对象时,由于受到主观或客观条件的影响,发生了并非行为人所希望的结果。例如,某甲开枪射击某乙,意图杀死某乙,结果未击中某乙,而击中过路的某丙。在这里,某甲具有杀死某乙的故意,并实施了杀害的行为,但没有发生某乙死亡的结果,所以是故意杀人未遂。由于某甲的行为造成某丙死亡的结果, 这就要具体分析某甲对这一结果的心理状态,是故意应认定为故意杀人罪,是过失的应认定为过失杀人罪。

行为的差错和行为对目标认识的错误是有区别的。行为对目标认识的错误，是行为人所指向的目标，由于认识错误，而未达到行为人所预期的结果；行为的差错，行为所指向的目标并没有错误，但由于行为人的差错，以致发生了不是行为人所希望的结果。由于有这种区别，所以其法律结果也不一样。

七、排除社会危害性的行为

（一）排除社会危害性行为的概念

排除社会危害性的行为，主要是指正当防卫和紧急避险。正当防卫和紧急避险在表面上看似乎具备了犯罪构成的一切要件，但实际上这种行为不仅不具有社会危害性，而且是有益于社会的，因而不构成犯罪，法律规定不负刑事责任。例如，一个纵火焚烧国家仓库的犯罪分子，洒上汽油、正在点火时，被警戒仓库的人打伤，排除了巨大的财产损失。从表面上看，警戒仓库的这一行为人似乎犯了伤害罪，造成了社会危害，实际上他实施的行为是与犯罪分子作斗争、保卫国家财产所必需的，是正当防卫的行为。这种行为应当受到表扬和鼓励。在紧急避险方面，例如，轮船在大海中航行，突然遇到暴风雨的侵袭，如果不设法排除这一自然威胁，就有沉船的危险。这时船长下达"抛物保船"的命令，即把沉重的、非贵重的物资抛入海中，减轻了重量，于是保住了轮船、船上的乘客和贵重物资。从表面上看这是破坏国家财产的犯罪行为，实际上这是损失少量财产而保护大量财产所必需的，是紧急避险的行为。由此可见，属于排除社会危害性行为的正当防卫和紧急避险，都是以其实质并不违法犯罪，而是合法行为为其特点的。

排除社会危害性行为在我国古代就有过规定。例如，商、周两代都允许对盗贼实行自卫。《周礼·秋官·朝士》记述："凡盗贼军乡邑，及家人,杀之无辜(即罪)。"文意是说,侵害生命财产的人,无论驻于城府或乡村,危害居民,人们将其杀伤或杀死,都是无罪的行为。唐律盗贼篇载:"诸夜无故入人家,笞四十,主人登时杀者,勿论。"意为无故夜入人家为罪,被事主当即杀之,自属无罪的正当防卫。古代刑法的这一类规定,其目的显然是维护统治者的利益和统治秩序的。

正当防卫在近代大多数国家刑事立法中都作了规定。最早是1791年《法国刑法典》第6条规定:"防卫他人侵犯自己或他人生命而为杀人行为时不为罪。"以后各国刑事立法竞相仿效。1860年《印度刑法典》第96条规定:"在行使个人防卫权利中所实施的任何行为,不是犯罪。"1968年修订的《意大利刑法典》第52条规定:"为防卫自己或他人之权利,对于现在不法之侵害,于采取不过当之防卫行为者,不罚。"同样道理,这对维护其统治利益和统治秩序是有重大意义的。

我国刑法中规定正当防卫和紧急避险不负刑事责任,其目的是从有效地保卫国家、集体和人民的合法利益出发的。尤其是正当防卫行为,是法律赋予公民同犯罪行为作斗争的一项重要的权利,是保卫国家、集体和人民利益的行为,是正当的、合法的行为。实施正当防卫的主观动机和目的,是由于行为人面对着不法侵害的情况下,以阻止或防止不法侵害的发生。这表明,正当防卫和犯罪有着本质的区别。有条件的公民,有权利也有义务对正在进行的不法侵害行为实施正当防卫,以排除危害社会行为的发生。

我国刑法对紧急避险的规定,体现了社会主义国家特有的规定。任何人在不得已的情况下都可以实行紧急避险的措施,以保卫国家、集体和个人的合法利益。

(二)正当防卫

1. 正当防卫的概念

根据我国刑法第17条规定:"为了使公共利益、本人或者他人的人身和其他权利免受正在进行的不法侵害,而采取的正当防卫行为,不负刑事责任。"从刑法关于正当防卫的规定可以看出,正当防卫的行为具有两个特点:第一,它所维护的是公共利益、本人或他人的人身和其他权利;第二,它所针对的是正在进行的不法侵害。这表明,我国刑法规定的正当防卫制度是为实现我国刑法的任务而服务的。从客观方面看是阻止不法侵害行为,使国家、集体和公民的合法利益免遭损害。这种行为对社会是有益的行为,是合理合法的行为,不具有社会危害性。从主观方面看,行为人实施正当防卫的目的在于及时地、有效地同侵害我国社会主义社会关系的一切不法行为作斗争,保护公共利益、本人或者他人的合法权益免受不法侵害。这种行为,不具有违法犯罪的心理状态,也谈不上具有主观上的恶性。根据主客观相一致的原则,它同危害社会的违法犯罪行为是有着本质区别的。

正当防卫是法律赋予公民的一项合法权利,但同时又是公民应尽的义务。当然,这种义务只能视为道义上的义务。对一般公民来说,不是法律上规定的义务和职务上所要求的义务。对每一位公民来说,只要有条件的,对正在进行的不法侵害行为,都要实行正当防卫,同违法犯罪分子作斗争。敢于实行正当防卫,英勇地同违法犯罪作斗争的行为,应当受到表扬和鼓励。对于那些贪生怕死的、逃避同正在进行的违法犯罪行为作斗争的人,应当受到舆论的谴责,有的应当给予纪律处分。根据有关法规规定,公安人员、人民警察和治安保卫人员,其任务是维护社会治安,对保卫国家、集体和公民人身、财产方面负有特定的职责。因此,上述人员同违法犯罪分子,即对正在进行的不法侵害行为作斗争,是他们光荣的、不可逃避的责任。如果逃避这种责任,使公共利益、人民利益造成重大损害的,应依法追究其刑事责任。由此可见,正确认识、理解正当防卫的性质和意义,对教育干部和广大群众起来自觉地维护社会主义法制,树立社会主义新风尚,对精神文明和物质文明的建设都有着重大的意义。

如上所述,正当防卫的目的,是保护国家、集体和公民的合法利益。因此,人们在实施正当防卫时,必须用得恰到好处,符合法律规定的条件。不能滥用,否则不仅达不到同违法犯罪行为作斗争的目的,甚至会给社会造成不应有的危害。正当防卫不同于报复,不是原始社会的同态复仇,即以牙还牙、以眼还眼。也不是简单的实施你打我一拳,我还你一拳,或你扎我一刀,我还你一刀。正当防卫也不是对不法侵害人的一种惩罚,即他损害了你的合法权益,你就惩治他一番。必须明确,正当防卫不是对不法侵害的人使用私刑,而是在任何情况下都不可忽视的——它是排除社会危害性行为的一种手段。

2. 正当防卫应具备的条件

我国刑法第 17 条关于正当防卫的规定,一方面规定了什么是正当防卫,另一方面规定了实施正当防卫应具备的条件。如果不具备这些条件就不是正当防卫,超出某一规定的条件,是防卫过当。防卫过当,就会给社会造成危害性,从而构成了自身的犯罪。为了保证法律所赋予这一正当防卫权利的正确行使,必须遵守以下的条件。

(1)必须对不法侵害行为,才能实施正当防卫。不法侵害行为侵害的对象是公共利益、本人或者他人的人身和其他权利。公共利益是指国家利益、集体利益;本人或者他人的人身和其他权利,是指本人、他人的生命、健康、人身自由和财产权利等。这些合法权益遭受的侵害都可以实行正当防卫。不法侵害行为,包括违法行为和犯罪行为。违法行为主要是指违反治安管理的行为;犯罪行为包括我国刑法所禁止的行为。但是这并不是说对所有的违法犯罪行为都可以实行正当防卫。也就是说,对有些违法犯罪行为可以实行正当防卫,有些违法犯罪行为则不能实行正当防卫。能够采取正当防卫的违法犯罪行为,通常是对有暴力性的、破坏性的,对犯罪客体或犯罪对象的侵害来得快的、形势迫切的、情节恶劣的。例如,杀人、伤害、抢劫、放火、强奸、盗窃以及流氓对妇女的侮辱等等。而有些违法犯罪行为就不能够采取正当防卫。例如,诽谤、侮辱、走私、投机倒把、玩忽职守等等。这些犯罪没有形成紧迫感的侵害行为,所以不好实行正当防卫。过失犯罪、不作为形式犯罪都不能实行正当防卫。

如前所述,对不法侵害行为才可以实行正当防卫。"不法"的对称是合法,这表明,对合法的行为不能实行正当防卫。例如,经过人民检察院的批准或人民法院的决定,公安人员逮捕人犯,被逮捕的人就不能以其人身自由受到侵害而实行"正当防卫"。同样道理,正在实施犯罪的人或犯罪后正在逃跑的人,被群众抓获扭送有关部门,而被扭送的人,也不能实行"正当防卫"。

对于无责任能力的人如精神病患者,未满 14 岁的人的侵害行为是否可以实行正当防卫问题,要视情况而定。如果主观上知道他是精神病患者或者已经观察到他是一个未满 14 岁的孩子,如果他实施的行为是正在危害着公共利益(如放火、爆炸)或正在危害着他人的人身权利(如杀人、伤害),是可以对其实行正当防卫的,否则就会造成严重的社会危害。如上述两种人侵犯的是本人的人身权利,就不能实行正当防卫,而以"退避三舍"为好;万一不能退避,为了本人的人身权利,在不得已的情况下,是允许实行正当防卫的。如果主观上不知道面临的不法侵害者是精神病患者,是可以实行正当防卫的。

在现实生活中,互相因鸡毛蒜皮或一句话、一个动作的事,而发生斗殴,彼此均有"教训"对方、殴伤对方的故意。其行为方式是你打我一拳,我回敬你一脚。我们认为,双方的行为均属不法行为,不存在哪一方是不法侵害,哪一方是正当防卫,都无权实行正当防卫。如果一方已经放弃斗殴,奔跑逃避,另一方仍继续进攻殴打,这一性质就由双方斗殴而转变为一方不法侵害,则被侵害的一方是可以实行正当防卫的。

防卫挑拨不是正当防卫。所谓防卫挑拨，是指出于报复目的，故意挑逗对方向自己进行侵袭，然后以"正当防卫"为借口，实施危害对方的行为。在形式上，防卫挑拨与正当防卫完全一样，但由于防卫挑拨主观上是出于报复目的，事先预谋，因而决定着他客观行为是挑逗对方的行为。防卫挑拨造成对方的危害，应当以故意犯罪论处。

（2）必须是正在进行的不法侵害行为，才能实行正当防卫。正在进行的不法侵害行为，通常有两种情况：一是不法侵害是真实存在的；二是已经着手实施侵害或直接面临的侵害。只有这两种情况存在时，才可以采取正当防卫。

①不法侵害是真实存在的，是指法律所保护的公共利益和人民的合法利益受到真正发生的、现实的、实际存在的侵害，而不是主观想象的和臆断推测的侵害。例如，抢劫犯正在抢劫，放火犯已洒上汽油把火点燃等。不法侵害是否真实存在，是决定进行正当防卫的前提条件。

假想防卫或叫误想防卫不是正当防卫。假想防卫是指实际上并不存在不法侵害行为，误认为存在不法侵害行为，因而错误地实行正当防卫，造成他人无辜的损害。例如，某市公安干部于某，到医院护理病人。入夜后，于和病人都睡熟。夜间零时40分，医院值班护士惊喊："不好了，来坏人了，还有枪。"于从睡梦中被惊醒，看到一个没有佩带任何标志的人拿着一支手枪，正在追赶另一个跑进自己病房的人。因于刚刚惊醒，精神十分紧张，误认为作案分子来抢枪，即用自己随身带的手枪将前后二人击毙。经查，带枪的是民兵，被追的是盗窃犯。对于假想防卫，已造成的危害后果责任的问题，根据实际情况，视行为人主观上是否能够预见。如果能够预见，由于疏忽大意而没有预见，应按过失犯罪处理；如果根据情况，当时确实不能预见，则属于意外事件。

②已经着手实施的侵害或者直接面临的侵害，是指法律所保护的公共利益和公民的合法利益处于直接侵犯和威胁之中，这时就应当实施正当防卫。例如，杀人犯持刀砍来或步步逼近、抢劫犯以凶器相威胁、强奸犯正在使用暴力或相威胁等等，就可以实行正当防卫。这是适时的防卫。

不法侵害行为尚未到来，不能实施正当防卫。未到来的不法侵害不是正在进行的侵害，仅仅是处于犯罪预备阶段，即准备犯罪工具、制造犯罪条件阶段。对犯罪预备阶段不能实行正当防卫。例如，某甲购一台彩色电视机，知道某乙、某丙正在预谋盗窃，便纠合三个朋友商量，认为"先下手为强，后下手遭殃"，把某乙、某丙打成重伤。这里某甲等三人的行为不是正当防卫。因为某乙和某丙的侵害行为尚未着手，也未出现直接威胁，而只是在预备过程中。因此某甲等三人应负故意伤害责任。对于未到来的侵害，只能采取预防措施，如报告公安机关，避免侵害的发生。这表明，正当防卫应该是不法侵害出现与防卫效果发生，在时间上相一致。所以预防未来的不法侵害，而采取的预防措施效果，必须是预防措施效果发生于不法侵害之时。如果不法侵害尚未到来，就采取预防措施，致使无辜人遭到损害的，应负法律责任。近几年私拉电网、设置雷管，以防盗窃，死伤者众。不论电死盗贼或无辜者，构成犯罪的都应追究刑事责任。

已经结束的侵害行为，不能实行正当防卫。已经结束的侵害行为是指未实行到底而终止的或者已经实行终了的行为。未实行到底而终了的情况有两种：一种是被迫停止侵害的未遂，另一种是侵害者本人确已自动终止的侵害。上述两种情况业已出现就不能实行正当防卫。例如，某些犯罪分子趁火灾、水灾、地震的危难，而公开劫洗公私财物。防卫者警告无效，犯罪人携物逃遁。防卫者被迫向其开枪，致伤后跛跌。当防卫者追拢后，就不能再重复进行正当防卫而将其击毙。由此可见，不法侵害行为已经被制止或者已经结束，再进行所谓的正当防卫，对侵害者造成危害，叫做"防卫不适当"。"防卫不适当"是事后的报复行为。行为人应对他们所造成的危害负故意犯罪的刑事责任。但还有另外一种情况，在侵害行为虽然已经结束，由于侵害行为造成的损害当场还来得及挽回的情况下，仍然可以实行正当防卫。例如，盗窃犯、抢劫犯所盗窃、抢走的财物，正准备携赃逃遁，被事主反击或群众抓获，将财物夺回。这种行为应视为正当防卫。

（3）必须针对不法侵害者本人实行正当防卫。正当防卫的目的在于排除、制止不法侵害行为，所以只能采取对侵害者本人实行，而不能损害或侵害保持中立的第三人。例如，某甲正在对某乙进行不法侵害，手持木棒侵害某乙，某乙抵抗不住，却乘机把站在旁边的某甲的儿子打伤。打伤某甲儿子的行为是故意伤害第三者的行为，不能认为是正当防卫。伤害第三者的行为构成犯罪者，应追究刑事责任。

什么是第三者，对第三者如何理解，没有定论的论述。1979年某市发生一案正当防卫，出现了第三者，并对第三者的认识争论不休。案情是：甲乙丙三青年正在调戏侮辱两个女青年，青年李某向前制止，甲持刀猛刺李，被李躲过，李乘机出刀刺中甲的腹部（后不救身亡）。这时乙丙一起攻李，李伤乙后逃跑，乙等追赶，大喊"捉坏人！"不知情的、但认识乙丙的丁在距第一现场100余米的路上抓住了李，李又刺伤丁，乙丙赶到，刺伤李，李被捉。据认为，第一现场，李杀甲伤乙是正当防卫，在第二现场伤丁不属于正当防卫。其理由：丁是不知情的第三者。这种认识值得商榷。所谓第三者，我们认为，不问他的倾向如何，他必须是中立的、不偏不倚的，即他既不参加不法侵害者一方，也不参加正当防卫者一方；如果参加侵害者一方，就应视为不法侵害者，参加防卫者一方，就应视为正当防卫者。二者必居其一。

应当指出,正当防卫是双方对抗,即一方是不法侵害者,一方是正当防卫者。如果双方是不合法地相互斗殴,双方所实施的行为都是不法行为,无所谓谁是正当防卫者,双方都无正当防卫的权利。双方谁伤害谁或毁坏财物,都应依法追究其法律责任。

(4)防卫行为不能超过必要限度。我国刑法第 20 条第 2 款规定:"正当防卫明显超过必要限度造成重大损害的,应当负刑事责任。"这表明,正当防卫超过了必要限度,是刑法所禁止的。没有超过必要限度,是正当防卫的合法行为。那么什么是必要限度呢?所谓必要限度,应从下述两方面来理解。

首先,从正当防卫的目的来考虑。正当防卫的目的,是为了制止或者抵御正在进行的不法侵害行为,维护公共利益和公民的合法权益,而不是对不法侵害者进行人身报复和惩罚。因此,应当以能否有效地制止住正在进行的不法侵害行为和维护住合法利益,作为正当防卫的必要限度。如果采取缓和的方法就可以制止住正在进行的不法侵害的话,就不允许采取激烈的手段实施防卫;在不法侵害行为没有侵害到人身安全的情况下,就不能对不法侵害者采取杀伤甚至致命的方法进行防卫。法律不允许为了保卫较小的利益,而对侵害者造成严重损害。例如,男青年趴在女生宿舍窗口向里张望,维护治安的郭××喝令其站住。男青年拼命逃跑,郭见状,顺手抄一木棍向男青年砸去,青年被击中,致颅脑外脑出血死亡。分析这一案的人说,行为人"郭××的行为不构成犯罪。"[1]男青年隔窗张望女学生是属于轻微的违法行为,且已被"喝令"终止而逃跑,为什么还要把人打死呢?这根本不是正当防卫,怎么能说防卫者不构成犯罪呢?显然这种行为某种轻微违法,又非对人身权利的侵害,而采取致命伤害侵害者,是刑法所

---

[1]《人民司法》1980 年第 6 期,第 20 页。

禁止的,也是违反正当防卫目的的。

其次,正当防卫是同犯罪作斗争的一种形式,是公民行使防卫权利的手段。这种防卫对国家、集体、社会和公民都是有利的行为。不法侵害行为,是一种违法犯罪行为,往往对公共利益和公民合法权益造成严重危害。因此,正当防卫的实施,是否相适应,即是否符合必要限度,是多种因素构成的,对这种多种因素,必须进行客观的、具体的、全面的分析。

从防卫性质来看, 不法侵害行为侵害的对象, 决定着防卫的性质,防卫的性质决定着防卫者采取的手段和强度。如果侵害的是国家重要军事设施、重要仓库等,防卫者所采取的强度必须大于侵害的强度。否则,就不能在一瞬间制止住不法侵害行为的危害。

侵害者的人数、年龄、身体强弱,对防卫者防卫所采取的手段,防卫的强度都非常重要。例如,三个男青年和一个壮年共四人无理毒打一个农村干部,在生命危机的关头,这一农村干部摸到一把宰羊刀,对侵害的四个人乱捅乱刺,结果捅死两个、刺伤一个,制止了不法侵害行为。经法院审理,认为这位农村干部的行为属于正当防卫,不负刑事责任。我们认为,法院这一判决是正确的。这表明,从四个人的侵害行为强度看,农村干部防卫行为是制止不法侵害所必需的,防卫行为的强度与侵害行为的强度是相适应的。

侵害的环境(白天、黑夜、光亮明暗)、地点(室内、室外,现场宽敞或狭窄)、侵害行为的急缓、人员的伤亡、财产损坏情况等诸因素,都对防卫行为起着重要作用。例如,某市郎甲和舅乙(即郎舅关系)发生争端,即舅乙因琐事无端地辱骂郎甲,并持剖刀追赶。郎甲适逢小妹递匕首一把与其在黑夜中抗衡,你来我往,形势急迫。结果郎甲刺伤舅乙心脏部,造成大出血,不救身亡。试想在如此黑暗的夜晚,且形势逼人,要选择恰到好处的部位来制止不法侵害是困难的。在这种情况下,如果说防卫行为强度大于侵害行为强度的话,也应认为是制止不法侵害所必需的,防卫行为强度与侵害行为强度是相适应的。

正当防卫案件是非常复杂的,正确区分是否是正当防卫或者是否防卫过当,其难度是很大的。在司法实践中,只要客观的,具体的、全面的分析,是不难作出正确结论的。

以上四个条件,必须同时具备,缺一不可。

对于正当防卫而超过必要限度造成不应有损害的案件,应当负刑事责任。其罪名应以过当行为实际构成什么罪就认定什么罪名。例如,过失重伤罪、过失杀人罪等,不能定"防卫过当罪",刑法中无此罪名。对防卫过当的,依法应当酌情减轻或者免除处罚。

(三)紧急避险

1. 紧急避险的概念

我国刑法第 18 条第 1 款规定:"为了使公共利益、本人或者他人的人身和其他权利免受正在发生的危险,不得已采取的紧急避险行为,不负刑事责任。"根据这一规定,紧急避险是指为了避免公共利益、本人或者他人的合法权益遭受正在发生的危险,不得已而采取的损害较小的权益而保护较大权益的避险行为。紧急避险的主要特点是:(1)损害的权益和保护的权益都是法律所保护的合法权益;(2)损害的权益必须小于保护的权益;(3)造成某种利益的损害是不得已的情况下采取的,其目的是为了保护更大的利益。例如,《难忘的航行》,记载周恩来总理 1946 年 1 月 30 日从延安经西安飞回重庆,飞机经过秦岭山脉上空,遇到强烈的冷空气团,机身蒙上冰甲,体积增加,下沉,飞行高度越来越低。这时机长命令,准备将沉重的行李、物资扔下,并准备降落伞,以便跳伞。但经过几分钟的搏斗,飞机冲出了冷气团,机身上的冰甲坠下,解除了危险。这表明,如果解除飞机危险的条件还没有到来,为了保证飞机和人身安全这一最大的合法利益,将行李和沉重的物资这一较小的合法利益抛落于地，是机长必须实施的紧急避险行为。另外还说明，机长之所以还没有下达抛物命令，是危险还没有到不得已的时候，一旦危险达到不得已的时候，机长必须采取紧急避险，抛物保机、保人。把行李、物资抛下，遭到损害，但这是在不得已的情况下采取的，其目的是为了保护更大的利益，因而行为人在主观上是无罪过的。所以，紧急避险是一种有益于国家、集体和公民的合法行为。

我国刑法关于紧急避险的规定，是符合国家利益、社会利益和全国人民利益的，同时也符合社会主义精神文明的建设。在社会主义现代化经济建设中，在日益深入的经济改革中，在千变万化的生活中，当遇到国家的、集体的、公民的合法权益遭受危险时，公民有权依法采取紧急避险行为，以牺牲较小的利益，力争使公共利益和公民的利益遭受的损害减少到最小的限度。由此可见，关于紧急避险的规定，对社会主义物质文明建设和精神文明建设都是有重要意义的。

紧急避险是法律赋予公民的一项重要权利，同时也是一项重要的义务。有条件能够实行紧急避险的公民，遇到国家、集体和公民的合法权益遭受危险时，都应当实施紧急避险。但是紧急避险行为必须符合法律规定，只有符合法律规定，才能认为是合法的行为。紧急避险应具备下列条件。

（1）必须是为了公共利益、本人或者他人的人身和其他权利遭到危险，才能实施。公共利益是指国家利益和集体利益；本人或者他人的人身权利是指本人和他人的身体健康、生命；本人或他人的其他权利是指公民的名誉、人格和财产权利。危险的来源是多方面的，这一点与正当防卫不同。正当防卫仅仅是来源于人的不法侵害，而紧急避险的危险有可能来源于人的不法侵害行为，如抢劫犯的抢劫，反革命分子的破坏，当你与这些犯罪分子搏斗时，可能造成人身权利、合法财产的损害;也有可能来自自然灾害,如水灾、火灾、风灾,当人们参加救灾抢险时,可能造成某种合法财物的损害以及人身的伤亡;也有可能来自动物的侵袭,如猛兽的追捕,狂犬的咬人,当你和这些动物斗争时,可能击毙这些有益的动物或损害某种合法的财物;也有可能来自生理上的原因,如某人患了紧急疾病,必须立即送医院抢救,没经车主同意或车主不同意,把旁边停着的或拦截的一辆小汽车开走送病人到医院,于是给车主的合法权利造成一定的损害。总之,凡是发生上述各种危险,使法律所保护的利益遭受危险时,都可以实行紧急避险。

必须指出,对人所实施的合法行为不能视作危险,因而采取紧急避险措施。例如,公民在对不法侵害行为实行正当防卫时,不法侵害者不能实行紧急避险。再如公安人员依法追捕、公民依法扭送犯罪分子时,犯罪分子不能借口"紧急避险"而损害法律所保护的合法利益。否则,而应以继续违法犯罪追究其法律责任。

(2)必须是正在发生的危险。所谓正在发生的危险,是指现实的、真实的、实际存在的危险。例如,某远洋客轮在海上航行,突然遭到暴风雨的袭击,船长必须立即实施紧急避险,即命令把船上的沉重财物抛入海中,保护轮船、乘客和海员的人身安全。已经过去的危险、还没到来的危险和"假想的避险",都不是正在发生的危险,因而不能实行紧急避险。例如,上述客轮正在大海中行驶,途中得到预报,将有大风暴雨发生。可是暴风雨尚未来临,如果船长实施紧急避险,抛物保船,是不适时的。如果发生"避险不适时"造成的损害结果,应追究法律责任。

(3)必须是在不得已的情况下,才能实施避险行为。所谓不得已是指再没有其他办法可想,成为唯一无二的可以免遭危险的方法的时候,才能实行紧急避险。例如上述的客轮在大海航行中,遇到暴风雨的袭击,如果前方不远的地方有停靠港可以停靠,就不应实施紧急避险,把物抛入海中。而应动员全体海员,与暴风雨搏击,快速开进前方停靠港。

(4)紧急避险行为,不能超过必要限度。这是实施紧急避险的目的。所谓不能超过必要限度是指紧急避险所保护的利益要大于受损害的利益,才是合法的。如果紧急避险受损害的利益大于所保护的利益,或者二者相等,都叫做超过必要限度。因为"相等"使紧急避险失去了意义,"大于"则表明给社会造成了重大的损害,失去了紧急避险的目的。如果紧急避险受损害的利益相等或大于所保护的利益,就是紧急避险过当。根据我国刑法第18条第2款规定:"应当紧急避险超过必要限度造成不应有的危害的,应当负刑事责任;但是应当酌情减轻或者免除处罚。"

判断紧急避险中保护和损害的两种权益的大小是一个复杂的问题。一般说来,人的生命和健康,大于物质利益,当然也不是绝对的,不能因为保存一个人的生命或健康,而造成国家和人民财产的严重损失。在实际生活中,财物易于比较,使用价值尺度进行计算,就可以得出大于、小于和相等的数据。但是,如果一个是人的生命,一个是财产,应如何比较呢?我们认为,要具体问题具体分析,不能一概而论。例如,农民某甲去县城购物,邻居某乙请某甲帮忙到银行为他取回100元存款,某甲欣然应允地接过存款折,登上自行车赴城。当购物、取款后在回家的途中,突然路遇两个彪形大汉拦路抢劫犯,持刀威胁说:"东西、钱款留下,放你回去。如若不从",晃晃刀子,"休要性命。"在这种力量悬殊的情况下,那就要失物、失钱而保人,不要为一点生活用品和100元钱而丧失生命。但是如果一个战士到前方传送机密文件,被特务拦截,就不能以失密件而保护人身的安全,应与敌人搏斗宁可牺牲生命也要保住密件的安全。

在社会主义国家里,不能以牺牲他人的生命来保护自己的生命,这不仅为刑法所禁止,也为共产主义道德所不容。但是这种情况在资本主义国家是属于紧急避险的行为。英国资产阶级刑法学权威肯尼在他古老巨著《刑法大纲》中,举了一个著名的紧急避险的案例,这几乎为资产阶级刑法教科书所普遍引用。这个案例却与中国唐朝(七世纪)的一个案例完全相同。肯尼写道:"如果两个遭到沉船灾难的人,争夺一块只能浮起一个人的木板,其中一个力大的人将另一个人推开,他将免除任何刑事责任,因为他的行为是拯救自己生命所必要的。"该书注释中指出:"1898年在法院的一案判决中,曾采纳了培孔大法官这个宽大的原则。"这种紧急避险的规定,是由资本主义的社会制度所决定的。

关于人的避险情况,我国刑法第18条第3款规定:"不适用于职务、业务上负有特定责任的人。"这一规定是因为这些人依法负有同某种危险作斗争的义务,牺牲他们的利益是他们的职务、业务上所要求的。例如,公安人员不能因为抢劫犯带有武器而以紧急避险为借口,逃避与犯罪分子作斗争的义务。

(四)紧急避险与正当防卫的区别

紧急避险与正当防卫既有相同点也有不同点。两者的相同点是,都是与犯罪作斗争的重要手段。正当防卫是用积极的方法同犯罪作斗争,紧急避险是用躲避的方法同犯罪和灾害作斗争;它们都是为了保护国家、集体和公民合法的权益,当场排除现实存在的危险而采取的行为。二者都不负刑事责任,如过当或超过必要限度,造成不应有的损害时,虽构成犯罪,但在量刑时都应当酌情减轻或免除处罚。二者不同的是:

1. 行为的对象不同。正当防卫行为是对违法犯罪的人实施的,不能针对第三者实施防卫。而紧急避险行为是针对第三者。

2. 危害来源不同。在正当防卫的情况下,是不法行为的侵害。而在紧急避险的情况下,危害来源,除不法侵害行为以外,也可能来自自然、动物和生理方面的危险侵害。

3. 对行为的要求不同。正当防卫行为的实施,只要不超过必要限度,采取哪种方法都可以实施防卫。而紧急避险只有在不得已的情况下,才可以采用。

4. 对损害程度的要求不同。实行正当防卫的强度必须与不法侵害的强度相适应,不得超过必要限度。紧急避险造成的损害利益必须小于保护的利益,不得大于或相等。

八、故意犯罪的阶段

(一)故意犯罪阶段的概念

故意犯罪阶段,是指在故意犯罪活动过程中,可能停顿的阶段或可能出现的形态。这些阶段包括犯罪预备、犯罪未遂和犯罪既遂,以及与犯罪预备、未遂直接相关的犯罪中止。犯罪既遂没有列入我国刑法总则第二章第二节,即没有把既遂单独列为一个刑法条文。这并不是说犯罪既遂不是故意犯罪进程中的阶段,而是因为犯罪既遂是故意犯罪活动的最后阶段,也是犯罪完成状态。刑法分则规定的各种犯罪构成及其刑事责任,都是以犯罪既遂为标准的。一个人的行为,如果符合刑法分则规定的某种犯罪构成的全部要件,就表明这个人构成了某种犯罪既遂。所以犯罪既遂无需再在总则中单独加以规定。

犯罪的预备、未遂、中止和犯罪既遂是故意犯罪活动中可能停顿的阶段,但并不是说所有故意犯罪都要经过上述几个阶段。例如,有些突发性的犯罪,就没有经过预备阶段,着手即实行犯罪;有些犯罪由于犯罪分子意志以外的原因而未得逞,就形成了犯罪未遂;有的犯罪分子在预备阶段或者着手实行犯罪的过程中,可能自动放弃所致即停止了犯罪行为或有效地防止了犯罪结果的发生，就形成了犯罪中止。总之，不是每一犯罪都是沿着犯罪的预备、未遂或预备、中止或预备(着手)、既遂这样的程序进行的，更不是每一犯罪都经过犯罪预备、未遂、中止、既遂四个阶段。即是说，已经构成预备犯的，不可能转变为未遂犯；已经构成未遂犯的，不可能转变为既遂犯。

过失犯罪只有危害结果发生了才构成犯罪，所以说不存在犯罪的预备、未遂和中止。

有些犯罪一着手实施犯罪即告完成。如反革命宣传煽动罪，只要以反革命为目的，将反革命传单贴出、散出、邮出，就构成反革命宣传煽动既遂。这一犯罪没有未遂。

间接故意犯罪不存在犯罪预备和未遂。直接故意不要求以危害结果作为犯罪构成的必要要件。犯罪形态的诸阶段只存在于直接故意实施的以危害结果作为犯罪构成的必要要件的犯罪之中。研究犯罪形态，对于防止错枉和漏纵有着重要意义。

(二)犯罪预备

1. 犯罪预备的概念

我国刑法第 22 条第 1 款规定："为了犯罪，准备工具、制造条件的，是犯罪预备。"这一规定表明了犯罪预备的概念及其特征。

从上述概念我们可以看出，犯罪预备应具备两个特征：第一，为了犯罪进行预备活动，这是犯罪预备的前提。如果根本不是为了犯罪意图，不能视为犯罪预备。例如，一个人拿出一把屠刀，在一块石头上进行霍霍地磨呀磨，这把刀可以杀猪，也可以杀人。其目的是为了杀人，他拿刀而又进行霍霍地磨，就是犯罪的预备行为；其目的是为了杀猪，同样地霍霍地磨，就不能视为犯罪的预备。所以有没有犯罪意图，是区分犯罪预备与否的前提。第二，犯罪预备仅限于着手实施犯罪前的准备活动，如果行为人一旦着手实施犯罪，就不称为犯罪预备了。

根据上述犯罪预备的概念,犯罪的预备有以下两类:

(1)准备工具。准备工具是最常见的犯罪预备。这里所说的工具是犯罪工具,是指为实现犯罪所使用的一切物品。例如,伪造钞票而准备的纸张,为了杀人而准备的刀、枪、毒药,为了盗窃而准备的万能钥匙等等。总之,凡是能用于犯罪人实行犯罪的物品,都是犯罪工具。这些工具的来源,有的是家中已有的,有的是制造的,有的是购买的,有的是借来的,有的是盗窃的。有些犯罪人准备犯罪工具本身就是犯罪的行为,如盗窃枪支、弹药,伪造公文、印章等。有的准备的犯罪工具是违禁品,如炸药、剧毒物品等。不论是准备的一般犯罪工具、违禁犯罪工具或其他的犯罪工具,都不影响作为预备犯罪的性质的成立。

(2)制造条件。制造条件是指为了犯罪,除准备工具之外其他活动的概括。犯罪人为了实施犯罪,一般来说都要为犯罪而制造有利的条件。制造条件的方式、方法繁多,在司法实践中常见的有如下几种:

①调查犯罪场所和被害人的行踪,就是查看将要实施犯罪的地点,即周围的情况、环境、进出道路等。例如盗窃,要查看被害人的住所情况和调查这一家庭是否有钱和值钱物。要杀人,要调查被害人是否在家或他每天上下班行走的路线和时间等等。

②拟定犯罪计划,就是商定或拟出实施犯罪的办法。特别是共同犯罪,通常聚集在一起商量犯罪的时间、地点、方法、犯罪人之间的分工,如何湮灭罪迹、逃避侦查,如何盗窃,如何窝赃、销赃、分赃等等。其目的是为了达到危害结果的发生而不被抓获。

③排除障碍,就是排除实行犯罪遇到的障碍,是为实行犯罪创造有利的条件。例如为了盗窃,用"调虎离山"计,把巡逻的防卫人员支开;为了杀人把被害人家里的狗毒死;为了脱逃而挖墙洞等等。这都是犯罪预备的适例。

除此以外,还有练习犯罪技能、模拟犯罪动作等等。

从准备犯罪工具、制造犯罪条件的行为来看,表明行为人在确定了犯罪意图后,开始朝着犯罪的具体目标进行发展,这种情况同犯意表示有原则性的区别。犯意表示,是指一个人将自己犯罪意图通过口头的或书面的方式流露出来,这是行为人在实施犯罪行为之前的一种单纯的思想活动。这种活动不是为了实现犯罪意图而采取的,也没有使犯罪意图向前发展,因而对社会没有造成实际的危险,所以我国刑法没有规定犯意表示要负刑事责任。当然对这种有犯意表示的人不能不闻不问,而应加强对其思想教育,防止走向犯罪道路。

2. 犯罪预备的刑事责任

对于预备犯的处罚各国有着不同的规定。概括起来有三种情况:(1)规定对预备犯不处罚,如1940年《巴西刑法典》、1954年《格陵兰刑法典》;(2)规定在刑法分则条文中特别规定处罚某种犯罪预备的才予以处罚,如现行《日本刑法》分则八个条文规定处罚八种严重犯罪的预备行为;(3)在刑法总则中规定的犯罪预备行为,可以处罚,也可以免除处罚。我国刑法对预备犯处罚的规定,属于第三种情况。

我国刑法第22条第2款规定:"对于预备犯可以比照既遂犯从轻、减轻处罚或者免除处罚。"根据这一规定,对预备犯应当予以处罚。虽然预备犯没有造成社会危害结果,但已威胁到一定的社会关系,其行为进一步实行,就能够引起犯罪结果的发生。从司法实践中看,有不少的预备犯罪行为,是行为人意志以外的原因而被迫在犯罪预备过程中停顿,然而行为人希望犯罪结果发生的心理状态并没有改变。即使行为人在预备犯罪过程中中止了犯罪,其所实施的预备行为也对社会造成了一定的危害。这表明从犯罪的客观方面和主观方面来看,预备犯对社会和人身都造成了一定的危害,因此对预备犯予以处罚,是非常必要的。

对预备犯处罚的原则是可以比照既遂犯从轻、减轻处罚或者免除处罚。这是因为预备行为对社会关系还没有开始侵害,对危害结果的发生,不论在时间上和空间上毕竟还有一定的距离,比未遂犯对社会造成的危害要小,比既遂犯对社会造成的危害更小。根据罪刑相适应的原则,根据预备犯所在预备过程中实施预备犯罪的具体情况,比照既遂犯可以从轻、减轻或者免除处罚的规定是非常正确的。

在犯罪预备过程中,如果预备行为本身就是犯罪的,例如,为杀人而盗窃枪支、弹药,为诈骗而伪造公文、证件等。这些行为属于犯罪行为的方法、手段又触犯了另一罪名的牵连犯,应按牵连犯从一重处断,即择其中最重的罪处罚。

(三)犯罪未遂

1. 犯罪未遂的概念

犯罪未遂是故意犯罪的一个发展阶段。未遂是对既遂而言,是既遂的对称,有了既遂才有未遂。

犯罪既遂,是指行为人所实施的行为已经具备了某一犯罪所必需的客观要件和主观要件,达到了刑法所要求的结果。例如,盗窃已经非法将公私财物据为己有。杀人已经把人杀死,非法剥夺了他人的生命。当然有些犯罪并不要求损害结果的发生即是既遂,如前所述,我国刑法第 102 条规定的反革命宣传煽动罪,只要以反革命为目的,把反革命传单散发出去、张贴出去或邮寄出去,即为既遂。

根据我国刑法第 23 条规定:"已经着手实行犯罪,由于犯罪分子意志以外的原因而未得逞的,是犯罪未遂。"从这一规定可以看出,犯罪未遂必须具备以下的特征:

(1)已经着手实施犯罪。这一特征是犯罪未遂和犯罪预备的主要区别。犯罪预备是在着手实行犯罪前的一系列准备工具、制造条件等预备行为;未遂是在预备条件已经成熟,跨向犯罪进程中的一大步,开始实施行为人预谋的具体犯罪行为,追求危害结果的发生。在通向犯罪进程中,如果没有遇到意想不到的障碍所阻止,其行为就可以达到预期的目的,既危害结果的发生。

所谓"着手"是指行为人已经开始实行刑法分则所规定的某种犯罪构成客观要件的行为。行为人是否具备了刑法分则中规定的某种犯罪构成客观方面的要件,是考察行为人是不是已经着手实行犯罪,区分犯罪预备与未遂的关键。在分析这一问题时,必须对这些客观事实进行全面分析、综合判断,否则很难区分犯罪预备与犯罪未遂。例如强奸罪中的暴力行为、盗窃罪中的秘密窃取行为等,这些行为都是属于该犯罪构成中客观要件行为。

(2)未得逞。这一特征是犯罪未遂和犯罪既遂之间的区别。未得逞,是指没有发生法律规定的犯罪结果。从犯罪构成理论来说,即行为人的行为还没有完成某一具体犯罪所要求的全部要件。所谓"结果",是指行为人实行犯罪所追求的目的,不是除此之外没有发生任何结果,而是没有发生法律所规定的作为某种犯罪构成客观要件的结果。事实证明,只要行为人实施了危害行为,不论是否达到了目的,都会给社会造成大小或轻重程度不同的危害结果。这表明,不论其他危害社会结果是否发生,一般说,只要行为人所追求的危害结果没有发生,就只能是犯罪未遂。例如,某甲因与某乙有仇隙,意欲害他一死,一天一同外出,某甲乘其不备,朝某乙头部砍一刀,某乙机灵地一躲闪,伤其左臂。从这一实例可以看出,行为人实施的故意杀人行为,没有达到他所追求的结果(杀死某乙),却发生了其他危害结果,即伤害某乙的结果。但某甲的行为不能认定为故意伤害罪,而应以故意杀人罪量刑。

(3)未得逞是由于犯罪人意志以外的原因。这一特征是犯罪未遂与犯罪中止之间的区别。这就是说犯罪没有得逞,没有发生行为人预期的目的,是不符合行为人本人的意愿的。行为人希望达到的结果之所以没有达到,是他在着手实施的犯罪过程中,遇到了与他主观意志不相符的原因,以致使他不能完成预期的犯罪。例如,纵火犯放火以后,遇到了倾盆暴雨,将火熄灭,这就是纵火犯意志以外的原因,这是违背他本来的意愿的。反之,如果犯罪人着手实施犯罪,在犯罪进程中,没有遇到障碍和阻止,那么法律规定的危害结果必然发生,如上例所述,纵火犯点燃火以后,万里晴空,没有暴雨倾盆,也没有遇到其他障碍,则必然发生烧毁财产的严重危害结果。

犯罪人意志以外的原因,在实际生活中是多种多样的,大体上可以归结为两种情况:

①客观方面的原因。这一原因包括被害人的反抗或抵制,第三人的阻拦,自然力的障碍等。

②犯罪人本身的原因。这一原因包括犯罪人本人缺乏完成该犯罪的能力。例如,某甲开枪杀某乙,由于射击技术拙劣,没有命中;行为人对客观事物判断的错误,如投毒杀人,把白糖当成砒霜;或行凶杀人,把没杀死的人,判断为已经死亡等。

上述三个特征是成立未遂犯罪必须同时具备的条件,缺少任何一个条件,都不能成立为犯罪未遂。

2. 犯罪未遂的种类

我国刑法并未规定犯罪未遂的种类,但是在第20条第2款中已概括地指出,要根据具体情况作出不同的处理。在实际生活中犯罪未遂的形式是多种多样的,在司法实践中,对犯罪未遂的处罚也是根据其对危害社会的具体情况而定罪量刑的。因此,正确的分类可以进一步认识犯罪未遂的性质,有利于准确地适用刑法。

(1)实行终了的未遂,也叫既了的未遂,是指行为人实施了犯罪意图所要求的全部犯罪行为,由于意志以外的原因而未得逞。如陕西省某县有二陈一刘图财害命,用铁棍将弋某打昏,劫走全部财物,挖坑盖沙把弋掩埋于河沟里,谁料弋某于夜间苏醒爬出得救。这表明,二陈一刘已经实施完毕故意杀人的全部行为,被害人被打昏而犯罪人认为已死。盖沙掩埋阻碍不了空气流通,故而夜间苏醒,而没有发生行为人所预期的死亡结果,因而二陈一刘的行为属于实行终了的未遂。

(2)未实行终了的未遂,也叫未了的未遂。是指由于行为人意志以外的原因使其未能实现犯罪意图所要求的全部犯罪行为,没有发生预期的结果。如抢劫犯在对被害人实施暴力手段时,被他人制止抓获,抢劫未得逞。这一行为人的行为就属未实行终了的未遂。

(3)能犯未遂。指行为人有实际可能实现犯罪意图,达到预期的犯罪结果,但因意志以外的原因而未得逞。

(4)不能犯未遂。不能犯未遂又分两种,一种是手段不能犯未遂,即犯罪的工具、方法不足以发生预期的犯罪结果。如盗窃犯用钥匙开门,由于他使用的钥匙与被开的门锁对不上号,启不开而盗窃未遂。另一种是对象不能犯(或叫客体不能犯)未遂,是指行为人对自己行为所指向的对象发生错误的判断。如某甲要刺杀某乙,潜入某乙家的住房,适逢某乙不在家,而未得逞,或某乙早有防备,伪装睡觉,某甲向床上刺了两刀,才知扑空而未遂。

3. 犯罪未遂的刑事责任

关于未遂的刑事责任,有三种立法例:

(1)未遂犯与既遂犯处刑相同,不予减轻,这叫同等主义。如匈牙利刑法典第 18 条第 1 款规定:"未遂罪亦如既遂罪应处罚之。"法国刑法典第 2 条规定:"……未遂罪,与本罪同科。"(2)未遂犯必须减轻刑罚,这叫必减主义。这种主张认为处罚的轻重以实际损害的大小为准。1930 年《比利时刑法》第 52 条规定:"未遂之处罚,应按既遂之刑减轻一等。"(3)较既遂之刑得减轻,叫得减主义。这种主张认为对未遂犯可以比照既遂犯减轻处刑,也可以不减轻处刑。是否减轻,应由司法机关根据实际损害大小和犯罪人主观恶性大小来决定。日本刑法典第43条规定:"已着手实行犯罪而未遂的,可以减轻刑罚。"我国刑法第20条第2款规定:"对于未遂犯,可以比照既遂犯从轻或者减轻处罚。"从这一规定来看,我国刑法对未遂犯是一律采取处罚的原则,但比既遂犯,一般从轻或者减轻处罚;对于极少数罪行严重、情节恶劣的未遂犯,也可以不从轻或不减轻处罚。这一点与日本刑法典第43条规定有相同之处。

(四)犯罪中止

1. 犯罪中止的概念

我国刑法第21条规定:"在犯罪过程中,自动中止犯罪或者自动有效地防止犯罪结果发生的,是犯罪中止。"从这一规定来看,犯罪中止有两种情况:一种是犯罪人在犯罪过程中自动中止犯罪。例如,张某到李家盗窃高级收录机,当撬开房门后,他手发抖,心发跳,眼发黑,害怕被判刑,故而将撬开的门关上,打消了盗窃的念头,自动中止了犯罪。二是自动有效地防止犯罪结果的发生。例如,吴某地位高升,嫌弃妻子,离婚不成,图谋杀害其妻再婚。他用毒药杀妻,妻吃下毒药后,腹疼难忍。吴某这时追悔夫妻恩爱之情,于心不忍。故将妻速送医院抢救脱险,于是有效地防止了犯罪结果的发生。

犯罪中止与犯罪预备、未遂不同。犯罪中止是犯罪发展过程中一种特殊的情况,不是发展过程中的一个阶段。犯罪中止可能发生在犯罪预备阶段,也可能发生在着手实施犯罪过程中。但是犯罪未遂已经成立,如举刀杀人,被第三者制止,中止已不可能。也就是说,中止与未遂不能同时成立,如若未遂一经成立,中止则无从谈起。

2. 自动中止犯罪的条件

（1）必须在犯罪完成以前中止。犯罪人从开始犯罪活动，到预期结果发生前，在这个阶段时间内才有可能发生犯罪中止。无论是犯罪的预备阶段，还是着手实施犯罪阶段，只要处在犯罪结果发生之前，犯罪的中止都可能发生。

①在犯罪预备阶段，随时都可能发生犯罪中止。在这个阶段是犯罪中止的最佳阶段，犯罪人对社会尚未造成大的危害，这是积极预防犯罪的一个重要阶段。但必须指出，当犯罪人为实现某种犯罪目的的犯罪预备中，已单独构成了犯罪，对此一犯罪不发生中止问题。例如，私刻印章、伪造文件，进行诈骗，中止了诈骗，但构成了伪造公文、印章罪。私刻印章、伪造公文的行为属于牵连犯，触犯了刑法第167条，对该罪不存在犯罪中止。

②在犯罪未遂阶段，犯罪结果发生前，自动放弃犯罪，可以成立犯罪中止。犯罪未遂是犯罪人意志以外的原因，如果没有受到阻挠，即不发生意志以外的原因，肯定会发生既遂。所以在犯罪未遂的阶段发生犯罪中止的比较少，但也不是没有。这种中止是"非不能也，是不为也。"例如，1983年7月的一天，青年王某，见一女青年李某正在织毛线衣，产生淫念。次日凌晨破窗入李某宿舍，摘下灯泡。李某听到动静，拉灯未亮，认为停电，翻身入睡。当王某意欲行奸时，在"谁家没有姐和妹，为啥干这缺德事"的思想驱使下，遂自动中止犯罪。这表明，王某就是在犯罪未遂阶段，犯罪结果发生前，自动中止了犯罪。

③在犯罪既遂后自动恢复原状或赔偿损失的情况，不能认为是犯罪中止。1983年声势浩大的打击经济犯罪中，在法律的威慑下，不少犯罪人，将盗窃、贪污的赃款偷偷地送交、汇到公安机关或失主，这种行为是自动恢复原状，而不是犯罪中止。这说明，在国家法律的威慑下，犯罪人一方面在思想上有所悔悟，另一方面怕从重处罚。这是犯罪人的思想趋向。恢复原状的行为，只能视为态度比较好，作为量

刑上从宽处理的考虑,而不影响犯罪的成立。

(2)必须是自动彻底中止犯罪。自动彻底中止犯罪,是指犯罪人在犯罪活动过程中,在主观上自动放弃犯罪意图,在客观上本来可以把进行到底的犯罪行为,自动停止下来,防止了犯罪结果的发生。这表明,犯罪中止,是在可能继续进行到底的犯罪行为,由于某种原因的驱使,主观上放弃犯罪意图,客观上停止了一切活动,从而避免了危害结果的发生。这种犯罪中止,是由犯罪人自己意志支配的自觉的活动,这是同意志以外原因而被迫停止的犯罪未遂的根本区别。

在实际生活中,下述几种常见的情况,不能认为是犯罪中止。

①犯罪人在实施犯罪过程中,由于他人妨碍或反抗,阻止了他的犯罪活动,如盗窃犯盗窃到的财物,被人发觉弃款丢物逃跑。这是犯罪未遂,不是犯罪中止。

②犯罪人在犯罪过程中,遇到自己难以克服的障碍,被迫停止或中断犯罪活动。如投毒犯投毒,到达犯罪现场后,发现把酒错当成毒药;盗窃犯进入银行后,钥匙不对号打不开保险柜,这些都是因为遇到困难不能克服才被迫放弃所致,并非犯罪中止,而是犯罪未遂。

③中断犯罪,不是犯罪中止。犯罪人在着手实施犯罪时,因时机不利而暂时中断犯罪,是时常发生的现象。如两个男青年实施拦路抢劫,看到一个骑自行车的男青年,犯罪人即准备好刀、棍隐蔽在草丛中。待这位男青年接近时,他们看他膀大腰圆,身体健壮,他们怕抵不住他,未敢动手,于是打算伺机而动。这两个犯罪人的行为是因为机遇不良而暂时犯罪中断,遇有机会时即行作案。因此,这种行为不是犯罪中止,而是犯罪未遂。

(3)必须是彻底的、有效的中止。彻底中止,是指犯罪分子不是暂时改变主意,而是彻底放弃原来的犯罪意图,不再进行犯罪活动了。如果是暂时放弃,等待时机再干,则不是自动中止犯罪。有效中止,是要求不发生犯罪结果,否则就是无效的,不能成立犯罪中止。例如,某甲枪杀乙,向某乙射击一枪,某乙倒地。这时某甲感到害怕,赶快将某乙送医院抢救,但由于枪弹射中心脏,抢救无效死亡。这就谈不上有效中止,而是故意杀人既遂。

彻底中止并不是说保证行为人永远不再犯罪,而是指某一个具体犯罪活动而言,有效中止不是要求所有犯罪人都采取积极行动,而是根据具体情况,消极地不去犯罪,积极地防止犯罪结果的发生,就应当认定为犯罪中止。

在实际生活中,犯罪中止的动机是多种多样的,有的是犯罪人幡然悔悟,不愿继续犯罪;有的是怜悯、同情被害人,不再忍心对其加害;有的经人劝告、教育,指出犯罪后果不堪设想的严重程度,从而转变了思想;有的担心罪行败露,害怕追究刑事责任,如此等等。这些都是通过犯罪人主观上自动放弃犯罪、防止危害结果发生而应成立的犯罪中止。尽管上述动机各有不同,但不影响犯罪中止的成立,而犯罪中止的动机只能是量刑上考虑的问题。

以上三个条件必须同时具备,犯罪中止方可成立,缺少任何一个条件,都不能认为是犯罪中止。

3. 犯罪中止的刑事责任

对于中止犯是否处罚的问题,各国刑事立法规定不一,概括起来有三种情况:(1) 规定中止犯无罪或不处罚。1908 年瑞士刑法第 22 条第 3 项规定:"以自由意志中止实行,或防止犯罪之结果发生者,其实行不构成特定之犯罪时,为无罪。"不处罚的主张认为,刑罚的目的在于惩罚犯意,而中止犯的犯意不充分或者行为人基于己意中止或防止结果的发生,说明犯意消灭了。捷克斯洛伐克刑法典第 5 条第 3 项规定:"实施某种行为而未遂的人自动放弃实施可以造成法律所规定的结果的犯罪行为时,不受处罚。"(2)规定中止犯罪是未遂犯的一种,按未遂犯处罚,称为中止未遂。如英国对中止犯没有明文规定,但处罚则按未遂处罚。(3)一般的中止犯不予处罚,法律对某些罪有规定的应受处罚。这种主张认为,中止犯虽然中止了犯罪结果的发生,但不等于没有社会危害性,如果说一律不处罚,中止犯就会增多。朝鲜刑法第21条规定:"意图实行犯罪的人,自动终止实施时,限于对已经实际完成的行为,适用相当的刑罚。"在规定对中止犯要给予处罚的国家里,在处罚方法上,有的规定必须减轻或免除处罚,有的规定由审判机关酌情予以减轻或免除处罚。

我国刑法对中止犯的处罚。我国刑法第21条第2款规定:"对于中止犯,应当免除或者减轻处罚。"法律之所以这样规定,是中止犯本身的特点决定的。这一规定体现了罪刑相适应原则。犯罪人出于自己的意志,自动终止了犯罪行为,消除了或者减少了社会危害性,从而也说明了是由于犯罪人的人身危险减少或消失促成了社会危害性的消除或减少。因而法律对中止犯免除或者减轻处罚是非常正确的。同时对中止犯予以从宽处理,会促使和鼓励犯罪人中止犯罪,这对于预防犯罪和减少犯罪是有重要意义的。

九、共同犯罪

(一)共同犯罪的概念

共同犯罪,简称共犯,是指二人以上共同故意犯罪。在外国,罗马法规定:凡是给予实施犯罪行为的人以帮助者,都叫做从犯,和实施犯罪行为者同等处罚。在中国封建社会,秦律中有共犯的规定。1957年在云梦县卧虎地秦墓简书中有共犯主从问答,如:"夫盗千钱,妻所匿三百,何以论妻?妻智(知)夫盗而匿,当以三百论为盗,不智(知),为收。"即夫为主犯,妻为从犯不知情不是共犯。唐律规定:"诸共犯者,以造意为首,随从者减一等。"《疏议》云:"共犯罪者,谓二人以上共犯,以先造意者为首,余并为从。"现在将造意犯认定为教唆犯,实际造意犯不限于教唆,除教唆外,还起到共犯倡导者的作用。资产阶级首先对共犯规定刑事责任的是 1810 法国刑法典。它比之封建法典对共犯规定的刑事责任作了限制,缩小了共犯的范围,有一定的历史进步意义。

我国刑法第 22 条规定:"共同犯罪是指二人以上共同故意犯罪。"根据这一规定,共同犯罪有以下特征。

1. 从犯罪主体上必须有二人以上。这一要件的要求,成立共同犯罪,必须二人以上共同实施。一个人单独犯罪,只能称之为单一犯罪,不能成立共同犯罪。这些参加共同犯罪的人,还必须达到刑事责任年龄,或有刑事责任年龄而缺乏刑事责任能力的,虽参与了共同犯罪,也不构成共同犯罪。一个有刑事责任能力的人与没有刑事责任能力的人实施犯罪,仍然是单独个人犯罪。司法实践认为,有刑事责任能力的人利用无刑事责任能力的人共同犯罪, 是有意把别人的行为作为犯罪"工具"。所以只能按所犯之罪按单独犯处罚。在实际生活中,有妇女利用自己不满 14 岁的孩子进行盗窃,人民法院只能按盗窃罪对这个妇女判刑。资产阶级的刑法理论把这种情况叫做间接正犯,但间接正犯也不是共犯的一种。我国刑法没有使用间接正犯的概念。

2. 从犯罪的主观上看,各共同犯罪人之间必须具有共同的犯罪故意。这种共同犯罪的故意,把各个共同犯罪人联系在一起,使各个共同犯罪人的行动在共同犯罪故意支配下统一起来。共同犯罪故意包括两个内容:各个共同犯罪人都清楚地认识到不是一个人单独实施犯罪,而是和其他人一起共同实施犯罪;各个共同犯罪人对于他们共同实施的犯罪行为造成或可能造成的危害结果, 都抱有故意的心理状态,他们希望或者放任这种结果的发生。例如,某高等学校三个即将毕业的学生,潘某、李某、杨某预备抢劫,潘某提供犯罪工具匕首和交通工具自行车,着手实施犯罪时在现场外围望风,李某和杨某持匕首和自制钢珠枪进入现场,专找在僻静地方谈恋爱的男女青年,他们以此方法作案三起。从这一案件可以看出,他们在共同犯罪故意的支配下,互相联系、协调一致地实施共同犯罪行为,给社会造成了严重的危害结果。可见共同故意犯罪这一主观要件在共同犯罪中的重要性,没有共同故意就不能构成共同犯罪。

3. 从客观上看各个共同犯罪人必须有共同的犯罪行为。所谓共同犯罪的行为,指各个共同犯罪人的行为都是指向某一特定的目标,进行犯罪活动。他们在犯罪活动中,虽然处于不同的地位,有着不同的分工,起着不同的作用,但是他们在一个共同的犯罪目标指引下,互相联系,互相配合,互相鼓动,成为一个统一的犯罪活动整体,他们每个人的行为都是共同犯罪行为的一个有机的组成部分。每个犯罪人对共同犯罪结果的发生,都起着应有的作用。各个犯罪人的行为总和,就是共同犯罪结果发生的原因。因此,每一个人的犯罪行为和共同犯罪的结果之间存在着直接的因果关系。这种因果关系是构成犯罪的一个基本要件, 也是每个犯罪人对共同犯罪的危害结果负刑事责任的客观基础。相反,某人的行为如果与犯罪结果之间没有因果关系,他就不是共同犯罪的犯罪人,就不能让他负刑事责任。例如,杨某向尹某提供保险柜的钥匙,再告诉他所走的路线,让他到张某家盗窃当天从银行里提取的一批现金, 尹某拿着杨某交给的钥匙和指引的路线到张某家把 300 元现金盗回。在这里,围绕盗窃现金这一目标,杨某提供钥匙、指引了路线,尹某实施了盗窃,发生了张某家钱款丢失的危害结果,这种危害结果与杨某提供钥匙、指引路线和尹某实施盗窃的危害行为之间有着直接的因果关系。否则,如果杨某给尹某钥匙是让他到仓库拿一件生产上使用的东西,他开门后, 窃取了价值

1500元的贵重物资,那么杨某就不是共同犯罪的犯罪人,就不能让他负刑事责任。

共同犯罪的上述三个特征,其中共同故意是共同犯罪区别于其他一切单个犯罪的实质。为了进一步阐明共同故意,注意以下几个问题不属于共同犯罪:

(1)二人同时故意犯罪,但主观上没有共同故意,不能认为是共同犯罪,而是同时实行的两个以上的单独犯罪,从而限于各自对自己的行为负刑事责任。例如,一个盗窃犯某甲,在百货商店盗窃,他看到许多顾客围着看手表,手伸入一块活动玻璃橱中窃取两块进口表。某甲的行为被盗窃犯某乙看到,某乙仿照某甲的行为动作也窃得两块进口表。此种情况,尽管某甲和某乙的盗窃方法、盗窃时间、侵害对象都是相同的,但是某甲和某乙没有共同故意,故不能认为是共同犯罪,他们仍然是单个犯罪,只能对各自的罪行负责,分别定罪量刑。

(2)在两个犯罪人中,一个是故意,而另一个是过失,虽也造成了同一危害结果,也不构成共同犯罪。例如,某甲故意伤害某乙,某乙进行反抗。由于某甲力量大于某乙,他用力将某乙推倒在公路上,一时爬不起来。这时开来一辆卡车,司机与坐在驾驶室里的一个人讲话,放松了向前瞭望,卡车从某乙身上开过,致其死亡。这一车祸即危害结果的造成,某甲和司机都有责任,某甲推某乙倒在马路上,致成伤害,是故意犯罪。汽车司机与人讲话,疏忽大意,轧死某乙,是过失犯罪。虽然实施的行为时间相同,危害的对象相同,犯罪的场所也相同,但某甲与司机却不构成共同犯罪。

(3)二人以上共同过失犯罪,不构成共同犯罪。例如,战士某甲练习投掷手榴弹,没听哨声即把带铁头的假手榴弹掷出。恰巧掷到某乙的头上,致成重伤。某乙住医院后,医生某丙不精心治疗致其感染而死亡。某乙的死亡结果,是某甲和某丙共同的过失行为造成的。他们的犯罪行为都是过失而不是故意,故不能构成共同犯罪。二人以上共同过失行为之所以不构成共同犯罪,是因为在过失犯罪情况下,缺乏对共同犯罪的认识,不能使数人的共同犯罪行为具有共同犯罪所要求的那种内在的一致性。因此我国刑法第 22 条第 2 款规定:"二人以上共同过失犯罪,不以共同犯罪论处;应当负刑事责任的,按照他们所犯的罪分别处罚。"

(二)共同犯罪的形式

刑法理论从不同的角度,不同的标准,将共同犯罪划分为多种形式。这样划分可以从各方面认识共同犯罪的性质及其对社会的危害程度,这对刑法理论研究和司法实践都有着重要意义。

1. 从共同犯罪行为的分工上,把共同犯罪分为简单的共同犯罪和复杂的共同犯罪。简单的共同犯罪,是指共同犯罪人在实施某一具体犯罪行为时,没有明确分工,而且都直接实施了某种犯罪构成的行为。例如,巩某和林某在一个阴雨的晚上到一个百货仓库,盗窃四部 14 寸的彩色电视机,销赃后,赃款均分。该二犯是共同预谋,共同实施犯罪行为,赃物均分,没有主从之分,故而称为简单的共同犯罪。在司法实践中,这种共犯形式占着很大的比例。

复杂的共同犯罪,是指共同犯罪人在实施犯罪行为时,有一定的分工。例如,某大学学生潘某、苏某、杨某预谋抢劫,潘某提供犯罪工具,组织领导,到现场时在外围瞭望。苏某和杨某实行直接劫洗他人财物,苏某并负责窝藏赃物。这就是说,有的直接实施犯罪构成的行为,有的为实施犯罪制造条件,并且他们还互相兼而有之。刑法理论上所研究的共同犯罪,主要是复杂的共同犯罪。

2. 从共同犯罪的条件上,把共同犯罪划分为任意共同犯罪和必要共同犯罪。任意共同犯罪,是指一个人实行的单独犯罪而由几个人共同实施。也就是说,这一犯罪既可以由一个人单独实施,也可由二人或二人以上共同实施。例如，故意杀人罪、盗窃罪、抢劫罪、强奸罪等，这些犯罪，究竟是一个人单干还是几个人共同实施，凭犯罪人的意图去选定。当其选定几个人共同实施时，就构成了任意共同犯罪。所谓任意者，就是任凭行为人选定的共犯形式。必要的共同犯罪，是指根据犯罪的性质和特点，必须由二人以上实行共同犯罪，单个人实际上是无办法实施这种犯罪的。实际情况是，要么你不犯这些罪，要犯这些罪，单独实行这些犯罪是无能为力的。例如，我国刑法第94条规定的率众投敌叛变罪，第96条规定的聚众劫狱罪，第185条规定的贿赂罪，第180条规定的重婚罪，在一般情况下也属于必要的共同犯罪。

3. 从共同故意形成的时间上，把共同犯罪划分无事先通谋的共同犯罪和事先通谋的共同犯罪。无事先通谋的共同犯罪，是指共同犯罪人的共同故意不是在着手实施前形成的，而是在着手或者在犯罪人实施犯罪过程中形成的。例如，甲撬开仓库正在盗窃，适逢乙经过看到甲的盗窃行为，乙对甲说："我可以搞点吗？"甲欣然应允。从这时开始，甲乙共同实施了盗窃。这说明甲乙事前没有通谋，而是在甲着手实施犯罪过程中偶然间形成的共同犯罪。事先通谋的共同犯罪，是指共同犯罪人的共同故意是在着手实行犯罪以前形成的。也就是说在犯罪预备阶段，共同犯罪人对他们的犯罪计划就进行了预谋。例如，他们计谋犯什么罪，如何分工，在什么时间、什么地点以及如何湮灭罪迹，如何分赃等等，都事先作了商定。这种犯罪的形式由于他们事前进行了密谋策划，犯罪意图明确，计划周全，容易得逞，且危害性大，事后订立攻守同盟，不易侦破，故具有严重的社会危害。因此，对于这种共同犯罪形式，应加倍重视，不可掉以轻心。

应当指出，有的共同罪犯，我国刑法上规定必须以事先通谋为前提。例如，我国刑法第162条规定："窝赃或者作假证明包庇反革命分子或其他刑事犯罪分子,事先通谋的,以共同犯罪论处"。只有无事先通谋的,才构成窝藏、包庇罪。可见,区分事先有无通谋,不仅对量刑有着重大的关系,而且对正确定性也有一定的意义。

4. 从犯罪有无固定的组织形式上,把共同犯罪划分为一般共同犯罪和有组织的共同犯罪。一般共同犯罪,即二人以上没有固定的组织形式的共同犯罪。它的特点:共同犯罪人只是为了实施某一特定犯罪,而临时结合在一起的犯罪活动,在完成这一犯罪活动后,他们的结合即不存在。无事先通谋的共同犯罪和事先通谋的共同犯罪,都可表现为这种形式的共同犯罪。

犯罪集团。犯罪集团是特殊的共同犯罪组织形式,是指由较多的人(通常是三个人以上)为了多次实施某种犯罪而建立起来的有组织的共同犯罪。它的特点:人数多,重要成员固定或基本固定;经常纠集在一起进行一种或数种犯罪活动;有明显的首要分子,有的首要分子在纠集开始时形成,有的首要分子在纠集过程中形成;有预谋、有目的地实行犯罪活动;不论作案次数多少,对社会造成的危害性或危险性都很严重。上述特征是一般共同犯罪所没有的。由于犯罪集团具有如此严重的社会危害性和危险性,因而历来是我国刑法打击的重点,特别对犯罪集团中的首要分子和骨干分子更是如此。

刑法中提到的犯罪集团有反革命集团、走私集团、投机倒把集团、流氓集团。在司法实践中则有盗窃集团、诈骗集团、贪污集团,等等。在犯罪集团中,反革命集团具有特别严重的危害性。反革命集团往往有政治纲领和口号,采取政党或军队的组织形式,层层封官委职。流氓集团往往采取封建帮会形式,或结拜成兄弟姐妹的形式。有的流氓集团还带有政治色彩,如活动在城市里的流氓集团,他们之间还互相霸占"地盘"。只要具有一定的组织,不管采取什么形式,都不影响犯罪集团的成立。

犯罪团伙。我国刑法中没有规定、也未提到犯罪团伙这一犯罪的组织形式。犯罪团伙是公安机关办案时遇到较多人实施犯罪的组织形式,习惯地称为犯罪团伙。它应包括在一般共同犯罪(但应在三个人以上)或犯罪集团之中。在法律上不是独立的犯罪组织形式。团伙犯罪应根据实际情况,有的应认定为一般共同犯罪,有的应认定为犯罪集团,不能把犯罪团伙介于一般共同犯罪与犯罪集团之间的共同犯罪形式,也不能把犯罪团伙与犯罪集团相等同。在处理犯罪团伙案件时,应当具体分析、分别处理,符合犯罪集团特征的,应当按犯罪集团处理。依照我们刑法规定,用犯罪集团的提法,分别适用流氓集团、走私集团等,然后区分首要分子,其他主犯和一般参加者,分别给予不同的处罚。不是犯罪集团的就认定为一般共同犯罪,区别主犯、从犯,给予不同的处罚。在法院判决书中定罪时,不宜采用犯罪团伙的提法。

(三)共同犯罪人的种类及其刑事责任

共同犯罪人分类问题,在刑法理论研究上有各种不同的主张和方法,各国刑事立法各不相同。

二分法。我国封建社会的刑法历来分为主犯和从犯。英国、法国、美国都是二分法,即正犯与从犯两种。

三分法。把共犯分为共同正犯、教唆犯和从犯的有日本、德国,西班牙、葡萄牙等国把共犯分为正犯、从犯和隐匿犯。

四分法。把共犯分为实行犯、组织犯、教唆犯和帮助犯的有苏俄、阿尔巴尼亚。苏俄刑法开始采取三分法,即分为实行犯、教唆犯和帮助犯,以后又增加组织犯。

对共同犯罪人正确分类,是为了分清各个犯罪人在共同犯罪中所处的地位、所起的作用以及他们对社会造成的危害程度,区别对待,恰如其分地追究刑事责任。对共同犯罪人的分类及其刑事责任问题的规定,我国总结了长期的司法实践经验,并借鉴了我国历史上的立法经验和世界各国的立法经验,确立了对共同犯罪人的分类原则。例如,早在民主革命时期,1934 年 4 月 8 日颁布的《中华苏维埃共和国惩治反革命条例》,1942 年颁布的《惩治贪污暂行条例》等法规中对共同犯罪人就有着明确的分类,中华人民共和国成立后,1951 年 2 月 20 日颁布的《中华人民共和国惩治反革命条例》,1952 年 4 月 18 日颁布的《中华人民共和国惩治贪污条例》,对共同犯罪人种类都作了规定,但名称不一。例如,称谓组织者、主谋者、指挥者、罪恶重大者、积极参加者、直接参加者、帮助他人者,还有称主犯、首犯、首恶分子、骨干分子、从犯、胁从分子等等,我国刑法在总结这些经验的基础上,将共同犯罪人划分为主犯、从犯和胁从犯,对教唆犯作了单独规定。这就是四分法。根据他们在共同犯罪中的地位和作用,规定了相应的刑事责任。

1. 主犯

根据我国刑法第 23 条规定:"组织、领导犯罪集团进行犯罪活动的或者在共同犯罪中起主要作用的,是主犯。"结合刑法第 86 条对首要分子的规定可以看出, 主犯是指犯罪集团中的首要分子, 或者持械、聚众叛乱罪中的首要分子(第 95 条)、聚众劫狱罪中的首要分子(第 96 条)、扰乱社会秩序罪中的首要分子(第 158 条)、聚众扰乱公共秩序罪中的首要分子(第 159 条)等等。首要分子的共同特征是罪犯集团中或者聚众犯罪中的领导者、组织者、指挥者、策划者。这些犯罪分子在犯罪活动中起着决定性的作用,他们发动建立犯罪集团,发展犯罪成员,主持制定犯罪计划,实施犯罪后,订立攻守同盟,逃避侦查。

犯罪集团、聚众犯罪中的首要分子,可能是一个人,也可能不只一个人,这主要根据犯罪分子在犯罪集团中是否起组织、领导、策划、指挥作用,实事求是地认定。一般共同犯罪中的主犯也是如此,可能是一个,也可能是两个或两个以上,这主要根据犯罪分子在共同犯罪中的地位和起的作用来决定。

关于首要分子的刑事责任问题。首要分子必须对他所领导、指挥的犯罪集团实施的全部犯罪行为负刑事责任。因为其他犯罪成员都是在首要分子制定的犯罪计划之内活动,又都是在其组织、领导、指挥下进行的。也就是说,首要分子不仅对自己直接实施的犯罪行为负责,而且还应当对其他成员根据该集团的犯罪计划所实施的一切罪行负责。这里还必须注意,首要分子不论是否亲自到现场指挥,直接参加具体犯罪,只要是包括在他主持制定的犯罪计划之内的犯罪,他都要负刑事责任。

在犯罪集团中除首要分子以外的其他犯罪成员,只能对自己实施的犯罪行为负刑事责任。例如,诈骗集团中的首要分子,要对该集团诈骗的总数额负责,一般成员按照他个人非法所得的数额及其犯罪中所起的作用负责。

主犯在共同犯罪中起主要作用,给社会造成的危害较大,他必须对共同犯罪实施的全部犯罪行为负刑事责任。

关于首要分子或首犯与主犯之间的关系问题。首要分子是犯罪集团中或聚众犯罪中的组织者、领导者、指挥者,必然是主犯,但主犯不一定是首犯。也就是说,有的主犯是首要分子,有的主犯只能是主犯,不一定是首要分子。

在犯罪集团中或一般共同犯罪中,某些成员实施了犯罪集团计划以外的犯罪,或实施了共同犯罪预谋以外的犯罪,这叫共同犯罪的过度行为。所谓共同犯罪中的过度行为,是指共同犯罪人实施了其他成员原来没有共同故意的犯罪行为。根据我国刑法罪责自负的原则,过度行为只能由过度行为本人负刑事责任。

根据我国刑法第 23 条第 2 款规定,对于主犯,除本法分则已有规定的以外,应当从重处罚。这里所说的"除分则已有规定以外",是指分则条文中对某些犯罪的首要分子的处罚,已作了专门规定。例如,刑法第 95 条、第 158 条等,对这类犯罪中的首要分子即主犯,依照这一条款处罚。

2. 从犯

根据我国刑法第 24 条规定,从犯,是指共同犯罪中起次要作用或者辅助作用的犯罪分子。根据这一规定,从犯包括两种犯罪分子。

(1)在共同犯罪中起辅助作用的从犯。所谓辅助作用,是指犯罪人不直接参加实施刑法分则规定的犯罪构成的行为,而是为实施共同犯罪创造条件,帮助犯罪,因而也叫帮助犯。从犯在犯罪集团中受制于首要分子或主犯,服从他们的领导、指挥或指使,不起主要作用。在一般共同犯罪中,通常协助主犯完成犯罪。从犯实施的帮助行为,可能在犯罪预备过程中实施,这种帮助行为,可以表现为精神上、心理上的支持,如出谋划策,撑腰打气,坚定主犯的信心和决心,以达到犯罪的预期目的;也可以是表现为物质上,体力上的帮助,如为犯罪提供犯罪工具、交通工具,如是财产犯罪,提供窝藏赃物场所或为其销售赃物,湮灭罪迹等等。所有上述行为,都视为从犯的辅助作用。例如,某甲是个盗窃犯,他盗窃的对象是高档物资和贵重物品。经预谋,所盗窃的财物由两个妇女某乙、某丙为他销赃,赃物的百分之四十分给她们两个。从这一共同犯罪的盗窃案来看,某甲是主犯,某乙、某丙是从犯。

(2)在共同犯罪中起次要作用的从犯。所谓起次要作用,是指在主犯的组织、领导或唆使下,参与了某一方面的犯罪活动。这种犯罪分子在犯罪集团中或一般共同犯罪中,也是受首要分子或主犯领导指挥的,在不少具体犯罪中,也受犯罪集团中的主犯的直接指挥、调遣,在某一具体犯罪没有得逞或犯罪任务完成得不好时,往往受主犯的责骂或殴打。虽然如此,这种犯罪分子仍然追随首犯、主犯实施犯罪活动。

从犯既存在于犯罪集团中,也存在于一般共同犯罪中,在整个犯罪过程中,从犯起的作用是次要的辅助的,是罪行不大的一般成员。我国刑法第 24 条第 2 款规定,对于从犯,应当比照主犯从轻、减轻处罚或者免除处罚。"比照"二字,指出了从犯刑事责任的相对标准,是与主犯刑事责任的比较,而不是从其自身罪行来说的。否则,就会轻纵从犯,违背罪行相适应原则。

3. 胁从犯

根据我国刑法规定,胁从犯,是指被胁迫、被诱骗而参加共同犯罪的分子。所谓胁迫,是指首犯或主犯采取一种手段,使被胁迫的人受到了精神上或人身上或对其亲属的人身上的强制或威胁,使被胁迫的人失去了一定程度的自由,而参与了犯罪集团或一般共同犯罪。这里所说的一定程度的自由,就是说胁从犯仍然还有一定的自由,其行为仍然是有意志的行为,虽然人身受到强制,但没有受到完全强制,因而所实施的行为是犯罪行为。人身受到完全强制失去自由的人,对客观上造成的损害是无罪过的,不认为是犯罪。例如,铁路上的扳道工人,被敌特捆绑到室内,蒙上眼睛,口中塞上毛巾,当火车来临时,由于他完全受到强制,失去了人身自由,不能履行职务上应尽的义务,因而造成火车相撞的危害结果,也不能认定他是胁从犯。

所谓被诱骗,是指行为人由于对实际情况不够了解,轻信首犯或主犯编造的谎言,而参与实施了犯罪行为,但是,行为人对这种诱骗应该是有预见的。在这种情况下实施的犯罪行为,还是出于故意,因而仍然是犯罪行为。这种胁从犯与完全受骗、误入歧途是不相同的。完全受骗,对行为的危害结果是不能预见的,所实施的行为不是出于故意，因而不是犯罪行为，不负刑事责任。例如，某甲和某乙，拿一张提货单，雇请汽车专业户某丙到火车站提钢材，并把所提的钢材送到某市一家建材公司。钢材提出后，汽车刚开到某市被公安机关扣压。这时才知道，某甲和某乙是盗窃犯，那张提货单是盗窃的。这一案的汽车司机某丙是无罪的。

胁从犯和从犯都具有从属的意思，都存在于犯罪集团中和一般共同犯罪中，单独个人犯罪不存在胁从犯或从犯。胁从犯和从犯的区别：胁从犯在主观上是不愿意和不完全愿意参加共同犯罪活动的，只是由于首犯、主犯或从犯的胁迫或者诱骗下才参加共同犯罪的某些轻微的犯罪活动，其所起的作用和所造成的危害结果也比较轻微；而从犯在其主观上是自愿参加共同犯罪的，因而从犯在共同犯罪中所起的作用和所造成的危害结果比较严重。

由于胁从犯在主观上不愿意或者不完全愿意参加犯罪活动，而是被胁迫、被诱骗参加共同犯罪的，主观恶性不大；从客观上看，胁从犯在整个犯罪过程中所起的作用比较小，罪行比较轻，危害性不大。因此，我国刑法第25条规定，对胁从犯应当按照他的情节，比照从犯减轻处罚或者免除处罚。

（四）教唆犯

1. 教唆犯的概念

根据我国刑法第26条规定，教唆他人实施犯罪，是教唆犯。教唆犯的主要特点，是自己不去直接实行犯罪，而教唆他人实施犯罪，激起他人实施犯罪的决心。被教唆人的犯罪意图是教唆人的教唆行为引起的，如果没有教唆人的教唆行为，被教唆人就不会实施犯罪。因此，教唆犯是被教唆人实施犯罪的思想发起人。

中国古代刑书有"唱首先言谓之造意"（晋朝张斐：《注律表》）和"共犯罪者，谓二人以上共犯，以先造意者为首，余并为从"（《唐律疏义·名例》）之说。所谓"造意"就是教唆他人的意思。

各国刑法一般都有教唆犯的规定,如1974年《奥地利刑法典》第12条规定:"教唆他人实施犯罪……为实施犯罪行为之人。"1954年《格陵兰刑法典》第9条规定:"以任何方式教唆他人犯罪者,本法典适用之。"1968年《意大利刑法典》第111条规定:"教唆犯,依其所教唆之罪处罚"。这说明教唆他人产生犯罪意图的行为,也是一种犯罪行为,并构成共同犯罪。教唆犯在共同犯罪中,一般来讲都处于主犯地位,"以造意者为首",就是这个意思。当然,教唆犯在其共同犯罪中,如果他所起的作用不大时,也可以成为从犯,但就其所处的地位绝不可能成为胁从犯。

构成教唆犯必须具备以下条件:

（1）从客观方面,必须具有教唆他人犯罪的行为。如果没有教唆行为,则不能构成教唆犯。教唆所采取的手段是各种各样的,如授意、怂恿、劝说、利诱、收买、威胁等。实施教唆的方法,既有口头的,也有书面的;既有公开的,也有秘密的;既有当着被教唆人的面直接教唆,也有托人传达的间接教唆。例如,某甲得悉专业户某乙从外地经商带回一批现金,产生了"红眼病",图谋盗窃据为己有。但他自己脚跛而行动不便,于是找到同村要好的某丙,将其盗窃意图告诉某丙,言明事成钱款均分。某丙在某甲的授意下,当晚达到了非法占有他人钱财的目的。这一案是属于秘密的、口头的、当面直接的教唆。

（2）从主观方面看,必须有教唆他人犯罪的故意。教唆的故意,必须具有意识因素, 即认识到被教唆的人尚无犯罪故意或犯罪决心尚不坚定,在其教唆下,被教唆人接受了这种教唆而产生了或坚定了犯罪的意念。如果教唆者不知被教唆人已有犯罪决心,仍然对其教唆,也不影响教唆犯的成立。

教唆故意包括直接故意和间接故意。直接故意教唆,是指明知自己的教唆行为会引起他人的犯罪意图，并且希望被教唆人去实施犯罪从而达到教唆的目的。多数教唆案件是属于直接故意的教唆犯罪。间接故意教唆，是指明知自己的教唆行为会引起他人的犯罪意图，并对此采取有意放任的态度。例如，青年某甲用钱无计划，每月工资发下后半个月就花光，常常是借钱度日，寅吃卯粮。市民某乙看到某甲这种无计划地花钱情况，不止一次地对他说："你真是无能，外边钱那么多，下去搞点用用嘛！"并说："看看某某人多有钱花。"某乙已意识到，这样随意地对某甲劝说，可能会使某甲盗窃，但他对此不加过问。在某乙的劝说之下，某甲相继实施了几次盗窃行为，非法占有他人足以构成盗窃罪数额的钱款。这就是间接故意教唆犯罪。实际上某甲盗窃也好，不盗窃也好，对某乙来说，是无所谓的。

如果由于过失或者由于错误的言词引起他人的犯罪意念，不能成立教唆犯。例如，张某的母亲对张说，她在年轻时，如何遭其父亲的虐待，即经常对她打骂，有病不给治疗等。张某一天与父亲为琐事发生口角，而重伤其父。这不能认为张某的母亲是教唆儿子去伤害其父亲，从而构成教唆犯。因为张某的犯罪并不是他的母亲有意教唆的，他母亲并没有教唆其儿子重伤其父亲的故意。

教唆他人犯罪，只要求实施教唆使他人产生犯罪故意的教唆行为就足以成立，不要求教唆他用什么方法去实施犯罪。如果既教唆他人去实施犯罪，又传授其犯罪方面的技术，那就应当按照一个独立的犯罪即传授犯罪方法罪和教唆犯所犯的罪数罪并罚处罚。

2. 教唆犯的刑事责任

我国刑法第 26 条规定，教唆他人犯罪，应当按照他在共同犯罪中所起作用处罚。这就说明，对于教唆犯没有刑罚规定，应当根据实际情况，区别对待。

关于教唆犯认定罪名问题。正确认定罪名是正确处理教唆犯的重要问题。确定教唆犯罪名的根据是,教唆他人犯的是什么罪就认定教唆犯犯什么罪。如教唆他人实施盗窃,就认定教唆盗窃罪,教唆他人实施故意杀人,就认定教唆故意杀人罪。

教唆不满18岁的人犯罪,对教唆犯应从重处罚;教唆无刑事责任年龄的人(不满14龄的儿童)和无刑事责任能力的人(精神病患者)犯罪,不能成立教唆犯。因为不满14岁的儿童和精神病患者是无责任能力的人,缺乏辨别是非的能力,不能控制自己的行为。教唆这些人犯罪,实际上是把他们当成犯罪"工具"去实施犯罪。

关于被教唆的人没有犯被教唆的罪的刑事责任问题,对教唆犯应按犯罪既遂处罚。因为他故意教唆他人的行为已经引起了被教唆人实施了犯罪,造成了社会危害性,所以应按既遂犯罪处罚。但考虑到教唆人所犯的罪行毕竟不是教唆人教唆的罪,故在对教唆犯处罚时可以从轻或者减轻处罚。被教唆人没有犯被他教唆的罪,有以下几种情况:(1)被教唆人拒绝教唆犯的教唆;(2)被教唆人虽然接受了教唆,但未实施犯罪行为;(3)被教唆人接受了教唆,但实际上他犯的不是教唆犯所教唆的罪;(4)教唆犯对被教唆人进行教唆时,被教唆人已有实施该种犯罪的故意,即被教唆实施的犯罪不是教唆犯教唆的行为引起的。上述几种情况,并未造成危害结果或虽然造成了危害结果,但与教唆犯的教唆行为没有因果关系,所以我国刑法规定,可以从轻或者减轻处罚。

刑罚基础理论研究 *

一、刑罚概述

（一）刑罚的概念

刑罚是统治阶级以国家名义，对犯罪人实行惩罚的一种强制方法。这一概念,不论是社会主义社会制度还是剥削阶级社会制度,都是适用的。

从这一概念我们可以看出,首先刑罚具有鲜明的阶级性,它始终是统治阶级手中掌握的重要的统治工具。统治者利用这种工具,统治被压迫阶级,以维护其阶级利益和统治秩序。其次,我们知道,刑法是研究犯罪和刑罚的,这就是说,刑罚与犯罪是密切相连而不可分离的,有犯罪必然有刑罚。犯罪是适用刑罚的基础,刑罚是犯罪的结果。没有犯罪,刑罚就无从谈起,如果不运用刑罚手段与犯罪行为作斗争,也就失去了刑罚存在的意义。因此,世界上任何国家,不论其社会制度如何,只要在刑法中规定有犯罪,随之而来的就是刑罚。所以我国刑法第 2 条在它的任务中规定“用刑罚同一切反革命和其他刑事犯罪行为作斗争”就是这个意思。对犯罪处以刑罚,是国家行使权力的重要职能。马克思指出:“刑罚不外是社会对付违反它的生存条件(不管是什么样的条件)的行为的一种自卫手段。”(正因为刑罚在阶

---

*本文摘自作者编写的《刑法教程》(刑罚部分),南京大学出版社,1987 年出版。

级专政中有如此重要的地位,所以一切统治阶级,从建立自己的政权之日起,就建立起适应于自己需要的刑罚。不过,社会制度不同,刑罚的目的、刑罚的锋芒所向、刑罚的种类和适用的方法也不相同。

在奴隶社会里,奴隶主掌握一切权利,而奴隶根本不被当人看待,他像牲畜一样仅仅是奴隶主的财产。奴隶主可以随意将其出售,甚至杀死奴隶的行为也被认为是"合法"的。法律准许奴隶主杀死奴隶,即使奴隶主犯了罪,也享有特殊待遇。所谓"命夫命妇,不躬坐狱讼"就是他们的特殊待遇。也就是说,大夫及其贵族夫人犯了罪,可以不亲自出庭受审。这是奴隶社会的刑罚特点:公开的阶级不平等。

奴隶社会刑罚的另一特点是特别野蛮、残酷。史书记载我国从夏商就出现监狱。其刑罚种类规定有五刑:墨(在面上刺字)、劓(割鼻子)、非(断足)、宫(男子去势,女子幽闭宫中)、大辟(处死)。这五种刑罚都是摧残人身的肉刑,给犯人造成极大的痛苦。封建社会的刑罚,仍然是公开的阶级不平等。《唐律》明文规定,奴婢谋杀自己的主人者,不论首从即斩;而奴婢有罪,其主人不报请官府而将奴婢杀死者,杖一百;奴婢无罪而将其杀死者,徒一年。封建社会法国刑法规定,当法庭的判决对农民为剥夺生命或残废刑时,对贵族则只是损害其名誉。在英国,僧侣及一切特权阶级的人,一律被免处死刑,只有在犯了特别危险的叛逆罪的时候,才有被处死的可能。

封建社会的刑罚同样是残酷的。汉文帝以前基本上是沿用奴隶社会的五刑。公元前167年汉文帝看到基于小农经济的私有制,需要身体完整的劳动者从事生产劳动,残害身体的肉刑阻碍生产力的发展这一社会现象,于是下令废除黥(墨)、劓、刖(荆)三种刑罚,从这以后,一些朝代虽有反复,而五刑制度一直持续到清朝。

资本主义刑罚,同奴隶社会、封建社会刑罚相比,发生了明显的变化。宪法明文规定在法律面前人人平等,废除了中世纪野蛮、残酷的刑罚方法。多数国家刑法中虽然规定有死刑,但适用死刑的犯罪却大大减少,徒刑成为广泛适用的刑罚方法。这说明,资本主义国家的刑罚制度,比奴隶社会和封建主义社会的刑罚制度具有重大的历史进步。但是,资本主义国家的刑罚,在以生产资料私有制为基础的剥削制度下,仍然是资产阶级专政的工具。资产阶级在法律面前人人平等的规定,对其统治阶级来说是货真价实的,而对其被压迫阶级即工人阶级则表现出了它的虚伪性和欺骗性。资产阶级统治者清楚地理解,遵循在法律面前人人平等的规定,对本阶级是有利的。

我国是社会主义国家,国家的本质决定着刑罚的本质。我国刑罚与一切剥削阶级国家刑罚有着本质的不同。

第一,我国刑罚是人民民主专政的工具,它的制定与执行反映了人民的意志,代表了人民的意志。刑罚的任务是惩办一切反革命和其他刑事犯罪分子,保卫国家和人民的利益,保障社会主义经济建设的顺利发展,维护良好的社会秩序。而一切剥削阶级的刑罚,是剥削阶级专政的工具,它的锋芒是指向无产阶级和广大劳动人民,保卫少数剥削阶级的既得利益和阶级统治。

第二,我国刑罚通过对反革命和其他刑事犯罪分子的惩罚,为新的生产关系的建立和生产力的解放扫清障碍,促进社会主义经济建设的发展,为高度的社会主义民主和高度的精神文明建设服务。这说明,我国的刑罚对社会的发展起着促进的、进步的作用;而一切剥削阶级刑罚,都是为剥削阶级服务的,起着阻碍社会发展的反动作用。

第三,在我国通过刑罚同犯罪作斗争,以保护国家和人民利益是完全必要的。但是,通过刑罚来惩罚犯罪,不是基于报复和惩罚主义,而是从无产阶级改造社会、改造人类的历史使命出发,将惩罚与改造结合起来,将罪犯改造成为自食其力的新人。我国刑罚惩罚犯罪,以达到预防犯罪,但预防犯罪不是最终目的,而是手段,且不是主要手段。最终目的是消灭犯罪。消灭犯罪的方法，是消灭产生犯罪根源的剥削制度，加速物质文明和精神文明的建设，加强法制教育等，从预防犯罪到最终消灭犯罪。一切剥削阶级国家的刑罚，都是把刑罚作为同犯罪作斗争的手段，对罪犯实行报复主义和惩办主义，表现其刑罚的残酷性和反动性。特别是奴隶制和封建制刑罚在残酷性方面表现得更为突出，给犯人以难以忍受的身体摧残和精神折磨。"四人帮"继承了封建和法西斯衣钵，对广大干部、教师和群众进行残酷的身体摧残和精神折磨。

综上所述，刑罚是阶级专政的重要工具，掌握政权的统治阶级，利用刑罚手段同危害自己阶级利益的敌对势力作斗争，保卫和巩固自己的统治地位。我国刑罚是人民民主专政的重要工具，是打击敌人，惩办犯罪，保护人民的有力武器。一切剥削阶级的刑罚，都是反人民的、反动的刑罚，它起着保卫剥削阶级国家的经济基础和上层建筑，打击革命势力的作用。

我国刑罚是惩罚犯罪的强制方法。在我们国家，除了刑罚的强制方法外，还有其他强制方法来调整社会关系。例如，行政性的强制方法、纪律性的强制方法、民事性的强制方法以及刑事诉讼中的强制措施。刑罚方面的强制方法与上述几种强制方法比较起来，具有以下特征：

1. 刑罚是最为严厉的强制方法。从我国刑法规定的刑罚种类来看，它是最严厉的强制方法。它不仅可以剥夺犯罪分子的财产权利（如罚金、没收财产）、政治权利，而且可以限制犯罪分子人身自由（如判处管制）、剥夺犯罪分子的人身自由（如判处拘役、有期徒刑、无期徒刑），甚至可以剥夺犯罪分子的生命（如判处死刑）。而其他强制方法，都没有像刑罚这样严厉。例如，行政处罚，最严重的只是拘留；行政处分，最严重的是开除；民事处罚，是责令赔偿；刑事诉讼的强制措施,最严重的是逮捕。所有这些强制方法,都不及刑罚强制方法严厉。

2. 刑罚只能对犯罪分子适用。刑罚是惩罚犯罪的强制方法,没有构成犯罪的人,不能适用刑罚。对违反纪律的人,只能给予纪律处分,不能处以刑罚。至于拘留、逮捕等措施,只是刑事诉讼中的强制措施,而不是刑罚。

3. 刑罚只能由人民法院依法适用。我国宪法第 123 条规定:"中华人民共和国人民法院是国家的审判机关。"根据这一规定,除人民法院外,任何机关、团体或者个人都不能适用刑罚。人民法院在适用刑罚时,应依照刑事诉讼法的规定,并根据刑法明文规定的刑罚种类来适用,刑罚种类中没有规定的期限,不能适用。而其他强制方法,只能根据有关法律或法规的规定适用。

(二)刑罚的目的

刑罚的目的,是指对犯罪人适用刑罚所希望达到的结果,也就是说,人民法院对犯罪分子适用刑罚是为了什么,追求的是什么,为什么对他要处以刑罚,达到什么结果。如上所述,刑罚是统治阶级以国家名义对犯罪分子惩罚的强制方法, 它表现在对犯罪分子利益的剥夺,对其行为的否定评价。刑罚的本身属性是对被刑罚的人必然造成痛苦。给被处以刑罚的人造成痛苦,是为了使刑罚威慑犯罪分子,并警戒社会上不稳定的分子。但给犯罪人造成痛苦不是刑罚的目的,刑罚不是为了给犯罪人造成痛苦。应该说任何人都是不愿意遭受痛苦的,但这种痛苦是刑罚本身的内容,只要犯罪人被处以刑罚,痛苦就随之产生,任何人也没有办法防止刑罚这种本能。

我国刑罚的根本目的是预防犯罪,包括特殊预防和一般预防。而刑罚以及在刑罚过程中的教育是达到这种目的的手段。

1. 特殊预防

特殊预防就是预防犯罪分子本人重新犯罪。就是说, 给他定了

罪,判了刑,预防他今后不再实施犯罪行为。特殊预防包括以下两个方面的内容:

(1)改造犯罪分子成为改恶从善、自食其力的新人。人民法院对犯罪分子适用刑罚。除了罪大恶极,必须判处死刑、立即执行的极少数犯罪分子以外,对绝大多数的犯罪分子来说,都要把他们改造成为新人,即化消极因素为积极因素,将他们改造成为具有社会主义精神文明的劳动者。这样,我们就可以把这一批阻碍和破坏社会生产力发展的消极因素,改变为有利于生产发展的积极因素。同时,为了使他们在刑满释放后,能够自食其力,不致成为新社会的蛀虫,就要通过必要的劳动,使他们树立劳动观点,养成劳动习惯,学会生产技术,为出狱后就业创造条件。

对犯罪分子适用刑罚时. 必须贯彻执行惩办与教育相结合的政策。我国刑罚第1条对这一政策已作了明确规定。这一政策是我国刑法的一项指导思想,同时也是对犯罪分子改造的一项重要政策。我国劳动改造条例第4条规定:"劳动改造机关对于一切反革命犯和其他刑事犯,所施行的劳动改造,应当贯彻惩办管制与思想改造相结合,劳动生产与教育相结合的方针。"为了更好地实现我国刑罚这一目的,在对犯罪分子适用刑罚时,必须贯彻惩办与教育相结合的政策。惩办与教育相结合,是我们同犯罪分子作斗争的基本政策,也是我们对犯罪分子施行劳动改造必须遵守的方针。

刑罚是一种严厉惩罚的方法,是对有罪人的惩罚。我国是社会主义国家,在对犯罪分子惩罚的同时必须与教育结合起来。在劳动改造过程中,要注意对犯罪分子进行政治思想教育,使他们认罪服法,树立精神文明观念,提高重新做人的觉悟,逐步清除犯罪思想,以达到特殊预防的目的。相反地,如果只注意惩罚,不注意教育,表面驯服,内心没有清除犯罪的祸根,当其刑满释放后,仍会重新走向犯罪,这样就没有达到刑罚的目的。因此,强调惩办与教育相结合的政策,实践证明,是有重要作用的。

服过刑的人,经过劳动改造,有两种肯定的结果。第一种是由于他们亲身尝到了服刑的滋味,害怕再服刑,因而不敢再以身试法,再陷囹圄,这就达到特殊预防的目的。第二种比第一种有进一步的觉悟,这一种服过刑的人,认识到自己以前的行为是危害社会的行为,认识到对不起国家、对不起人民、对不起自己的亲人,因而有脱胎换骨、重新做人的决心。这种情况可以说明,刑罚的特殊预防目的基本达到了。这种人比前一种人认识更高,他不是害怕刑罚、害怕服刑,而是他对自己以前的行为非常痛恨、非常懊悔,内心受到谴责。因此,他觉得非下决心,痛改前非不可。

(2)淘汰犯罪分子,使之不再危害社会。在犯罪分子中,有极少数是属于罪大恶极、不杀不足以平民愤的犯罪分子。为了使其不致再危害社会,根据刑法规定,必须对其判处死刑,立即执行,将其从肉体上消灭,加以淘汰。这也是我国刑罚的一种特殊预防,这种特殊预防是最有效的预防。但是这种预防,必须执行少杀政策。

2. 一般预防

一般预防就是指通过对犯罪分子适用刑罚,警戒那些社会上不稳定的分子走向犯罪道路。一般预防包含两方面的内容:

(1)警告、震慑社会上不稳分子,使他们不致以身试法。所谓社会上不稳分子,是指那些企图走向危害社会、走向犯罪歧途的人。这种不稳分子,是社会上一小部分深受剥削思想侵蚀的人。这种人之所以还没有实施犯罪,是因为认识到我国刑罚的威力,他们怕受刑罚惩罚。事实证明,对犯罪分子适用刑罚,震慑了那部分企图走向犯罪道路的人,使他们不敢轻举妄动,铤而走险。当然,防止这些不稳分子,主要不是靠刑罚的警戒作用,而是靠综合治理,靠社会的物质文明和精神文明的建设。但是刑罚的警戒、震慑作用，绝不在于刑罚的残酷，而在于刑罚的不可避免。列宁说："刑罚的预防意义，绝不是决定于它的残酷性，而是决定于它的不可避免性。最重要的不是对犯罪分子处以重刑，而是使任何犯罪分子都不能逃避过去。"①因此，那种采取酷刑预防的威吓的刑罚观点，是同我国刑罚的一般预防根本不同的。

（2）教育和鼓励广大人民群众积极地同犯罪分子作斗争，防止不稳分子实施犯罪。我国的刑法是广大人民的意志的体现，法律是保护人民利益的。人民群众遵守法律是自觉的表现，而不是刑罚的警戒和威慑作用的结果。人们认识到，犯罪是违背国家和人民意志的行为，也是违背自己的意志的。通过对犯罪分子适用刑罚，使人民群众擦亮眼睛，提高警惕，鼓舞斗志，增强信心，积极地同犯罪分子作斗争。犯罪分子总是生活在人民群众中，群众看到对犯罪分子适用刑罚，并经过普法教育，法律意识提高了，就会撑起预防不稳分子的天罗地网，当犯罪分子敢于违法犯罪时，很快就会被群众检举出来。所以，通过对犯罪分子适用刑罚，教育和鼓励广大人民群众同犯罪分子作斗争，对防止不稳分子犯罪具有极为重要的作用。

刑罚的特殊预防与一般预防不是彼此孤立的，而是互相联系的。人民法院对任何一个犯罪分子适用刑罚，都有特殊预防和一般预防两方面的目的。也就是说，对犯罪分子适用刑罚，不仅预防犯罪分子本人重新犯罪，即起到特殊预防作用，而且同时也警戒了社会上的不稳分子，使他们悬崖勒马；教育和鼓舞广大人民群众积极同犯罪作斗争，防止不稳分子犯罪，这就起到一般预防作用。所以对犯罪分子适用刑罚时，既要考虑特殊预防的需要，同时也要考虑一般预防的需要，忽视任何一个方面，都不利于我国刑罚的目的实现。只考虑刑罚

---

①《列宁全集》第 4 卷，第 373 页。

的一般预防,而忽视刑罚的特殊预防,过重刑罚,追求"罚一儆百"的威吓作用,就不利于对犯罪分子的改造。相反地,只考虑到刑罚的特殊预防,而忽视了一般预防,不顾当时的社会形势,过轻判刑,就不利于警戒社会上的不稳分子, 也不利于鼓励人民群众同犯罪行为作斗争。因此在对犯罪分子适用刑罚时,特殊预防和一般预防任何一方面都不能忽视。

随着形势的变化发展,随着某种犯罪的增加或减少,在量刑时是可以对一般预防和特殊预防某一方面进行调整的。在形势好转,治安稳定、犯罪减少的形势下,量刑时可以较多地考虑特殊预防;在犯罪猖獗、治安不好的形势下,量刑时需要更多地考虑一般预防。这种因时因地制宜的侧重,会更好地达到刑罚的预防目的。

3. 资产阶级关于刑罚的理论

刑罚是国家对犯罪分子科刑的权力,任何国家对犯有罪行的人都有权科以刑罚,不管犯罪人是否愿意,都必须强制执行。国家为什么有权对犯罪人科以刑罚,资产阶级刑法学者提过各种各样的理论。

(1)绝对正义与神说。认为刑罚权是神授予的,是绝对正义的表现。在他们看来,国家的秩序是神意的发现,侵犯了国家的秩序,就是冒渎神意,神就委托其在世俗世界代表——国家,由国家对侵害者进行惩处,以便使绝对正义得到体现。如圣保罗说:"我们再也不用去思索刑罚权的渊源,这无非是神的代理人根据保障社会的必要,以处罚作恶者的一种权力。"这种说法是非常荒谬的。如果这种说法可以成立的话,国家可以假借神的意志,任意剥夺人们的权利自由。

(2)社会契约说。此说由古希腊哲学家伊壁鸠鲁提出,17—18世纪为欧洲自然学派广泛传播,荷兰的格劳秀斯、美国的洛克、法国的卢梭、意大利的贝克里亚都是此说的主张者。他们认为,人在自然状态中是自由平等的,各人都有其自身的权利,以后才依互相缔结的社会契约,让渡一部分权利给国家,各人则保障各人所保留的权利。如果有违反契约,侵害他人权利、危害社会时,国家有权予以刑罚处罚。社会契约说在反封建专制斗争中曾起过积极作用,但它不符合客观的历史事实。这一学说为现代一般资产阶级学者所公认。历史证明,国家不是人们互相缔结的社会契约而产生的,而是阶级斗争不可调和的产物,因而社会契约说不能说明刑罚的根据。

(3)功利说。英国资产阶级功利主义的主要代表边沁是这一主张的倡导者。他认为,行为不能用一套不合理的绝对标准来衡量,而要用被假定的可验证的原理来衡量,这就是最大多数人的最大幸福,或者称之为"最大幸福"。他认为,求幸福是一切立法的目的。人在自然界中就是服膺于痛苦和求幸福两大势力之间,他假若不走幸福的路,那当然逃不脱痛苦的途径。刑罚就是痛苦,刑罚当然不外以此为目的来保障幸福。边沁的功利说,虽然企图用社会的现实利益来论证刑罚权的根据,但未能给以科学的说明。他只能抽象地用个人幸福和痛苦来阐明刑罚的产生,而丝毫没有涉及刑罚是阶级统治需要的产物。

(三)刑罚体系和种类

1. 我国刑罚体系

刑罚体系,是指我国刑罚所规定的依照一定次序排列的各种刑罚方法的总和。任何一个国家的刑罚体系的建立,都不是偶然的,也不是凭人们的想象所能提出的。

1979 年 7 月,我国颁布的《中华人民共和国刑法》中的刑罚体系是总结我国民主革命时期和新中国成立后立法、司法实践经验的基础上,确立的科学刑罚体系,并第一次把主刑、附加刑分开。

主刑有:①管制;②拘役;③有期徒刑;④无期徒刑;⑤死刑。

附加刑有:①罚金;②剥夺政治权利;③没收财产。

刑法还规定对犯罪的外国人可以单独或者附加适用驱逐出境。

我国刑法的每一刑种都有其特定的内容和作用。主刑由轻到重排列,附加刑与主刑严格分开,形成了科学的、严谨的、独特的刑罚体系。

一个国家的刑罚体系是由其国家的性质和历史经验、国家发展的不同时期的形势决定的。我国的刑罚体系反映了以工人阶级为领导、以工农联盟为基础的人民民主专政的社会主义国家性质。其主要特点:

首先,体现了惩办与宽大相结合、惩罚与改造相结合的刑事政策。例如,我国刑种中的拘役、有期徒刑(指三年以下)规定的缓刑制度;死刑规定的死刑缓期二年执行制度;在劳改过程中有悔改或立功表现规定的减刑、假释制度等,都体现了有宽有严、宽严相济的惩办与宽大、惩罚与改造相结合的刑事政策。

其次,体系科学,结构严谨。我国是个大国,人口众多,犯罪现象复杂,为适应同社会上各种犯罪分子作斗争的需要,刑罚中既规定有主刑,也规定有附加刑;既规定有轻刑,也规定有重刑;既规定有实刑,也规定有缓刑。各类刑罚方法既有区别,又互相衔接;量刑幅度既有长有短,又有重到轻、有轻到重。充分体现了我国刑罚的体系科学、结构严谨这一特点。

再次,体现了社会主义人道主义和精神文明的精神,历代剥削阶级刑罚,残酷的肉刑和丑辱刑给人民留下深恶痛绝的影响。"四人帮"步封建和法西斯后尘,有过之而无不及地使用各种惨无人道的残酷刑罚,摧残、折磨广大干部群众,至今记忆犹新。我国是社会主义国家,国家的性质决定刑罚的性质。我国不仅在社会主义各项建设中要贯彻精神文明,在对犯罪人适用刑罚上也还要体现出社会主义的精神文明精神。我国刑罚彻底反对肉体刑和丑辱刑,同时刑事法规中具体规定了保外就医,未成年人犯罪应当从轻、减轻处罚;妇女怀孕免予死刑裁决,等等。这都体现了我国刑罚中的社会主义人道主义原则和精神文明精神。

2. 主刑

主刑,也叫基本刑罚,是对犯罪人适用的主要刑罚。主刑只能独立适用,不能附加适用。对一种犯罪只能判处一种主刑。

(1)管制。管制是指对犯罪分子不予关押,限制一定人身自由,由公安机关管理和群众监督改造的一种刑罚。

管制这种刑罚,在我国有一个产生、发展和变化的过程。全国解放初期,管制还不是刑罚,适用于不需判刑的反革命分子和地主、富农分子。1952年"三反"运动中,对某些轻微的贪污分子适用管制。1952年4月21日颁布的《中华人民共和国惩治贪污条例》,把管制规定为刑种,但管制执行权不统一,有"机关管制"、公安机关执行等。1956年2月16日,全国人民代表大会常务委员会决定,管制"一律由人民法院判决,交公安机关执行"。这一规定解决了判处管制出自不同机关的问题。

管制的特点:

①对犯罪分子不予关押。对判处管制的犯罪分子不实行关押,不脱离自己的家庭,在原单位或居住地执行,在劳动或工作中进行改造。除了必须遵守法定的限制以外,其人身仍然是自由的。

②在公安机关的管束和群众监督下,参加劳动或工作,实行专门机关与群众相结合的改造方法。

管制适用于罪行轻微的反革命分子和其他刑事犯罪分子。被判处管制的犯罪分子,在执行期间,必须遵守下列规定:(i)遵守法律、法令,服从群众监督,积极参加集体生产劳动;(ii)向执行机关定期报告自己的活动情况;(iii)迁居和外出必须报经执行机关批准。

对于被判处管制的犯罪分子,在劳动中应当同工同酬。

刑法颁布以前被判处管制的犯罪分子都当然地剥夺政治权利。现行刑法规定的管制一般不剥夺政治权利,只有反革命犯罪,必须附加剥夺政治权利。如果附加剥夺政治权利的,其剥夺政治权利的刑期与管制的刑期相同,同时执行。

管制的期限为三个月以上二年以下。管制期满,执行机关向本人和有关的群众宣布解除管制。管制的刑期从判决执行之日起计算;判决以前先行羁押的,羁押一日折抵刑期二日。

(2)拘役。拘役是短期剥夺犯罪分子的人身自由,由公安机关就近执行改造的刑罚。在剥夺自由的刑罚中,拘役是最轻的一种。在犯罪中,有部分是轻罪,如果判处有期徒刑过重,管制又嫌轻时,拘役就是适当的刑罚。这是长期与犯罪作斗争的实践经验,证明拘役刑种是不可缺少的一种刑罚。《清律》有拘役刑种的规定。古为今用的借鉴是正常的。

拘役期限为十五日以上六个月以下。被判处拘役的犯罪分子,由公安机关就近执行。拘役的刑期从判决执行之日起计算;判决以前先行羁押的,羁押一日折抵刑期一日。

拘役与有期徒刑的区别:

①适用对象不同。有期徒刑是比较重的刑罚,适用于比较重的犯罪分子;拘役是剥夺自由的最轻刑罚,适用比较轻的犯罪分子。

②执行场所不同。被判处有期徒刑的犯罪分子,一般要押解到监狱或劳改场所执行,凡有劳动能力的,都要实行劳动改造;被判处拘役的犯罪分子,由公安机关就近执行,如放在拘留所或看守所执行。

③执行期间待遇不同。被判处拘役的犯罪分子,每月可以回家一至两天,参加劳动的,可以酌情发给适当的报酬;被判处有期徒刑的犯罪分子每月只有少量的零用钱,没有上述待遇。

④后果不同。被判处拘役的犯罪分子,不是累犯的条件;被判处

有期徒刑的犯罪分子,哪怕是刑期为六个月,就构成累犯的条件。

(3)有期徒刑。有期徒刑是在一定期限内剥夺犯罪分子人身自由,实行强迫劳动改造的刑罚。有期徒刑的期限为六个月以上十五年以下。这就是说,判处有期徒刑,是在这个法定刑罚幅度内,从六个月到十五年都可以。对这一幅度的理解,不是从六个月、一年或一年六个月到二年这样的档次来递增,而是在这个幅度内,根据刑法分别对每一罪的规定和罪行轻重,可以判八个月、一年零三个月或二年零二个月等。

有期徒刑在我国刑罚中是适用面最广的刑种,由于它本身刑期长短、幅度高低悬殊很大,人民法院可以根据案件的具体情况,灵活运用。有期徒刑可以适用于各种犯罪,刑法分则条文中,凡具体规定刑罚的,都挂有有期徒刑这一刑种。

有期徒刑的期限为六个月以上十五年以下。有期徒刑从判决执行之日起计算;判决之前先行羁押的,羁押一日折抵刑期一日。"判决执行之日",是指人民法院签发执行书,犯罪分子被交付执行单位,到执行场所执行。那种在判决书上写"从判决之日起执行"、"从判决确定之日起执行"等都是不确切的。"判决之日"可以理解为一审判决,也可以理解为二审判决。"判决确定之日"是指由于已过法定期限没有上诉、抗诉的判决或终审判决,因而发生了法律效力。判决已经确定即发生了法律效力,但不等于说判决已经执行。这说明判决执行与判决确定是两个不同的概念,不能混为一谈。判决确定之日是缓刑考验期间执行之日,确定之日前先行羁押的不折抵考验期限。这一关系必须明确,否则会造成执行过程中的混乱。

(4)无期徒刑。无期徒刑是剥夺犯罪分子终身自由,实行强迫劳动改造的刑罚。这种刑罚主要用于罪行严重,但不需要判处死刑、而判有期徒刑又嫌轻的犯罪分子。

判处无期徒刑的犯罪分子在监狱或在劳改场所执行，并给予严格管制和严密警戒，必要时可以单独监禁。凡有劳动能力的都要实行劳动改造。

刑法分则规定无期徒刑的犯罪有 20 条。除第 98 条、第 99 条、第 102 条之外的各种反革命罪，以及故意杀人、故意伤害、放火、决水、爆炸、投毒、强奸、抢劫、惯窃、惯骗、贪污等罪都挂有无期徒刑。根据全国人民代表大会常务委员会的决定，对走私、投机倒把、贩毒、受贿、流氓、拐卖人口、组织反动会道门、利用封建迷信进行反革命活动、引诱容留强迫妇女卖淫、传授犯罪方法等罪，视其罪行和情节，也可以判处无期徒刑。此外，对于劳改逃跑又犯罪的劳改犯、劳教人员对检举人、被害人和有关司法工作人员以及制止他们违法犯罪的干部、群众行凶报复的，如果所犯罪行的法定刑包括有期徒刑最高刑，在加重处罚时，也可以判处无期徒刑。

我国的无期徒刑，并不是单纯地惩罚。被判处无期徒刑的犯罪分子，如果积极劳动，努力改造，确有悔罪或者立功表现的，在执行相当时期后，可以减刑或假释，还可以赦免。这就是说，被判处无期徒刑的犯罪分子，也并没有完全被剥夺改过自新、重新做人的机会。这是我国刑法惩办与宽大、惩罚与教育相结合的政策在刑罚中的具体体现。

(5)死刑。死刑是剥夺犯罪分子生命的刑罚，也是最严厉的一种刑罚。它只适用于罪大恶极、必须判处死刑的犯罪分子。

我国刑罚规定死刑，是由于现实的阶级斗争和现实犯罪的情况决定的。我国的剥削阶级已经被消灭，但阶级斗争在一定范围内还将存在，反革命分子和其他严重刑事犯罪分子还不断产生，对于这些极少数的反革命分子和其他严重刑事犯罪分子，如不判处死刑就不能震慑敌人、预防犯罪，就不能伸张正义、平息民愤，就不能维护治安、建设社会主义。为了保障人民民主专政和社会主义制度，维护公共财

产和公民的人身权利，我国刑罚保留死刑的规定是非常必要的。但是,我国刑罚对死刑的适用是严格控制的,其主要表现:

首先,对死刑的情节所作的严格控制。如对反革命死刑,必须是"对国家和人民危害特别严重、情节特别恶劣的"(第 103 条);其他严重刑事犯罪判处死刑的,必须是"致人重伤、死亡或者使公共财产遭受重大损失的"(第 106 条),"数额巨大……情节特别严重的"(第 115 条)等。

《关于严惩严重破坏经济的罪犯的决定》规定,虽然对走私、投机倒把、盗窃、贩毒和盗窃珍贵文物出口等罪也补充规定了死刑,但仍然以"情节特别严重"作为限制条件。《关于严惩严重危害社会治安的犯罪分子的决定》规定,对流氓、故意伤害、拐卖人口等罪,可以在法定最高刑以上处刑,直至判处死刑。也都以"情节特别严重"、"造成严重后果"等作为严格的限制条件。所有这些,都体现了少杀政策的精神。

其次, 对犯罪时不满 18 岁的人和审判时怀孕的妇女不适用死刑。这是因为不满 18 岁的人是未成年人,他们智力发育还不成熟、主观恶性较浅,比较容易改造;对怀孕的妇女也不适用死刑,是免予判处死刑;但对已满 16 岁不满 18 岁的人犯罪,如果罪行特别严重,可以判处"死缓"。

再次,对于应当判处死刑的犯罪分子,如果不是立即执行的,可以判处死刑缓期二年执行。这一制度,对严格控制死刑,贯彻少杀政策有着积极意义。

"死缓"不是一个独立的刑种,而是死刑执行的一项制度。经过二年的考验期限,在二年内,如果确有悔改或立功表现,减为无期徒刑,或减为十五年以上二十年以下有期徒刑;如果抗拒改造情节恶劣,查证属实,执行死刑。

最后,死刑要经过最高人民法院核准。高级人民法院、中级人民法院判决的死刑案,都必须报最高人民法院核准。根据《关于修改〈中华人民共和国法院组织法〉的决定》规定:"杀人、强奸、抢劫、爆炸以及其他危害公共安全和社会治安判处死刑的案件核准权,最高人民法院在必要的时候,得授权省、自治区、直辖市的高级人民法院行使。"反革命、贪污、受贿等罪犯判处死刑时,仍由最高人民法院核准。

3. 附加刑

附加刑又称从刑,是补充主刑适用的刑罚。在我国刑罚中,附加刑既可以作为主刑的附加适用,也可以独立适用。

(1)罚金。罚金是强制犯罪分子向国家缴纳一定数额金钱的刑罚。这种刑罚主要适用那些贪财贪利或有关财产的犯罪。例如,走私、投机倒把、伪造或倒卖计划供应票证、盗伐森林等。这些犯罪分子一般出于贪财动机,从金钱上予以处罚,既能起到对犯罪分子的惩罚和教育作用,又能剥夺其继续犯罪活动的资本。

罚金与罚款是不同的,罚金是人民法院对犯罪人所处的刑罚;罚款是公安机关、海关部门、工商管理部门给予违法者的行政处罚。

(2)剥夺政治权利。剥夺政治权利是剥夺犯罪分子参加国家管理和政治活动权利的刑罚。政治权利是公民基本权利的重要组成部分,对于一个公民来说, 这是一项重要的政治惩罚。刑罚中剥夺政治权利,就是防止罪犯利用这种权利来危害我国政权和社会主义制度。

剥夺政治权利的刑罚,主要适用于反革命分子,严重破坏社会秩序的犯罪分子,判处死刑、无期徒刑的犯罪分子。对于一般刑事犯罪,不宜适用。

剥夺政治权利的内容:①选举权和被选举权;②言论、出版、集会、结社、游行、示威的权利;③担任国家职务的权利;④担任企业、事业单位和人民团体领导职务的权利。

剥夺政治权利的期限，一般为一年以上五年以下。被判处死刑、无期徒刑的犯罪分子，应当剥夺政治权利终身。

剥夺政治权利的期限起算：判处管制附加剥夺政治权利的，其期限与管制的期限相等，同时执行，即与管制的期限同时起算。如果判决以前先行羁押的期限，与刑期折抵一样即一日折抵剥夺政治权利二日。

判处拘役附加剥夺政治权利的，从拘役执行完毕之日起计算。

判处有期徒刑附加剥夺政治权利的，从有期徒刑执行完毕之日或者假释之日起计算。

判处"死缓"、无期徒刑的犯罪分子而减为有期徒刑时，应当把剥夺政治权利的期限，减为三年或十年以下。

根据我国刑法第54条规定，剥夺政治权利的效力当然适用于主刑执行期间。也就是说，凡是被剥夺政治权利的犯罪分子，在主刑执行期间没有政治权利。另外也说明，凡是没有被剥夺政治权利的犯罪分子，在主刑执行期间应认为有政治权利。当然有些政治权利，由于被判刑的人处于被监禁状态，失去人身自由，应停止其行使。停止行使政治权利与被剥夺政治权利在性质上是不同的。

（3）没收财产。没收财产是将犯罪分子个人所有财产的一部分或全部强制无偿收归国家所有的刑罚。这说明没收财产的范围仅限于犯罪分子本人所有的财产，而不能株连其家属的财产。这种刑罚主要适用于反革命、走私、投机倒把、贪污、受贿、盗窃、诈骗、制造假药、伪造票证等犯罪分子。没收这些犯罪分子的财产，一方面是对其犯罪行为的惩罚，另一方面是从经济上剥夺其继续犯罪活动的物质力量。

根据我国刑法第55条规定："没收财产是没收犯罪分子个人所有财产的一部分或者全部。"犯罪分子个人所有的财产是指犯罪分子本人实际所有的财产及其共有财产的应得份额，其家属所有的财产不得没收。例如,犯罪分子的配偶,其配偶财产包括本人的衣物、劳动所得、结婚时的家具、夫妻关系存续期间共同所得的合法财产的一半等。这些财产不能没收。

没收财产时,可能发生犯罪分子所欠债务,而债权人请求偿还的问题。根据我国刑法第65条规定,查封以前犯罪分子所欠的债务,需要以没收财产偿还的,经债权人请求,查证属实是正当债务,由人民法院规定偿还。

根据我国刑法第60条规定,追缴或者责令犯罪分子退赔违法所得一切财产,以及没收违禁品和供犯罪分子使用的本人财物,与没收犯罪分子的财产是不同的。所谓犯罪分子违法所得的财物,一是指犯罪分子通过犯罪所得的非法财物。这些财物可以是钱款,也可以是物品。例如,贪污、受贿、投机倒把非法占有的财物,这部分财物是属于追缴或者责令退赔。这不是刑罚,是使公私财物恢复原状。所谓违禁品,是指法律禁止制造或禁止持有的物品。例如,武器、弹药、剧毒品、麻醉剂、淫书、淫画。所谓供犯罪分子使用的本人财物,是指供犯罪分子使用的工具或供犯罪分子活动的资本。例如,走私物品,伪造货币的纸张、印刷机器等。这些财物,具有证据作用,没收这些财物,是属于刑事诉讼法中的强制性措施,也不是刑罚。

4. 驱逐出境和非刑罚处理

(1)驱逐出境。驱逐出境,是强迫犯罪的外国人离开中国国(边)境的刑罚方法。这一刑罚只能对外国人适用,不能对犯罪的本国人使用,由于不具有普遍性,没有列入一般刑种之中。

驱逐出境可以独立适用,也可以附加适用。独立适用时,在判决确定后即可宣布执行。附加适用时,当主刑执行完毕后再执行驱逐出境。

(2)赔偿经济损失。赔偿经济损失是由于犯罪分子的犯罪行为而使被害人遭受物质损失,应予赔偿的处分。这一规定有两种情况,一是指的我国刑法第 31 条规定的犯罪行为造成被害人遭受的经济损失,对犯罪分子除依法给予刑事处分外,请求赔偿所遭受的物质损失。二是指我国刑法第 32 条规定的"赔偿损失"。这是由于犯罪分子罪行情节轻微不需判处刑罚,免予刑事处分,请求赔偿所遭受的物质损失,这都是属于刑事审判中的附带民事诉讼。

(3)训诫,责令具结悔过,赔礼道歉。犯罪分子罪行情节轻微,不需判处刑罚,免予刑事处分,人民法院予以训诫,或者责令其作出悔过表示,责令其向被害人赔礼道歉。这都是对行为人教育的方法。向被害人赔礼道歉,说明行为人已经认罪,搞好团结,保证不再发生损害他人的行为。

另外,由主管部门予以行政处分。这是人民法院向行为人单位提出的司法建议。说明被告人已构成犯罪,由于情节轻微,免予刑事处分,建议其工作单位给予行政处分。

二、量　刑

(一)量刑的概念和一般原则

量刑是指人民法院在查明犯罪人犯罪事实的基础上,依法对犯罪人判处刑罚的审判活动。量刑是人民法院审判活动中最主要的环节之一。人民法院在审判活动中,第一个环节是准确地认定犯罪,在准确认定犯罪基础上,第二个环节就是恰当地裁决刑罚,所以定罪和量刑是人民法院刑事审判活动中的两个最主要的环节。定罪由犯罪构成理论来解决,量刑应依照量刑的原则来解决。对某一具体犯罪,首先要确定其犯的什么罪,定性准确后,才能够正确量刑。也就是说,定罪是量刑的基础,定罪错误,就谈不上正确量刑。但是有时也往往出现这种情况,定罪准确,不一定量刑就正确。这说明,量刑这一环节,是一个非常重要的环节,必须引起审判机关的特别重视。在量刑方面,该重判就重判,该轻判就轻判,不能重罪轻判,也不能轻罪重判, 不论是畸重畸轻,都不能认为已经完成了刑法所要求的审判任务。只有正确量刑,才能发挥用刑罚同一切反革命和其他刑事犯罪作斗争的作用,即达到打击敌人,惩办犯罪,保护人民的作用,也才能实现我国刑罚的目的。

量刑是一种非常复杂而又细致的工作,要做到正确量刑,在量刑上不会发生大的、原则性的问题,必须遵守法律规定的原则。这个原则就是我国刑法第 57 条的规定:"对于犯罪分子决定刑罚的时候,应当根据犯罪事实,犯罪的性质、情节和对于社会的危害程度,依照本法有关规定判处。"这是总结我国三十多年来司法实践经验而规定的量刑原则。

1. 犯罪事实

有无犯罪事实是区分罪与非罪的界限。有了犯罪事实,才是定罪量刑的依据;也只有查清犯罪事实,才能正确量刑。如果查不清犯罪事实,势必造成冤假错案,因而查清犯罪事实,是正确定案的关键。

所谓犯罪事实,是指运用犯罪构成理论分析全部案情的综合。也就是说,凡是具备犯罪构成要件的诸因素,才是所依据的犯罪事实;如果不具备犯罪构成要件的诸因素, 虽然客观上造成了社会危害的结果,但也不是犯罪的事实。例如,一个赶马车的农民,赶着马车正在公路上行走,转弯处忽听到一辆载重汽车的汽笛声,马惊带车逃跑,撞死正在顺路行走的一位老年妇女,造成了社会危害结果。在这里,赶马车的农民和开汽车的司机都不具备犯罪构成要件的诸因素,因而不能作为犯罪事实。

犯罪事实包括的内容,如上所述,主要是指犯罪构成的诸要件所要求的事实, 即危害社会行为所造成的危害结果以及行为与结果之间的因果关系,行为人主观上的故意或过失,主体方面的责任年龄和责任能力。除了犯罪构成要件所要的事实之外,还有一些事实也属于犯罪事实,如犯罪人犯罪时所使用的犯罪工具,犯罪后如何湮灭罪迹、逃避侦查等。这些事实也要弄清楚。但是这些事实虽然对构成犯罪方面没有构成犯罪事实的作用大,但对量刑则有一定的影响。例如,有的犯罪分子故意杀人,朝被害人打了一枪,造成了被害人死亡的结果,即扬长而去;有的犯罪分子,把被害人杀死后,还将尸体肢解八大块,其手段残忍,令人目不忍睹。上述两种情况,量刑时就可能有所不同。因此,我国刑法第 132 条规定的故意杀人罪,第一个量刑幅度是死刑、十年以上有期徒刑,第二个量刑幅度是三年以上十年以下有期徒刑,就是根据故意杀人罪的犯罪分子实施犯罪时所具有的犯罪事实而规定的。

犯罪构成要求的事实和犯罪事实二者既有联系,又有区别。犯罪构成要求的事实,一定属于犯罪事实,而犯罪事实就不一定是犯罪构成所要求的事实。这说明,犯罪事实的含义要比犯罪构成所要求的事实含义广泛得多。

2. 犯罪性质

犯罪性质是指犯罪人犯什么罪。也就是说,犯罪性质是区分此罪与彼罪的问题。那么,犯罪性质是什么决定的呢? 决定犯罪性质的是犯罪所侵害的客体、所实施的行为、犯罪的主体和犯罪的主观方面以及某种犯罪所特有的要件。在犯罪客体上,犯罪人盗窃仓库里存放的枕木与盗窃铁路上正在使用的枕木,虽然犯罪所侵害的对象相同,但由于所侵犯的客体不同就构成了不同性质的两种犯罪。盗窃仓库里存放的枕木侵犯的客体是公共财物所有权,触犯了我国刑法第 151 条或第 152 条规定的盗窃罪,盗窃铁路上正在使用的枕木,侵犯的客体是交通设备的安全,触犯了我国刑法第 108 条或第 110 条规定的破坏交通设备罪。再如以反革命为目的的杀人和剥夺他人生命为目的故意杀人，由于侵犯的客体不同，所构成的犯罪也不相同。以反革命为目的的杀人，触犯了我国刑法第 101 条规定的反革命杀人罪，以剥夺他人生命为目的的故意杀人，触犯了我国刑法第 132 条规定的故意杀人罪。从犯罪行为上来看，由于犯罪人犯罪时所实施的行为不同，就构成了不同性质的犯罪。例如，侵犯财产罪，犯罪客体、犯罪主体、犯罪主观方面都相同，唯有犯罪人所实施的犯罪行为不相同，而构成了不同性质的犯罪。例如，盗窃罪所实施的行为是秘密窃取；抢夺罪所实施的行为是乘人不备，夺取就跑；诈骗罪，以欺骗方法，骗取他人财物；敲诈勒索罪，以恐吓方法，索取他人财物等等。从犯罪主体来看，尽管犯罪人所侵犯的客体、所实施的行为、犯罪主观方面都相同，唯有犯罪人的身份和所处的条件不同，而构成了不同性质的犯罪。例如，某单位出纳员（国家工作人员）利用职务的便利条件，窃取自己保管的公共钱款，其行为触犯了我国刑法第 155 条规定的贪污罪；该单位某科长窃取这位出纳员保管的钱款，其行为触犯了我国刑法第 151 条或第 152 条规定的盗窃罪。从犯罪主观方面看，尽管犯罪人侵犯的客体、所实施的行为、犯罪主体都相同，由于主观罪过不同，而构成不同性质的犯罪。例如，某甲偷开他人的一辆小汽车外出游玩，由于疏忽大意撞死一个小男孩，其行为触犯了我国刑法第 113 条第 2 款规定的交通肇事罪；电影《法庭内外》的夏欢偷开小汽车即以汽车作为杀人工具撞死舞蹈演员的行为，触犯了我国刑法第 132 条规定的故意杀人罪。这说明，犯罪的性质是由于犯罪构成的四个基本要件决定的。除此之外，有的犯罪，除上述四个基本要件外，尚有其特有要件，如赌博罪，必须具有以营利为目的要件来决定；盗窃罪必须达到数额较大的要件来决定，流氓罪必须具备情节恶劣的要件来决定。也就是说，这类犯罪，不具备这些特有的要件，也不构成这种犯罪。例如,盗窃罪,一个20岁的男青年某甲,盗窃一农民50元钱。这一案件,从客观上,某甲侵犯了农民合法的私人所有权;从客观方面看,他实施了秘密窃取的危害行为;从主体上看,他已达到责任年龄,并具有责任能力;从主观方面看,他实施盗窃是故意,其目的是将他人的财物非法据为己有。但是由于没有达到"数额较大"这一盗窃罪的特有要件,故不构成犯罪。

分清犯罪性质是非常重要的。定性不准,就很难说量刑会适当。因此,司法机关在对犯罪人裁量刑罚时,必须慎重地、具体地分析犯罪性质,只有这样,才能正确地适用刑罚。

3. 犯罪的情节

犯罪情节,是指人民法院对犯罪分子定罪时,作为处刑轻重或者免除刑罚根据的各种情况。也就是说,犯罪分子在犯罪过程中和犯罪环境里出现的某些足以影响社会危害性的大小、情况和环节。正是由于这种情况和环节影响着社会危害性大小,所以才把它作为量刑轻重或者免予刑罚处罚的根据。

我国刑法第58条规定从重处罚、从轻处罚的原则;第59条规定减轻处罚的原则;第32条规定了免除刑罚(总则其他条文也有这种规定),都是适应各种犯罪的复杂情况,对各种类型的犯罪规定的刑罚。

量刑情节可分为法定情节和酌定情节两种。

(1)法定情节。法定情节是刑法条文明文规定的情节。它包括总则规定的对各种犯罪共同适用的情节, 分则规定的对特定犯罪适用的情节。

①从重。从重是指在法定刑范围内适用较重的刑种或量刑幅度内适用较长的刑期。例如,刑法第151条对盗窃罪处罚的较重刑种是有期徒刑;较长的刑期是有期徒刑五年、四年、三年。从重必须有从重

的情节,没有从重的情节,是不能随意从重的。但是,并不是说凡是具有从重的情节或者从轻的情节,就要在法定刑范围内处刑较重或者处刑较轻,而是因为对犯罪人判处刑罚时,还应当根据犯罪的事实、犯罪的性质和对于社会危害的程度,综合地加以研究决定,绝不是只限于其中的一个情节。

属于法定从重情节的总则有三种:共同犯罪的主犯;教唆不满18岁人的教唆犯;累犯。分则有七种:国家工作人员利用职务上的便利,犯走私、投机倒把罪的;国家工作人员犯对人犯实行刑讯逼供罪的;国家工作人员犯诬陷罪的;犯奸淫幼女罪的;二人以上犯强奸罪而共同轮奸的;犯非法拘禁他人罪,或者以其他方法剥夺他人人身自由,且有殴打、侮辱情节的;邮电工作人员犯私自开拆或者隐匿、毁弃邮件、电报而窃取财物的贪污罪的。

除此之外,全国人大常委会《关于处理逃跑或者重新犯罪的劳改犯和劳教人员的决定》规定:对于劳改犯、劳教人员逃跑后又重新犯罪的;对检举人、被害人和有关的司法人员以及制止其违法犯罪行为的干部、群众行凶报复的,从重或者加重处罚。

人大常委会《关于严惩严重破坏经济的罪犯的决定》规定:国家工作人员利用职务犯走私、套汇、投机倒把牟取暴利罪、盗窃罪、贩毒罪、盗运珍贵文物出口罪,情节特别严重的从重处罚。

全国人大常委会《关于严惩严重危害社会治安的犯罪的决定》规定,对下列严重危害社会治安的犯罪分子,可以在法定刑以上处刑,直至判处死刑:流氓集团首要分子或者携带凶器进行流氓犯罪活动,危害特别严重的;故意伤害他人身体致人重伤、死亡的;拐卖人口的首要分子或拐卖人口情节特别严重的等等。

关于加重问题。我国刑法中无加重处罚的规定,1981年6月10日全国人大常委会《关于处理逃跑或者重新犯罪的劳改犯和劳教人员的决定》中有加重处罚的规定。

加重就是在法定刑以上罪加一等或罪加一格判处。所谓一等或一格,我国刑法分则对法定最高刑的具体规定是有轻重之分的,按其轻重依次排列起来,就形成了由低到高的一个阶梯。每升一个阶梯,就是一格。例如,刑法分则条文中规定的法定最高刑有以下几种:有期徒刑一年、二年、三年、五年、七年、十年、十五年、无期徒刑、死刑。加重处罚的方法就是,如犯罪分子所犯罪行的法定刑幅度为三年以上十年以下有期徒刑,加重处刑就可以超出法定最高刑十年这一上限,在十年以上酌定判处刑期(如判十三年、十四年、十五年),又如法定最高刑是无期徒刑的,加重处罚就可以判处死刑。这就是加重即罪加一等的含义。

②从轻、减轻和免除处罚。从轻处罚是在法定刑范围内适用较轻的刑种或量刑幅度内适用较短的刑期。仍以刑法第151条为例,对盗窃分子处罚较轻的刑种是管制,较短的刑期是有期徒刑六个月、一年、二年。减轻处罚,是指在法定刑以下判处刑罚。例如,刑法第132条规定的故意杀人罪,法定最低刑是三年以上有期徒刑,在法定以下判处刑罚即在有期徒刑三年以下处罚。免除处罚,就是对犯罪分子定了罪,而免除其刑罚。

属于法定从轻、减轻和免除处罚的情节,均规定在刑法总则条文中,其内容是互相交叉重叠的。

在法定刑从重,从轻,减轻情节中,其中有规定为"应当",如对于主犯应当从重处罚,教唆不满18岁的人犯罪的,应当从重处罚;对于中止犯应当免除或者减轻处罚,已满14岁不满18岁的人犯罪,应当从轻或者减轻处罚。凡是规定为应当的,是肯定的绝对的,必须严格执行的。有的规定为"可以",如对于未遂犯可以比照既遂犯从轻或者减轻处罚;犯罪以后自首的,可以从轻处罚。凡是规定为可以的,是不肯定的,相对的,由审判机关根据案件的具体情况,斟酌决定。还有在分则中规定为从重的,既未标明"应当",也未标明"可以",如何处理呢? 如第119条规定国家工作人员利用职务上的便利,犯走私、投机倒把罪的,第136条刑讯逼供以肉刑致人伤残的等,都只规定"从重处罚",未标明"应当"还是"可以"。这种情况,原则上应从重。同样道理,有从轻情节的,也应该这样执行。

(2)酌定情节。酌定情节,是指法律上没有明文规定,根据立法精神,从审判实践中总结出来的经验,在量刑时斟酌适用的情节。我国刑法第32条、第129条所称的"情节轻微",第59条所称的"具体情况",都是指酌定情节而言,酌定情节是各种各样的,常见的有如下几点:

①犯罪动机。在故意犯罪中,实行同样犯罪的人,虽然所追求的目的是相同的,但他们所实施犯罪的动机各不相同。例如,盗窃犯罪,其目的都是将公私财产据为己有,但动机有的是挥霍浪费;有的是为结婚讲排场;有的是因为老人有病,没钱治疗,偶尔铤而走险盗窃一次。动机不同,其主观恶性和社会危害性也不相同。这在量刑时,是必须考虑的情节。但也有的是激于义愤的杀人。例如,上海某工厂一个劳动模范工人师傅,大义灭亲,将自己横行不羁、无恶不作的儿子杀死。人民法院经过审理,按故意杀人罪,判处有期徒刑三年,缓刑五年。这说明犯罪动机对量刑是非常重要的。

②犯罪手段。犯罪手段就是犯罪人在犯罪时所实施的犯罪方法。有的犯罪手段恶劣、残忍,对社会造成极其严重的影响。例如,云南省某地一个犯罪分子,将一个五岁的女孩子杀死,粉肉油烹;有的故意杀人犯,将被害人杀死后碎尸数块,到处埋藏。这种情况,都是量刑应该考虑从重的情节。

③犯罪侵害的对象。犯罪分子对老人、未成年人、孕妇、病人、盲

人实施犯罪,比对一般人实施犯罪危害性严重,影响面广,民愤也大。例如,有一位老年妇女,从年轻时期给人当保姆积下2000多元钱,于回家安度晚年途中,在一个火车站,被小偷扒去。老人一生的心血汗水付诸东流。如此对孤寡老人的犯罪行为,应予从重处罚。

④犯罪地点、时间。在一般情况下,犯罪的地点和时间是无关重要的,但是在特殊情况下,犯罪的地点和时间有着非常重要的意义。例如,在火灾、水灾、震灾的危难地区,在抢险紧张的时期而实施盗窃、抢劫犯罪,其社会危害性比平常时期盗窃抢劫犯罪要严重得多,因此量刑时要适当考虑从重。

⑤犯罪的态度。有些犯罪分子犯罪后表现比较好,如贪污后经过教育积极退出赃款赃物,或伤害他人身体后,积极抢救治疗,减少被害人的痛苦。但也有些犯罪分子,实施犯罪被揭发后订立攻守同盟,转移赃款、赃物,湮灭罪迹,逃避侦查。上述两种犯罪,在同样的条件下,其量刑是不能相同的,即前者应当从轻,后者应当从重。

4. 犯罪对社会危害的程度

凡是犯罪,都会给社会造成危害,但危害的程度有大有小。危害程度大小决定着量刑轻重,危害程度大,量刑就重,危害程度小,量刑就轻。这是成正比例的。在刑法分则中,对很多犯罪都作了不同程度的危害规定。例如,盗窃、诈骗罪都有数额的规定,即有数额较大和数额巨大的规定:数额较大,危害程度小,数额巨大,危害程度就大。再如,对故意伤害罪,有轻伤、重伤之分,轻伤与重伤在量刑时是截然不同的。再如,刑法第139条规定的强奸罪,一般强奸罪的量刑幅度是三年以上十年以下有期徒刑;如果情节特别严重的或者致人重伤、死亡的,处十年以上有期徒刑、无期徒刑或者死刑。上述表明,对社会危害程度的大小直接影响着量刑的轻重。

(二)累犯和自首

1. 累犯

根据刑法第 61 条规定,累犯,是指被判处有期徒刑以上刑罚的犯罪分子,刑罚执行完毕或者赦免以后,在三年以内再犯应当判处有期徒刑以上刑罚之罪的。累犯,必须是故意犯罪,过失犯罪不构成累犯。根据上述规定,构成累犯的,必须具备以下三个条件:

(1)前罪被判处有期徒刑以上的刑罚,新罪是应当判处有期徒刑以上刑罚。如果前罪是判处拘役、管制,新罪是应当判处有期徒刑以上刑罚,也不能构成累犯。反之,前罪虽然被判处有期徒刑以上刑罚,新罪应判处拘役或管制,同样不能构成累犯。

(2)新罪的发生,必须是在前罪所判刑罚执行完毕或者赦免以后三年以内。对于被假释的犯罪分子,在假释考验期内未犯新罪,也应当认为刑罚执行完毕。也就是说,前罪虽然被判处有期徒刑以上刑罚,但新罪的发生,是在前罪刑罚执行完毕或者赦免三年以后,不能构成累犯;如果新罪是发生在前罪刑罚执行期间,不问应判什么刑罚,应按数罪并罚处理,而不应以累犯处理。这里所说的刑罚执行完毕是指主刑,不包括附加刑。

(3)前罪和新罪都必须是故意犯罪。如果前罪和新罪都是过失犯罪或者前罪和新罪其中一个是过失犯罪,都不能构成累犯。

反革命累犯构成与一般的刑事累犯构成不同。刑法第 62 条规定:"刑罚执行完毕或者赦免以后的反革命分子,在任何时候再犯反革命罪的,都以累犯论处。"这说明,反革命累犯不受判处刑种的限制,也不受新罪发生在前罪刑罚执行完毕或者赦免期间的限制。但是,前后两个罪中其中一个不是反革命罪,则不能认为是反革命累犯。

犯罪分子犯罪后判处一定期间的刑罚,在服刑期已受过劳动改造和教育,按理说,是应该接受教训、痛改前非的,不再实施犯罪。可是犯罪以后,刑罚执行完毕,仍不接受教训,在不太长的期限内又犯性质比较严重的罪行。这说明,累犯主观恶性较深,人身危险性大,应当判处较重的刑罚,是完全必要的。

2. 自首

刑法第63条规定:"犯罪以后自首的,可以从轻处罚。"从这一规定看,法律没有明确规定什么叫做自首,因而在理论上和司法实践中,对自首概念的理解不尽一致。据认为,所谓自首,是犯罪分子在实施犯罪以后,自动投案,主动交代自己的罪行,愿意接受国家审判的行为。自首的成立必须具备三个条件:

(1)犯罪分子必须自动投案。自动投案,一般是指犯罪分子向公安、检察、审判机关投案。在特殊情况下,也可以就近向当地有关机关或单位投案。向有侦查机关和有关人员交代自己的罪行,也应视为自首。但是,明知上述人员不会告发自己罪行的除外。如果犯罪分子因病或有其他原因不能立即投案的,而委托自己的亲属或其他人代为投案,或者先用通信、电话、电报向有关机关投案的,也应视为自首。

自首的时间,根据实践来看,有以下三种情况:犯罪事实未被发觉,犯罪人投案自首的;犯罪事实已被发觉,但还没有发觉犯罪分子是谁,经有关单位或有关人的教育而投案自首的;犯罪事实和犯罪人都已发觉,但犯罪人隐藏起来而未被查获,这时犯罪人去投案,或者在投案途中被公安机关捕获的,也是自首。但是未发觉而投案和已被发觉而投案,反映了犯罪人悔改程度不同,在处罚上是有所区别的。

如果一人犯两个罪,其中一个罪被发觉而捕获,而在预审过程中,经过公安机关启发教育,犯罪人受到感动,交代了未被发觉的另一个罪行。对这一罪来说,也应视为自首。

(2)必须如实交代自己的罪行。这是自首成立的一个重要条件。犯罪人在投案时,只有如实交代自己所犯罪行,才证明其认罪伏法。

所谓如实交代自己的罪行,是指把主要事实交代清楚,而不要求交代全部细节。避重就轻,企图蒙混过关,虽然已经投案,仍不能视为自首。犯罪人所交代的必须是自己的犯罪事实,而不是交代别人的犯罪事实,那是对别人犯罪的揭发、检举,是立功表现,而不是自首。共同犯罪案件,除交代自己的罪行外,对其他犯罪成员也要交代;那种只交代自己的罪行,而有意掩护同案犯的罪行或把他人的罪行包揽在自己身上的做法,也不能认为是如实交代罪行,因而也不能够成立自首。

(3)必须接受国家的审判。犯罪人投案以后,除了如实交代自己的罪行,还要听候公安机关的侦查、检察机关的起诉、人民法院的审判,不准逃避。如果逃避侦查、起诉和审判,也不能成立自首。只有听候、接受司法机关的侦查、起诉和审判,才能证明有悔改诚意,从而也是国家对其从轻、减轻或免除处罚的根据。

犯罪人自首的动机是出于真心诚意,还是由于畏惧受到严厉惩罚而争取宽大处理,还是潜逃后而走投无路自首等,对于自首的成立不受影响。

自首的规定是有着重要意义的。汉律就有"先自告,除其罪"的规定。唐律对自首的规定更为详细具体:"诸犯罪未发而自首者,原其罪。其轻罪虽发,因首重罪者,免其重罪;即因问行劾之事,而别言余罪者亦如之。即遣人代首,若于法得相容隐者为首及相告言者,各听如罪人身自首法。"其他朝代自首的规定,大致与唐律相同。现代很多国家的刑法,都有自首的规定。

中华人民共和国成立后,先后颁布的《惩治反革命条例》《惩治贪污条例》以及其他法令、规定中,都有自首的规定。目的就在于促使犯罪人犯罪后有所悔悟,鼓励其投案自首,有利于瓦解分化犯罪分子,有利于犯罪的人改过自新,不致隐匿在社会上为恶;有利于案件的及时侦破和审判,这对同整个犯罪分子作斗争是有重要意义的。

对于自首犯的处罚,根据我国刑法第63条规定:"犯罪自首的,可以从轻处罚。其中,犯罪较轻的,可以减轻或者免除处罚;犯罪较重的,如果有立功表现,也可以减轻或者免除处罚。"从这一规定看,对自首犯的处罚有三种情况:①犯罪自首的,可以从轻处罚,这是总的规定。对所有自首的,不论罪行轻重都适用;②自首的犯罪分子如果犯罪较轻,不仅可以从轻,而且可以减轻或免除处罚;③自首的犯罪分子如果犯罪较重,只可以从轻;在自首时又有立功表现的,可以减轻或者免除处罚。如自首时,又揭发其他犯罪分子的罪行,经查证属实,就属于立功表现。

对自首犯的处罚,刑法规定是"可以",而不是"应当"。这就要求司法人员在处理自首案件时,要根据罪行的轻重,分析自首情节,作出正确处理。在一般情况下自首是可以从轻处罚的,但对某些罪行特别严重、手段特别恶劣,如果从轻就会引起群众义愤的案件,也可以不从轻处罚。

三、数罪并罚

(一)数罪并罚的概念

数罪并罚是一个复杂的问题,在刑法理论上争论很多。在我国刑法条文中涉及五条:第64条、第65条、第66条,另外在缓刑规定中有第70条,在假释中有第75条。

在司法实践中常常遇到一人犯数罪的案件。对于这类案件应当怎么处理,就是数罪并罚要解决的问题。

数罪并罚,是指判决宣告以前一人犯数罪,或刑罚没有执行完毕以前发现漏罪或者又犯新罪,对犯罪分子所犯数罪,分别定罪量刑,按照一定的原则,决定执行的刑罚。简言之叫数罪俱发或合并论罪。

数罪并罚的一个重要问题是如何确定数罪问题。也就是说,如何区分一罪和数罪的问题。数罪并罚要以数罪为前提,没有数罪,谈不到数罪并罚。但是,有了数罪不一定就适用数罪并罚。即是说,有的数罪可以数罪并罚,有的数罪不一定就数罪并罚。

关于区分一罪和数罪的问题,刑法理论上有很多说法和主张,概括起来有如下几种:

1. 行为说。此说认为,以行为个数为标准确定一罪或数罪。实施一个行为的为一罪,实施数个行为的为数罪,因而行为就是犯罪的本质。以行为个数来确定犯罪个数。例如,一个人连续三次打死三个人,就是三个行为,一枪打死三个人,就是一个行为。

2. 主观说,也称犯意说。此说认为,犯罪的发生是基于犯罪人的主观恶性,只有这种恶性才是犯罪本质。犯罪的行为和结果都不过是这种主观恶性的外在表现。因此,区分一罪和数罪应以犯罪人犯意的个数为标准。行为人以一个故意实行犯罪的,就是一罪,以数个故意实施犯罪的,就是数罪。

3. 法益说,也叫结果说。此说认为,法律之所以对犯罪人实行制裁,是因为犯罪人侵犯了法律所保护的利益(即叫法益)。也就是说,侵犯了一个利益,发生了一个结果,就是一个罪;侵犯了几个利益,发生了几个结果,就是数罪。这种观点认为,侵害的本质就是侵害法益。因此,只能以犯罪人侵犯法益的多少作为区分一罪和数罪的标准。

以上三种观点虽有一定的道理,但其有一个共同毛病:片面地、孤立地强调一方面而忽略了其他方面,造成了主客观条件的相脱离。因此,这种学说不为我们所取。

4. 构成要件说,区分一罪和数罪的标准只有一个,即根据刑法规定,其行为是否符合犯罪构成的必备条件。根据这一理论,任何犯罪的成立,都必须是主客观要件的相统一,这说明,确定一罪和数罪的标准,不是孤立、片面地强调主观或客观的一个方面,而应把主观方面和客观方面结合起来。如果犯罪人出于一个故意(或过失),实施了一个行为,符合刑法分则中一个犯罪构成的,就是一罪。例如,某甲探知某乙购到一架高级照相机,晚上潜入某乙房间,将其窃走,据为己有。在这里,某甲以盗窃故意,实施了一个盗窃行为,符合刑法第 151 条规定的盗窃罪的犯罪构成,即某甲犯了一个盗窃罪。这是单一的一罪。单一的一罪不存在数罪并罚的问题。如果犯罪人以两个以上的犯罪故意(或过失),实施了两个以上的行为,符合刑法分则两个以上的犯罪构成的,就是数罪。比如,某甲入室盗窃,钱款得手以后,又实施了强奸。这样,某甲的行为除构成盗窃罪外,又以一个强奸故意,实施一个强奸罪,这是属于数罪。这在刑法理论上称之为实质数罪。对实质数罪可以实行数罪并罚处理。

上面谈到,对实质数罪可以实行数罪并罚,对属于想象的数罪,不适用数罪并罚。所谓想象数罪,是指犯罪人出于一个犯罪故意,实施一个犯罪行为,而发生了数个结果,触犯了法律上规定的几个罪名。例如,李某与管某有仇隙,入夜去谋杀管某。管某一家正在看电视,当听到叩门声,管某开门,李某遂向管某开枪射击,结果击毙管某,击伤管某的儿子,击毁 18 寸的彩色电视机。这样,李某出于一个杀人故意,实施了一个杀人行为,但触犯了三个罪名:一个故意杀人罪,一个故意伤害罪,一个毁坏财产罪。这种由犯罪人一个行为触犯了数个罪名的,刑法理论上叫做想象数罪或假想数罪。想象数罪从表面上看是属于数罪,具备了数个犯罪构成要件。但行为只是一个,故与实质的数罪不同。对想象数罪不适用数罪并罚,而是从一重论处。

新中国成立初期,对数罪并罚在法律上也作过明确规定,如"惩治反革命条例》第 15 条规定:"凡犯多种罪者,除判处死刑和无期徒刑者以外,应在总和刑以下、多种刑中最高刑以上酌情定刑。"《惩治贪污条例》第4条第3款规定："因犯贪污而兼犯其他种罪者,合并处罚。"虽然上述法律作了数罪并罚的规定,但是由于我国没有颁布刑法,对刑种和罪名没有统一的规定,对一人犯数罪分别定罪量刑尚有一定的实际困难,因而在司法实践中,数罪并罚原则没有执行。没有实行数罪并罚原则,而遇到数罪如何办呢?就采取"估堆"、"一锅煮"的方法,即把数罪当作一个整体进行综合加以考虑,酌情判处刑罚。

我国刑法颁布以后,数罪并罚原则逐步得到执行。实行这一原则,在刑罚具体运用中,有着重要意义。

首先,对一人犯数罪,分别定罪量刑,可以看出审判人员对每一个罪是如何定罪、如何判刑的。其次,当一审法院对某人所犯罪行宣告判决以后,如果被告人不服提出上诉,便于二审法院审理,审理以后就可以清楚地了解到对数罪的定罪和判刑是否正确。如果都正确即维持原判刑罚;如果某一罪不正确就纠正一罪,其他罪定性准确,量刑适当,予以维持。这表明,使用数罪并罚的原则,是科学的,有利于准确地适用法律,有利于审判监督、提高办案质量,有利于贯彻社会主义法制原则。

(二)数罪并罚的原则

数罪并罚的原则,是指一人犯数罪,并罚时所依据的原则,即怎样实行并罚,采用什么办法实行并罚。各国刑事立法和刑法理论对数罪并罚的原则各有不同。概括起来,主要有以下四种。

1. 合并原则,亦叫相加原则,或并科原则

一人犯数罪,将数罪分别定罪量刑,然后把各罪所判的刑罚相加,其总和就是应执行的刑罚。如,一个人犯了强奸、抢劫、盗窃三个罪,分别判处十年、九年、四年,应执行的刑期为二十三年。美国是采取这种并科即相加原则的。例如,美国判了一名罪犯,叫皮斯特尔,15岁,被处144年。最近又判了两名罪犯,其中一名29岁,犯了16个

罪,被判处 1166 年徒刑;另一名犯了 17 个罪,被判了 1281 年徒刑。这根本无法执行,最后还是得采取减免刑罚的措施。据统计,美国监禁的犯人,平均刑期超过三十年。

这种原则表面上看来似乎符合"有罪必罚"的精神,但实质上过分严厉,过于苛刻,表现出严刑峻法的单纯惩办主义与报复主义的思想。这种超过人寿的刑罚,违反了人道主义原则。

1983 年,河南省判了一个案子。这个案子原来就是数罪并罚,判处被告人有期徒刑二十年,因脱逃加处七年,决定执行刑期二十七年。二审撤销原判,发回重审,又发现他组织越狱未遂,判处死刑,被告人不服上诉。二审又撤销原判死刑,在二十七年基础上又加处五年,合并执行三十二年,减去已执行的十个月,尚须执行三十一年两个月。这是违反我国限制加重原则规定的,后来才作了纠正。

由于这种主张过于苛刻,事实上不能执行。因而,单纯地用并科原则的国家不多。

2. 吸收原则,即重罪吸收轻罪原则

一人犯数罪,分别定罪量刑,然后选择最重的一种罪所判处的刑罚作为执行的刑罚,其他轻罪所判刑罚都被重罚的刑罚所吸收,不予执行。例如,某甲犯故意杀人、抢劫、盗窃三个罪,分别被判刑为十年、八年、三年,以其中十年是最重罪的刑罚,就执行这一最重刑罚,其他抢劫、盗窃二罪所判刑八年、三年,就被最重刑——最重杀人罪所吸收。1926—1961 年苏俄刑法典就是采取这一原则;我国唐律、明律都是采取这一原则;联邦德国、印度也是采取这一原则。

吸收原则与"有罪必罚"的理论是矛盾的。犯几个罪与犯一个罪判一样的刑罚,显然是不公平的,还可能产生鼓励犯罪的作用,多犯几个罪,也无关系,处罚相同。这显然不利于预防犯罪,也不符合罪刑相适应原则。

3. 限制加重原则

一人犯数罪,分别定罪量刑,然后在数刑中最高刑期以上,总合刑期以下,酌情决定执行刑期,规定不得超过一定期限。例如,某甲犯了两个罪,一个强奸罪,处刑八年,一个故意杀人罪处刑十五年,就应当在八年以上二十三年以下决定应宣告的刑罚。如果法律规定数罪并罚有期徒刑不得超过二十年, 就应当八年以上二十年以下决定应宣告的刑罚。

限制加重原则,克服了并科原则和吸收原则的缺点,采取了比较灵活的计算方法。在一定幅度内,由审判人员根据实际情况,确定被告刑罚,对犯人既不失之过严,又不失之过宽。因此大多数国家都采用这种原则。

4. 折衷原则或综合原则、选择原则

折衷原则,是指根据不同情况,取长补短,择优而用,兼采上述两种或三种原则。其办法分别规定,概括起来,有如下几种:

(1)对判处几个死刑、几个无期徒刑或者数罪中有一罪判处死刑或无期徒刑的,采取吸收原则。只宣告一个死刑或一个无期徒刑,其他刑罚均被吸收不问。一般规定,都不吸收附加刑。

(2)对判处几个有期徒刑、拘役等自由刑的,采取限制加重原则。

(3)对判处几个罚金的,也采取限制加重原则;对判处几个没收财产的,一般采取合并原则;对判处几个剥夺政治权利的,一般采取吸收原则。

(4)同时判处有期徒刑、拘役、罚金等几种不同刑罚的,一般也采取吸收原则。

折衷原则的并罚办法,其缺陷是过于杂乱,无统一的标准,但比较适用。因此不少国家(如日本)都采取这种并罚办法,但折衷的情况各有不同。

（三）我国刑法数罪并罚的原则

我国刑法根据我国国情,采取限制加重为主的原则。刑法第64条定:"判决宣告以前一人犯数罪的,除判处死刑和无期徒刑的以外,应当在总和刑期以下、数刑中最高刑期以上,酌情决定执行的刑期;但是管制最高不能超过三年,拘役最高不能超过一年,有期徒刑最高不能超过二十年。""如果数罪中有判处附加刑的,附加刑仍须执行。"

1. 主刑数罪并罚

（1）死刑、无期徒刑。数罪中判处几个死刑、无期徒刑或者其中一个是死刑、无期徒刑的,采取吸收原则,只执行一个死刑或者无期徒刑。这是由死刑、无期徒刑的性质决定的。死刑只能执行一次,死刑一经执行,其他刑罚事实上不可能再执行。

两个无期徒刑是否可以合起来执行一个死刑呢? 不能。要知道,凡是判两个无期徒刑刑罚的,都是犯了数罪而适用数罪的情况下出现的,一个罪相适的一个量刑幅度内,不可能会出现两个无期徒刑,就不能把两个无期徒刑升格为死刑。如果允许两个无期徒刑升格为死刑,那么,两个十五年有期徒刑,也可以升格为无期徒刑。显然这是不符合刑法规定的。

在数罪中有一个罪被判死刑或无期徒刑的情况下, 其他罪是否还分别定罪量刑呢? 在实践中一般都是分别定罪,不再分别量刑,而是只宣告一个死刑或无期徒刑。这种做法值得研究。这表明,除死刑、无期徒刑在量刑中可以看得出来外, 对其他罪就看不出是如何量刑的。如果被告人上诉,死刑或无期徒刑被改为有期徒刑,其他罪还要审理裁量刑罚,才能决定执行的刑期。因此,根据需要,在数罪中有一个罪被判处死刑或无期徒刑的情况下,对其他罪仍应分别定罪量刑。例如,张某犯了故意杀人、盗窃、流氓三个罪,故意杀人罪被判处死刑,盗窃罪被判处有期徒刑三年,流氓罪被判处有期徒刑五年,判决书上应分别注明,然后决定执行死刑,其他有期徒刑就不再执行。

（2）有期徒刑、拘役、管制。这三种刑罚都有一定的期限,本身可以合并。如果判处两个以上有期徒刑、两个以上拘役、两个以上管制,就可以并罚处理。并处的原则是限制加重,即在数刑中最高刑期以上,总合刑期以下,酌情决定执行刑期。依照刑法规定,有期徒刑合并后的最高刑期不得超过二十年,拘役最高刑期不得超过一年,管制最高刑期不得超过三年。这是受总和刑的限制。另一种是受数罪并罚法定最高刑的限制。例如,某甲犯三个罪,分别被判处九年、五年、四年。三个罪的总合刑期为十八年,三个罪中的最高刑为九年,应在九年以上十八年以下决定执行刑期,但只能在总和刑以内执行刑期,而不能超过总合刑十八年。

一人犯数罪所判处的有期徒刑、拘役、管制,这种不同种类的刑罚,怎么办？对这个问题有两种意见,一种意见认为："如果所犯数罪中,有宣告有期徒刑的,有宣告拘役的,有宣告管制的,应当先将拘役和管制都换算成有期徒刑。换算的办法是:拘役一日等于有期徒刑一日,管制二日等于有期徒刑一日。换算以后,再按上述办法酌定执行有期徒刑的刑期。"另一种观点认为,如果一人犯数罪,而同时被判处有期徒刑、拘役和管制三种刑罚,应当先执行有期徒刑,再执行拘役,最后执行管制。我们认为,后一种观点是正确的。要知道,三种刑罚虽然都是主刑,但把拘役、管制换算成为有期徒刑进行执行实际上加重其刑罚。从人身权利上来说,管制并不剥夺人身自由,而换算成为有期徒刑后,被管制的人,岂不失去了人身自由？从经济权利上来说,如果把二年的管制换算成一年的有期徒刑,在这一年中,将造成被管制的人多么大的经济损失。因此,换算的观点既不符合情理,又不符合法律。

1981 年 7 月 27 日最高人民法院关于管制犯在管制期间又犯新

罪被判处拘役或有期徒刑应如何执行的问题,对四川、河北高级人民法院的批复中指出:"由于管制和拘役、有期徒刑不属于同一种刑罚,执行的方法也不同,如何按照数罪并罚的原则决定执行的刑罚,在《刑法》中尚无具体规定,因此仍可按照本院1957年2月26日法研制第3540号函复的意见办理,即在对新罪所判处的有期徒刑或者拘役执行完毕后,再执行前罪所没有执行的管制。对于管制期间因发现判决时没有发现的罪行而判处拘役或有期徒刑应如何执行的问题,也可以按照上述意见办理。"

根据最高人民法院的批复精神,管制是不宜换算折抵为有期徒刑或拘役的。这样折抵,加重了被告人的刑罚。

2. 附加刑数罪并罚

在司法实践中可能有这种情况,数罪中所判处的刑种不同,既有主刑又有附加刑,而且主刑和附加刑都不止一个,对于这种数刑的合并,仍然应按上述原则,先把主刑折算为同种刑种,对所判附加刑仍须执行。例如,某甲犯了两个罪,一罪判处有期徒刑七年,剥夺政治权利二年;另一罪判处有期徒刑四年,并处罚金1000元。这就首先应按限制加重原则,即在七年以上十一年以下,决定应执行的主刑刑期。附加剥夺政治权利二年,罚金1000元仍须执行。这是不同刑种的附加刑。

(四)数罪并罚中的三种情况

我国刑法第64条、第65条、第66条规定了三种不同情况的数罪并罚:判决宣告前一人犯数罪的;判决宣告以后,刑罚还没有执行完毕以前,发现被判刑的犯罪分子在判决宣告以前还有其他罪没有判决的;判决宣告以后,刑罚还没有执行完毕以前,被判刑的犯罪分子又犯罪的。

1. 刑法第64条规定,判决宣告以前,一人犯数罪都已经发现。

对于这种情况的数罪并罚,就按照上一节所讲的数罪并罚原则处理。

数罪中包括不同种类的数罪,也包括同种类的数罪。在我国司法实践中,通常在判决宣告以前,一般只对不同种类的数罪适用数罪并罚;对同种类数罪,一般不适用数罪并罚处理,而按情节严重从重处罚;其目的是要达到量刑适当,不轻纵罪犯。

1981年全国第三次刑事审判工作会议《关于执行刑法中若干问题的意见》规定:"在我国审判实践中,判决宣告一人犯数罪是指一人同时或先后犯了几个不同种类的罪……才依照刑法第64条规定的数罪并罚原则实行并罚。……一个人犯了几个同种类罪的,不按数罪并罚处理。"

判决宣告以前的同种类数罪,原则上不适用数罪并罚,历来的司法实践也是这样做的,但是不能机械地、不分任何情况,凡是同种类数罪一律不适用数罪并罚。对某种案件应当把原则性与灵活性结合起来,其关键是否达到罪刑相适应原则,达到预防犯罪的目的。根据刑法分则各种罪的具体情况,同种类数罪不应并罚和应当并罚的有下述三种情况:

(1)同种类罪经济犯罪的数罪。这类犯罪应当按一罪处理较为适宜。如果按一罪处理就能够适应罪刑相适应,否则,反而不适应罪刑相适应。例如,盗窃、诈骗罪,如果孤立起来计算,可能每一次盗窃或诈骗的财物都够不上数额较大,一次算一个罪,则每一行为都不构成犯罪。这就放纵了犯罪分子。如果把每次盗窃数额连续起来计算,就能达到"数额较大"的标准,则可以定罪量刑。这就达到了罪刑相适应,惩罚了犯罪。再例如,贪污罪,如果一个犯罪分子每次贪污1万元,连续贪污五十次,计50万元。贪污一次算一次罪,就要定50个贪污罪,每个罪判刑五年,计二百五十年,依照限制加重原则,则只能执行二十年。这岂不轻纵了犯罪分子? 如果把每次贪污款数额连续计算,认定为一个贪污罪,其贪污数额 50 万元,像大贪污犯王守信就能够判处死刑。这就适应了罪刑相适应,惩办了犯罪。

(2)同种类罪其他犯罪的数罪。同类罪其他犯罪的数罪,不按数罪并罚处理,即适应罪刑相适应。如果按照数罪论处,反而不能适应罪刑相适应。例如,1981 年讨论的奸淫幼女案,罪犯在一年之内连续奸淫三个幼女,可以说是一罪行严重的案件。有的认为是属于数罪,应按数罪并罚处理,否则达不到严惩罪犯的目的。有的认为是属于连续犯,而应按一罪处理才能达到严惩罪犯的目的;如果按数罪并罚处理,却很难达到严惩罪犯的目的。奸淫幼女罪,依照刑法第 139 条第 2 款规定,其法定刑的幅度是三年以上十年以下有期徒刑。如果适用数罪并罚原则处理,即使三个罪都处法定最高刑十年,也只能判处有期徒刑三十年,根据限制加重原则,对该犯也只能执行有期徒刑二十年,显然轻纵了罪犯。反之,如果不按数罪并罚处理,而按刑法第 139 条第 3 款"情节特别严重"的规定,就可以判处十年以上有期徒刑、无期徒刑或者死刑。当然,就此案来说,判处十年以上有期徒刑也不是不可以的。问题在于即使再多奸淫几个,如适用数罪并罚进行处理,最高也只能判处二十年有期徒刑。这样,其量刑岂不失之过轻?因此,同种类数罪,如果适用数罪并罚处理,不一定适应罪刑相适应,而按一罪处理,反而能适应罪刑相适应。

(3)同种类罪数罪并罚。同种类案件不适应数罪并罚,但对这一问题,不能绝对地来理解。上边谈到的经济案件同种类数罪,如盗窃、诈骗、贪污、受贿等罪的连续犯,可以把连续作案的数额加在一起论罪量刑;另一种同种类其他数罪,如强奸、抢劫、流氓、强迫妇女卖淫等罪,不需要适用数罪并罚时,可以适用"情节严重"、"情节特别严重"、"情节特别恶劣"等情节适用法定刑最重的刑罚。因此,有一些同种类数罪,如果不适用数罪并罚,不能体现罪刑相适应的原则。例如,刑法第126条伪造有价证券罪,第127条假冒商标罪,第143条非法拘禁罪,第180条重婚罪,第187条玩忽职守罪等,这些条文规定的同种类数罪,如不适用数罪并罚原则处理,而仍然按一罪处罚,就可能轻纵罪犯,体现不了罪刑相适应的原则。

2. "判决宣告以后,刑罚还没有执行完毕以前,发现被判刑的犯罪分子在判决宣告以前还有其他罪没有判决的,应当对新发现的罪作出判决,把前后两个判决所判处的刑罚,依照本法第64条的规定,决定执行刑罚。已经执行的刑期,应当计算在新判决决定的刑期以内。"(65条)

这一规定是解决判决宣告以后又发现犯罪分子还有漏罪如何并罚的问题。所发现的罪指犯罪分子过去犯的罪,审判时没有发觉,犯罪分子也未交代,而在刑罚还没有执行完毕以前发现了,这叫漏罪。例如,某甲犯抢劫罪和强奸罪,审判时只发现抢劫罪,对抢劫罪判处有期徒刑七年。服刑三年后,被人揭发,才发现他所犯的强奸罪没有判决。这时对这个强奸罪作出判决,判处有期徒刑六年。按照限制加重原则,应在七年以上十三年以下决定执行刑期。如果决定执行十二年,对已执行的三年,应计算在十二年之内,就是说某甲再服刑九年就算期满。

上述漏罪,与过去已经判决的罪,可能是异种类罪,即已判决的罪是抢劫罪,漏罪是强奸罪。也可能是同种类罪,即已判决的是抢劫罪,漏罪也是抢劫罪。即便是同种类罪,仍然按照数罪并罚原则处罚。这样规定既合情又合理。如果判决宣告以前犯罪分子主动交代,也就不存在判决宣告后、刑罚还没有执行完毕以前的数罪并罚。

上述所说的"已经执行的刑期,应当计算在新判决决定的刑期以内。"这是对判决宣告以后,刑罚尚未执行完毕以前,发现漏罪按数罪并罚计算的方法。也就是说,判处漏罪以后,先按照刑法第64条的规定决定执行的刑期,再减去已经执行的刑期,称为"先并后减"的计算方法。

3. "判决宣告以后,刑罚还没有执行完毕以前,被判刑的犯罪分子又犯罪的,应当对新犯的罪作出判决,把前罪没有执行的刑罚和后罪所判处的刑罚,依照本法第64条的规定,决定执行的刑罚。"(第66条)

这一规定是解决在刑罚执行过程中,犯罪分子又犯新罪如何并罚的问题。根据上述规定,对新犯的罪作出判决,以前罪没有执行完毕的刑罚为基础,与新罪的刑罚合并,按照限制加重原则,决定应执行的刑期。已执行的刑期不计算在新判决决定的刑期以内。例如,某甲犯杀人罪,被判处有期徒刑十年,服刑五年,又犯放火罪,这时应当对新犯的放火罪作出判决,假定对放火罪判处有期徒刑十年,原判刑罚十年,已执行五年,还剩五年没有执行,那就应当把还没有执行的五年和对新罪所判的十年,依照限制加重原则,在十年以上十五年以下幅度内,决定执行刑期。假定决定执行十四年,前罪已执行五年不计算在新判决决定的刑期内。这种计算方法,称为"先减后并"。这种方法,不论新罪与原来判处的罪是异种类罪或同种类罪,都按这种方法并罚。

刑法第65条与第66条的数罪并罚是不同的,即先并后减与先减后并的不同有如下两点:

(1)决定执行的最低期限不同。"先减后并"的计算方法与"先并后减"的计算方法相比,其决定执行刑罚的最低期限提高。以前例某甲犯杀人罪,判处有期徒刑十年,服刑到五年,又犯放火罪,判刑十年,其量刑幅度是:以前罪没有执行的刑罚五年为基础与后罪合并,即十年以上十五年以下决定执行刑期。加上已执行的刑期五年,实际执行的刑期最低期限十五年。而按"先并后减"的计算方法,其量刑幅度是：以前罪所判的刑罚十年与新罪十年所判的刑罚合并，即十年以上二十年以下决定执行刑期，则决定执行刑期最低期限低了五年。这说明，"先减后并"的计算方法提高了五年。

（2）实际执行的刑期可以超过限制加重最高刑。"先减后并"的计算方法，犯罪分子实际执行刑期可能超过有期徒刑的最高期限二十年。例如，某甲犯故意杀人罪，判处有期徒刑十五年，服刑十年，又犯放火罪，判刑十二年。其量刑幅度是：以前罪没有执行的刑罚（五年）为基础，即十二年以上十七年以下决定执行刑期，假如决定执行十六年，加上已服刑的十年，实际执行二十六年。如果按刑法第65条"先并后减"的计算方法，则犯罪分子实际执行的刑期，在任何情况下也绝不会超过二十年。因为"先并"，并了以后再减去已经执行的刑期，所以并罚的最高刑期就不会超过二十年。

刑法第66条"先减后并"的计算方法，还有一个特点，就是在服刑期间又犯新罪，改造时间越长而又重新犯罪，其实际执行的最低刑期就越长。例如，某甲犯故意杀人罪被判刑八年，执行一年，又犯故意伤害罪判刑五年，其量刑幅度是：七年以上十二年以下决定执行刑期，加上已执行的一年，实际执行的刑期最低期限是七年，最高期限是十二年。如果判刑八年，执行三年，又犯新罪，被判刑五年，则实际执行的刑期最低期限是八年，最高期限是十二年。

以上表明，刑法第65条和第66条的合并方法相比较，体现出从严的精神。犯罪分子在服刑中又进行犯罪活动，说明主观恶性深，危险性大，不易改造，必须从严，才符合罪刑相适应的原则，才有利于对罪犯的改造，才有利于预防犯罪。

（五）不适用数罪并罚的几种情况

一人犯数罪的情况非常复杂。如前所述，犯罪人以数个故意或过失，实施数个行为，符合数个犯罪构成，就成立数罪。但是，在实践中，有的一个行为引起数个危害结果或触犯数个罪名；有的数个行为，因有其内在联系，不易当作数罪，而是当作一罪来处理的等。遇到这些复杂情况，有时难以区分一罪还是数罪，这就是非数罪并罚的几种情况。

1. 持续犯

持续犯也叫永续犯、继续犯。持续犯是指某种犯罪行为从开始实行到由于某种原因终止以前，其犯罪状态仍在不间断持续中的犯罪行为。即犯罪行为一直处于持续状态，没有时间的间隔，犯罪行为一直处于持续状态终了，犯罪才算结束。例如，非法拘禁罪（第143条）、重婚罪（第180条）、遗弃罪（第183条）等，都属于持续犯。持续犯的主要特点是，犯罪行为与不法状态同时继续，而不仅是不法状态继续。如果只是犯罪行为所造成的不法状态处于继续，那就不是持续犯。例如，黑龙江省炼金厂原科长关庆昌，盗窃800两黄金埋藏起来，这叫不法状态继续，但不是持续犯。

2. 想象的数罪，也叫想象的竞合

想象数罪是与实际数罪相对而言的。实际数罪是指数行为触犯数个罪名的行为。想象数罪是指一个犯罪行为同时触犯数个罪名的行为。例如，甲向乙开枪射击，击毙了乙，又打伤丙，并打坏一台彩色电视机。这样，甲的行为不仅构成故意杀人罪，故意伤害罪，而且又构成破坏公私财物罪。甲的行为从表面看似乎构成了三个罪，但不是真正的三个罪，而只是想象的数罪，不适用数罪并罚，而按所犯罪名中的一个重罪定罪量刑。

3. 惯犯，也叫常业犯

惯犯是指在较长的时间内，多次进行某种犯罪活动，以犯罪所得为主要生活来源或者挥霍来源，在较长时期内，反复多次实施危害社会行为的犯罪。例如，我国刑法第118条规定的"走私、投机倒把为常业、第168条规定"以赌博为常业"等,都是属于这类犯罪。第152条规定的"惯窃、惯骗",是惯犯又一类型。惯犯具有恶性较深,连续作案时间较长,犯罪次数较多的特征。惯犯是在较长时间内反复多次实施犯罪行为,如果把各个行为孤立起来看,就是一人犯了多个同种罪。但是,考虑到惯犯的社会危害性大,主观恶性深,刑法将其规定为独立犯罪,并规定较重的刑罚。所以,对惯犯不适用数罪并罚。

4. 结合犯

结合犯是指法律上两个独立的犯罪行为结合在一起,规定为一个独立的犯罪行为。例如,我国刑法第191条第2款规定的犯罪,就是邮电工作人员私自开拆或者隐匿、毁坏邮件而同时又窃取财物的,即将破坏邮电通讯罪和盗窃罪结合在一起,就构成一个独立的贪污罪。这样的犯罪应从重处罚。从形式上看是两个罪,但法律明文规定,就构成了一个独立的犯罪。这种犯罪不适用数罪并罚。

5. 连续犯

连续犯是基于同一的或概括的故意,连续多次实施同种类犯罪行为,触犯同一罪名的犯罪。例如,一名售货员,意图建造一座小楼房,于是盗窃自己售货的款额,盗窃数十次,总数达两万余元。这名售货员以一个概括的故意,连续实施数十次盗窃行为,触犯同一个罪名,构成一个罪即贪污罪。这就是连续犯。连续犯不适用数罪并罚,按一个罪从重处罚。

6. 牵连犯

牵连犯是指实施某一犯罪为目的,而其犯罪的方法或犯罪的结果又触犯其他罪名的犯罪。如,某甲为杀人而盗窃枪支、弹药,为诈骗而伪造公文、证章,为进行流氓活动而伤害他人身体。五十年代有一个大诈骗犯叫王卓,伪造周恩来总理批示的文件,从银行诈骗20万元人民币。其目的是诈骗钱财,使用的方法是伪造周总理批示。这种伪造公文本身就已构成了犯罪,即伪造公文、证章罪(第167条)。如果不采取这种伪造公文方法(手段),就达不到诈骗钱款的目的。

上边讲的是犯罪方法(或手段)又触犯其他罪名的牵连犯。另外一种是犯罪的结果而触犯其他罪名的牵连犯。例如,1980年宁夏一青年窜到北京,盗窃解放军某军官的一个黑色手提包,里面不仅装有钱款、粮票,还有一支"五四"式手枪和五发子弹。枪到手后,就隐藏起来。离开北京到某城市,他又佩带在身上。该青年盗窃钱物,构成盗窃罪,犯罪的结果,又触犯了其他罪名,即私藏枪支、弹药罪(第163条)。

上述两种情况都是牵连犯,犯罪所牵连的方法行为或结果行为又触犯了其他罪名,这两种罪有密切的牵连关系,所以这类情况叫做牵连犯。对牵连犯不适用数罪并罚,而从重处罚。

7. 吸收犯

吸收犯是指一个或数个犯罪行为被另一个犯罪行为所吸收,而其他行为已失去独立存在的意义,仅仅以吸收的行为论罪科刑。例如,一个盗窃犯偷到财物后,将赃物藏在家中,而后又陆续销赃。这就产生了盗窃行为、窝藏赃物行为、销赃行为等数行为。这些行为被盗窃行为所吸收,其他窝赃行为、销赃行为已失去独立的意义,而以盗窃行为论罪科刑。

吸收犯的特点是事实上存在着几个独立的犯罪行为,而一个犯罪行为吸收了其他的犯罪行为。几种行为之间能够成立吸收关系,因为.这些行为通常属于实施某种犯罪的同一过程,互相间存在密切关系,即前行为可能是后行为的发展所经过的阶段,后行为可能是前行为发展的结果。

四、缓　刑

(一)缓刑的概念

缓刑,是一种刑罚制度,是指对判处拘役、三年以下有期徒刑,确实不致再危害社会的犯罪分子,确定一定的考验期限,暂缓执行原判刑罚,在缓刑考验期内,如果没有再犯新罪,原判刑罚就不再执行的刑罚制度。

世界各国对缓刑制度的规定各不相同。缓刑制度最早起源于美国波斯顿州 1870 年制定的《缓刑法》。该法规定对少年犯判处一定的刑罚,在他具备法定条件时,于一定期间内暂缓其刑罚的执行。后来美国马萨诸塞州也采用了缓刑制度, 并从此将缓刑制度适用于一般犯人,为以后各国刑事立法广泛应用缓刑制度开创了先例。比如,英国 1879 年的《简易裁判法》也采用了缓刑制度。比利时国家于 1888 年颁布的《假释和缓刑法》也对缓刑制度进行了规定,它规定缓刑的制度只适用于过去没有受过重罪、轻罪的刑罚宣告为条件,可以缓刑的自由刑以不超过六个月为限度。1889 年布鲁塞尔国际刑法会议通过决议将缓刑作为一种手段。对于罪行较轻的犯罪分子,宣告缓刑,使他们在社会上劳动或者工作中得到教育和改造, 这样对于争取犯罪分子的家属,调动一切积极因素,为社会主义现代化建设服务,确有积极意义。

(二)缓刑的适用

1. 缓刑的适用对象和条件

根据刑法第 67 条和 69 条的规定,适用缓刑必须符合以下条件:

(1)缓刑只适用于被判处拘役和三年以下有期徒刑的犯罪分子,对判处其他刑罚的犯罪分子,不适用缓刑。这是因为,刑期的长短与犯罪对社会危害的大小是相适应的。应当说,被判处拘役和三年以下有期徒刑的犯罪分子,对社会的危害程度比较小,罪行也比较轻。相形之下,被判处三年以上有期徒刑的犯罪分子,对社会危害大,罪行也比较严重。罪行严重的犯罪分子是不能适用缓刑的。上述所说判处拘役、三年以下有期徒刑,是指人民法院对犯罪分子经过审理,宣告判决的刑罚,而非法定刑。如果犯罪分子因犯数罪,而分别定罪量刑,决定执行的刑期为三年以下有期徒刑或拘役的,也同样可以适用缓刑。

(2)适用缓刑的犯罪分子,必须是根据其情节和悔罪表现,认为不致再危害社会的。被判处拘役、三年以下有期徒刑的犯罪分子,一般说来罪行比较轻微。但是除了这一条件外,还应当根据犯罪分子的犯罪情节和悔的表现。例如,犯罪的动机是否卑鄙,手段是否残忍,犯罪后悔的情况,对社会的影响大小,并结合犯罪前的一贯表现,应全面地考虑。对于那些犯罪动机卑鄙,手段残忍,犯罪后拒不交代,在群众中影响很坏的犯罪分子,即使判处三年以下有期徒刑或拘役,也不能适用缓刑。这就是说,不是所有被判处拘役、三年以下有期徒刑的犯罪分子都可以适用缓刑。宣告缓刑后,将其放在社会上,不致再危害社会的,才符合适用缓刑的要求。

(3)缓刑不适用于反革命犯和累犯。大家都懂得,反革命罪是敌我矛盾的性质,反革命分子是以推翻人民民主专政的政权和社会主义制度为目的的犯罪。这种犯罪对我国的危害特别严重,也最为危险,即使判刑比较轻,也不能适用缓刑。累犯是指被判处有期徒刑以上刑罚的犯罪分子,刑罚执行完毕或赦免以后,三年以内又故意犯罪应判处有期徒刑以上刑罚的犯罪分子。这些人犯了罪,判了刑,仍不思悔改,而一犯再犯,屡教不改。这说明,这些犯罪分子主观恶性深,危险性大,不易改造,故也不能适用缓刑。

以上三个条件必须同时具备,缺少任何一个条件都不能适用缓刑。过去在审判实践中,有的把下列情况也作为适用缓刑的理由,例如,孕妇、患重病、家庭生活困难、原单位提出业务上生产上的需要。当然这些情况也可以作为考虑适用缓刑的因素,但是必须把这些因素和上面所讲的适用缓刑的条件联系起来加以综合考虑。因为这些情况,不能说明犯罪人的社会危险性问题。被判刑的犯罪分子,如果有继续危害社会的可能性,即使家庭生活再困难,生产、业务上再需要,也不能适用缓刑。

我国军人违反职责罪暂行条例第 22 条规定:"在战时,对被判处三年以下有期徒刑没有现实危险宣告缓刑的犯罪军人,允许其戴罪立功,确有立功表现时,可以撤销原判刑罚,不以犯罪论处。"这是一种特殊的缓刑制度,适用特定的时间和特定的对象,而且法律效果与一般缓刑制度也有所不同。因此,我们把这种缓刑看作是我国缓刑制度中的一种特殊情况,或者叫做特殊补充。

2. 缓刑的考验期和撤销

人民法院对判处缓刑的犯罪分子,都应确定一定的考验期限,以考验被判刑的犯罪分子。在考验期限内,以能否遵守一定条件,作为决定原判刑罚是否执行的依据。

缓刑考验期限的长短,根据原判刑罚的轻重和犯罪分子的具体情况而定。刑法第 68 条规定:"拘役的缓刑考验期限为原判期以上一年以下,但不得少于一个月。有期徒刑的缓刑考验期限为原判刑期以上五年以下,但不能少于一年。"因此,缓刑考验期限不得短于原判刑期。这样的规定是合理的,因为缓刑是有条件地不执行原判刑罚,不剥夺犯罪分子的自由,所以,缓刑考验期与原判刑期相等或者长于原判刑期,以保证充分发挥缓刑对犯罪分子的教育作用。实践中,一般都掌握在原判刑期以上,但不超过原判刑期一倍为宜。

缓刑考验期限,从判决确定之日起计算,即从判决生效之日起计算。如果提出上诉或抗诉，则从二审的判决或裁定之日起计算。审判实践中，有的是从判决确定之日起计算，有的自判决宣告之日起计算，有的是从羁押之日起计算。我国刑法规定从判决确定之日起计算，这样的规定是合理的。如果判决确定以前先行羁押的，判决确定后立即解除强制措施，恢复被告人的自由。判决确定前先行羁押的日期，不能折抵缓刑考验期。这是因为刑罚的作用只有在判决确定以后开始执行时才能表现出来。缓刑考验期限内，并不剥夺犯罪分子的自由，所以判决确定前羁押日期不应折抵缓刑考验期。

被宣告缓刑的犯罪分子，在缓刑考验期限内，由公安机关交所在单位或者基层组织予以考察。如果没有必要的考察，就不能使犯罪分子得到很好的改造，起不到缓刑的应有作用。那种宣告缓刑以后，就放置不管的作法是不对的。但是那种用管制的方法，对判缓刑的犯罪分子实行监督改造的作法也是不对的。因为那样做，就等于对犯罪分子判处两种主刑，一个是拘役或者有期徒刑，另一个是管制。因此，用过严的方法对待适用缓刑的犯罪分子是不合适的，也是不符合缓刑本身的立法原意的。所以，对被判处缓刑的犯罪分子的活动自由不要过多限制。但犯罪分子迁居外地，必须经主管机关核准。

缓刑是可以撤销的。被宣告缓刑的犯罪分子，如果在缓刑考验期限内再没有犯新罪，缓刑考验期满原判刑罚就不再执行。如果再犯新罪，不论是重罪还是轻罪，不论是故意犯罪还是过失犯罪，也不论是同种类罪还是不同种类罪，只要构成了犯罪，就应撤销缓刑，把前罪和后罪所判之刑罚，按数罪并罚的原则决定应执行的刑罚。

如果被宣告缓刑的犯罪分子，在缓刑考验期内又犯新罪，而在缓刑考验期满后才被发现，只要没有超过追诉期限，应当撤销缓刑，将原判刑罚与新犯罪所判刑罚数罪并罚。

如果在缓刑考验期限内，发现犯罪分子还有"漏罪"没有判决，应当对漏罪进行定罪判刑,把前后两个判决所处的刑罚,按刑法第64条的规定,决定应执行的刑罚。如果必须关押执行,则应撤销缓刑,已经执行的缓刑考验期不能折抵刑期,但判决执行以前先行羁押的日期应予折抵刑期。如果犯罪分子的"漏罪"轻微,前罪所处刑罚与"漏罪"所处刑罚数罪并罚后确定实际执行的刑罚,仍然符合适用缓刑条件的,仍可宣告缓刑,已经执行的缓刑考验期应当计算在新决定的缓刑考验期限内。

缓刑的效力不涉及附加刑。根据我国刑法第67条第2款规定:"被宣告缓刑的犯罪分子,如果被判处附加刑,附加刑仍须执行。"即无论缓刑是否撤销,凡是被判处附加刑的,附加刑仍须执行。我国刑法规定的附加刑有三种:罚金、剥夺政治权利和没收财产。剥夺政治权利是一种严厉的附加刑,它的适用对象是反革命分子和其他严重破坏社会秩序的犯罪分子。对犯反革命罪不能适用缓刑,对犯严重破坏社会秩序罪,一般也不能适用缓刑。在司法实践中,主刑宣告缓刑,而同时又附加剥夺政治权利的实属罕见。没收财产也是一种比较严厉的附加刑,在刑法分则中,虽然规定对某些犯罪判处三年以下刑罚(如刑法第117条规定的投机倒把罪),可以并处没收财产,但在司法实践中也比较少见。至于对判处三年以下有期徒刑,宣告缓刑的犯罪分子,同时又附加没收财产,更是少见,只有罚金是比较轻的附加刑,它是可以与三年以下有期徒刑、拘役并科。例如,被告人张×犯走私罪,被判处二年有期徒刑,缓刑三年,罚金3000元。这表明主刑宣告缓刑,附加刑仍须执行。

(三)缓刑同死缓、监外执行、管制、免予刑事处罚的区别

1. 缓刑与"死缓"的异同。缓刑和死缓的相同点:(1)二者都是我国刑罚的一种执行制度;(2)二者都是有条件的暂不执行原判刑罚;(3)二者都不是独立的刑种。缓刑和死缓的区别是:(1)适用对象不

同。缓刑是对被判处拘役和三年以下有期徒刑的犯罪分子适用的;而死缓是对被判处死刑、缓期二年执行的犯罪分子适用的。(2)执行方法不同。缓刑是对犯罪分子不实行关押,留在社会上自行改造;而死缓是把犯罪分子关押起来,有劳动能力的实行劳动改造,以观后效。(3)期限不同。缓刑考验期限是根据原判刑种、刑期不同而不同;死缓的期限,法律明确规定为二年。(4)法律后果不同。缓刑考验期满,没有再犯新罪,原判刑罚就不再执行;而死缓考验期满,根据不同情况减为无期徒刑、有期徒刑,或者执行死刑。

2. 缓刑同监外执行的区别。监外执行是根据刑事诉讼法第157条规定,对被判处无期徒刑、有期徒刑或者拘役的罪犯,有严重疾病需要保外就医的和怀孕或者正在哺乳自己婴儿的妇女,暂予监外执行。在上列各种妨碍刑罚在监内执行的情况消失后,还要收监执行。而缓刑则是除了被判刑人在考验期内再犯新罪撤销缓刑收监执行的以外,均不再执行原判的刑罚。因此,不能把监外执行与缓刑混为一谈。

3. 缓刑同管制的区别。缓刑和管制都不剥夺犯罪分子的自由,这是两者的相同点。二者的不同点是:管制是一种主刑,是一种独立的刑种,而缓刑不是刑种,只是执行刑罚的一种制度。被判处管制的犯罪分子,在刑罚执行期间必须遵纪守法;服从群众监督,积极参加集体生产劳动或工作;定期向执行机关报告自己的活动情况;迁居或者外出必须报经执行机关批准。而对宣告缓刑的犯罪分子,在缓刑考验期内要有必要的考察,但没有管制那样严格。

4. 缓刑同免予刑事处分的区别。二者的前提都是构成犯罪的犯罪分子。二者的区别在于:免予刑事处分是人民法院对已经构成犯罪的被告人,依照法律的规定,根据案件的具体情况,对于犯罪情节较轻不需要判处刑罚的,免予刑事处分。免予刑事处分就不存在刑罚的执行问题。而缓刑不仅是在判决时确认被告有罪，同时给予刑罚处罚，宣告缓刑，并在一定的期限内保留执行原判刑罚的可能性。

五、减刑和假释

（一）减刑

1. 减刑的概念

减刑，是指被判处管制、拘役、有期徒刑或者无期徒刑的犯罪分子，在刑罚执行期间，确有悔改或者立功表现，将原判的刑罚予以减轻的制度。这里所谓减轻原判刑罚，可以是将较重的刑种减为较轻的刑种，如将无期徒刑减为有期徒刑，也可以是将同一种刑罚的刑期减轻，如将较长的有期徒刑减为较短的有期徒刑。例如，邢××，因盗窃工厂的汽车零件，被判处五年有期徒刑，在劳动改造中一贯表现较好，从 1980 年以来，月月被评为先进，1981 年和 1982 年被评为犯人积极分子，经人民法院裁定减刑二年。类似这种刑罚执行制度叫做减刑制度。

实施减刑，必须以有利于实现刑罚的目的，不损害人民法院判决的严肃性和稳定性为原则，严格依法办事。

我国刑法的减刑制度，是在我国长期改造罪犯的实践中建立并逐步完善的，这种制度体现了我国惩办与宽大相结合、惩罚与教育相结合的刑事政策。在我国，一切危害国家和人民利益的犯罪行为都应受到刑罚的制裁，但是犯罪分子在刑罚执行期间，积极从事生产劳动，真诚接受思想改造，确有悔改或者立功表现，说明其主观恶性已经减弱或者基本消除，在不损害国家判决的稳定性和严肃性的前提下，对原判刑罚适当减轻，对于鼓励犯罪分子积极改造能起到促进作用。实践证明，法律规定的减刑制度，对于罪犯的改造，维护社会秩序是十分必要的。

2. 减刑的条件

根据我国刑法第 71 条规定,对犯罪分子予以减刑必须具备以下条件:

(1)犯罪分子在服刑期间,必须是确有悔改表现或者立功表现,才能减刑。这是减刑的基本条件。悔改表现和立功表现都是减刑的条件,犯罪分子只要具备了其中一个条件,就可以减刑。适用减刑不受犯罪的性质和原判刑罚长短的限制,也不受减刑次数的限制,只要有立功或悔改的表现都可以减刑。根据我国劳动改造条例第 68 条规定和司法实践经验,具有下列行为之一的,可以视为有悔改表现或者立功表现:①一贯遵守监规,服从管教,努力学习,成绩突出的;②对所犯罪行认识深刻,能如实坦白交代余罪,有改恶从善悔过自新的实际表现的;③揭发检举其他重大案件的线索,经查证属实的;④积极协助政府擒拿凶犯归案或者防止其他罪犯的违法犯罪而立功的; ⑤积极参加生产,养成劳动习惯,能完成或超额完成生产任务的;⑥生产中有重大发明创造,或者革新、传授生产技术有突出成绩的;⑦在抢救国家财产,消除灾害方面有特殊表现的;⑧有其他维护国家和人民利益成绩显著的。例如,肖××因犯盗窃、抢劫罪被判处有期徒刑十五年,在劳动改造中,积极修旧利废,节约原材料,从 1977 年到 1981 年为国家修旧利废价值 11800 多元。经他手修复的旧机器用于生产,解决了生产中的急需,为国家节省开支 50 多万元。为此,他受到三次表扬,三次奖励,年年被评为犯人积极分子。人民法院根据肖××的表现裁定减刑三年,减刑后的实际刑期为十二年。

(2)减刑的对象。应当是被判处管制、拘役、有期徒刑或者无期徒刑的犯罪分子。这里减刑只有刑罚种类的限制, 没有犯罪性质的限制,一般刑事犯罪,反革命犯罪,故意犯罪,过失犯罪都可以减刑。但是死缓二年期满减为无期徒刑或者十五年以上二十年以下有期徒刑，以及死缓减为有期徒刑时附加剥夺政治权利减为三年以上十年以下，都不是我们这里讲的减刑制度，那是法律的特殊规定，不能混淆。

（3）减刑需要有一定的限度。经过一次或者几次减刑，犯罪分子实际执行的刑期，判处管制、拘役、有期徒刑的，不能少于原判刑期的二分之一；判处无期徒刑的，不得少于十年。这是因为，对一个犯罪分子判处一定的刑罚，是根据法律给这个犯罪分子应得的惩罚。要在这个期间内通过劳动改造，把他教育改造成为新人。因此，减刑时不能过分地减轻或者缩短原判刑罚，而应当在一定的限度内，维护人民法院判决的稳定性和国家法律的严肃性，这样才能充分发挥减刑制度对促进犯罪分子进行改造的作用，使各种不同的犯罪在实际执行刑期上保持应有的差别。对减刑要从严掌握，不能动不动就减刑，每次减刑也不宜太多。但是也不能把减刑的条件搞得高不可攀，使犯罪分子可望不可及，使减刑制度不能起到促进犯罪分子改造的作用。

3. 减刑后刑期的计算方法

（1）原判管制、拘役、有期徒刑的，减刑后的刑期自判决执行之日起计算；原判刑期已经执行的部分，应计入减刑以后的刑期之内。例如，某犯罪分子原判五年有期徒刑，已经执行了二年，因为有悔改表现，减刑一年，他的刑期就是四年，但他已执行了二年，这二年应计算在四年以内。这个犯罪分子，在减刑以后，只要再执行二年就刑满了。

对犯罪分子减刑在判决书上如何表述，司法实践中有两种表述方法。一种表述方法是将原判刑期减为多少年。另一种表述方法是减刑多少年。例如，某犯罪分子因盗窃罪被判处有期徒刑十年，劳动改造三年以后，确有悔改表现和立功表现，人民法院裁定减刑二年，在判决书上按前一种方法，表述为"将原判刑罚减为八年"；按后一种方法，表述为"减刑二年"。后一种表述方法较好，因为它在不变更原判刑期的情况下,减刑数额很清楚,又便于执行。

对于缓刑的犯罪分子如果在缓刑考验期内确有突出的悔改表现或者立功表现,可对原判刑罚予以减刑,同时相应地缩减其缓刑考验期限,不能只缩减考验期限而不减原判刑罚。减刑后的刑期还应遵循不能少于原判刑期的二分之一的原则。而且拘役的考验期限不能少于一个月,有期徒刑的考验期限不能少于一年。

(2)原判无期徒刑减为有期徒刑的刑期,应于裁定减刑之日起计算,原执行的刑期不计入减刑的刑期之内。例如,一个被判处无期徒刑的犯罪分子,执行三年,因有立功表现,减为十五年有期徒刑,其原执行的三年不计入十五年有期徒刑之内。也就是说,这个犯罪分子再执行十五年有期徒刑,才能刑满。如果他在减刑以后,又有显著悔改或立功表现,仍然可以再减,但是,不论减几次,这个犯罪分子的实际执行刑期不能少于十年。

罪犯因表现好曾经减过刑,后发现原判决确实有错误,经再审改判为较轻的刑罚的,原来的减刑继续有效,应从改判的刑期中减去。例如,某犯原判有期徒刑十年,后减刑一年,经再审将原判刑罚改为五年,减刑一年,该犯还应服刑四年有期徒刑。

对罪犯的减刑,由执行刑罚的机关提出书面意见,报请人民法院审核裁定。

4. 减刑与减轻处罚、改判的区别

(1)减刑与减轻处罚的区别。减刑与量刑中的减轻处罚是两个不同的概念。减轻处罚,是在法定量刑幅度最低刑以下判处刑罚。而减刑是在刑罚执行过程中,根据犯罪分子的表现,将原判刑罚适当地减少的制度。

(2)减刑与改判的区别。改判是原判有错误,撤销原判而重新作出判决。减刑是在肯定原判的基础上根据犯罪分子确有改恶从善,有立功表现,将原判刑罚减轻。二者在程序上与实体性质上是根本不同的。减刑与原判死缓,二年期满后减为无期徒刑或者十五年以上二十年以下有期徒刑也是不一样的。死缓按期改判,是根据法律特别规定的"缓期二年"期间,无抗拒改造情节恶劣而适用的,但不是一般意义上的减刑。

(二)假释

1. 假释的概念

假释,是指被判处有期徒刑、无期徒刑的犯罪分子,在执行一定刑期后,确有悔改表现,不再危害社会,在一定条件下,将其提前释放的刑罚制度。简单地说,假释是有条件的提前释放。例如,有一个犯罪分子,因奸淫幼女被判处有期徒刑五年。在服刑期间,他积极劳动,平时注意回收废旧物资,用旧布缝制小垫八百多个交给政府。一次附近生产队失火,他不顾个人的安危,积极参加救火,受到表扬。鉴于该犯确有悔改表现,在其服刑三年以后,人民法院裁定,对这个犯罪分子予以假释。

假释这种刑罚执行制度最初出现在法国,只适用于年幼犯。十九世纪初,英国在澳洲殖民地试行"释放票制"。执行机关认为行为优良的犯人可以发给释放票,把犯人置于一定的监视之下,恢复其自由。这是假释制度的雏刑。1854年以后,英国把这种释放票加以修改和补充,用单行法肯定下来,适用于本土,成为最初的正式的假释制度。现在世界各国普遍都采用这种刑罚执行制度。

我国刑法规定的假释制度,是根据我国的实际情况而规定的行之有效的刑罚执行制度。把那些经过改造确有悔改表现,没有必要继续进行关押的犯罪分子放到社会上改造,有利于化消极因素为积极因素,鼓励犯罪分子积极进行改造。另外,犯罪分子从监狱到社会需要有一个适应过程,通过假释,在公安机关监督下,使罪犯在社会上继续改造,为其完全恢复自由打下基础,这对于预防重新犯罪,维护社会秩序是十分有利的。

2. 假释的条件

根据我国刑法第73条规定,对犯罪分子适用假释必须具备以下条件:

(1)假释只适用于被判处有期徒刑和无期徒刑的犯罪分子。这是由假释的性质决定的。在五种主刑中,判处死刑立即执行的,由于其生命已被剥夺的特殊性质,谈不到假释问题。对被判处死刑缓期二年执行的犯罪分子,究竟是执行原判死刑,还是减为无期徒刑或者十五年以上二十年以下有期徒刑,这要根据犯罪分子的实际表现来决定。因此,在死缓期间不适用假释。拘役是剥夺犯罪人自由的刑罚,但刑期短,不宜适用假释。管制这种刑罚本身就不剥夺人身自由,没有必要适用假释。

(2)必须执行一定刑期以后,才能假释。被判处有期徒刑的犯罪分子必须执行原判刑期的二分之一以上,被判处无期徒刑的犯罪分子必须实际执行十年以上,才可以根据一定条件假释。当罪犯由无期徒刑减为有期徒刑后,又需要假释的,仍必须坚持实际执行刑期满十年以上,不能理解为减为有期徒刑的二分之一以上,就能假释。如果犯罪分子有特殊情况,可以不受上述限制。例如,犯罪分子在服刑期间有重大发明创造或者有其他突出的立功表现或者在劳动中已经丧失了劳动能力,并有悔改表现,假释后不致再危害社会的,或者有专门技能,并为国家有关单位所急需使用的,都可以不受时间限制,提前假释。

假释是以执行一定的刑期为前提,主要有两方面的原因:一是只有经过一定的服刑期,才能判断犯罪分子是否有悔改表现;二是规定一定的执行刑期,可以防止滥用假释,避免引起执行刑罚的混乱,损害人民法院判决的稳定性和国家刑罚的严肃性。

（3）犯罪分子必须有悔改的表现，不致再危害社会，这是一个极其重要的条件。只有犯罪分子在服刑期间确实有明显的改造成果，有充分的事实足以使司法机关相信他被假释以后不至于再危害社会的，才能给予假释。如果犯罪分子拒不认罪，假释后还可能继续犯罪，对这类犯罪分子即使是服刑达到一定刑期，也不能给予假释。

上述三个条件，必须同时具备，缺少其中任何一个条件都不能假释。

3. 假释的考验期限和撤销

假释是有条件的提前释放。因此，在决定假释时，必须同时宣布假释的考验期。根据刑法第 74 条规定，有期徒刑的假释考验期限，为没有执行完毕的刑期，无期徒刑的假释考验期限为十年。假释考验期限从假释之日起计算。例如，某犯罪分子，被判处十年有期徒刑，在其执行六年时被假释，其假释考验期限就是四年。再如，某被判处无期徒刑的犯罪分子，实际服刑十二年被假释，其假释考验期则为十年。

如果原判附加剥夺政治权利的，从假释之日起，执行附加剥夺政治权利的刑罚。

假释可以撤销。根据刑法第 75 条规定，被假释的犯罪分子，在假释考验期限内，由公安机关予以监督，如果没有再犯新罪，原判刑罚就不再执行了；如果再犯新罪，撤销假释，把前罪没有执行的刑罚和后罪所判处的刑罚，依照刑法第 64 条的规定，决定执行的刑罚。如果是由无期徒刑直接假释的，除后罪判处死刑（包括死缓）以外，仍决定执行无期徒刑。假释被撤销，被假释出狱的日数，不得折抵刑期。

如果在假释考验期满后，发现犯罪分子在假释考验期内又犯新罪，尚未超过追诉期限的，仍然撤销假释。把前罪没有执行的刑罚和后罪所判处的刑罚数罪并罚。

如果在假释考验期限内，发现被假释的犯罪分子在假释前还犯有其他罪漏判是否撤销假释，刑法没有规定。我们认为，原则上应撤销假释，将漏罪所判刑罚与原判刑罚进行数罪并罚。但是如果漏罪情节较轻，前罪与漏罪并罚后，仍然符合假释条件的，一般可考虑继续假释，已执行的考验期应计算在新确定的考验期内。

犯罪分子被假释后，原判有附加刑的，附加刑仍须继续执行。

对罪犯实行假释，由刑罚执行机关提出书面意见，报请人民法院审核裁定。

4. 假释与缓刑、减刑、监外执行的区别

(1)假释与缓刑的区别。假释与缓刑二者虽然都是有条件的不执行原判刑罚，但它们是有区别的：①缓刑是在原判决宣判同时，尚未执行以前宣告的；假释是在原判决执行之中才决定的。②缓刑是有条件的不执行全部原判的刑罚；假释是有条件的不执行剩余的刑罚。③缓刑适用被判处三年以下有期徒刑或拘役的犯罪分子；假释适用被判处有期徒刑和无期徒刑的犯罪分子。

(2)假释与减刑的区别。假释和减刑都是刑罚执行制度，都不是独立的刑种。二者的不同点是：①适用对象不同。减刑适用于被判处管制、拘役、有期徒刑和无期徒刑的犯罪分子；而假释只能适用于被判处有期徒刑和无期徒刑的犯罪分子。②法律后果不同。减刑没有考验期，被减刑的犯罪分子，即使是再犯新罪，减去的刑罚也不再执行；假释有考验期限，被假释的犯罪分子在假释考验期内再犯新罪，就撤销假释，把前罪没有执行的刑期跟新罪所判刑罚进行数罪并罚，并确定新的执行刑罚。③执行方法不同。假释只能是在刑期执行一定时期，才能考虑假释，假释后立即解除监禁，恢复人身自由，不在劳改场所执行；减刑不受执行刑期的限制，随时可以减刑，减刑后，如果刑期未满，仍继续在劳改场所执行，不能恢复人身自由；减刑后，如果刑期已满即要释放,恢复人身自由,不存在考验期问题。

(3)假释与监外执行的区别。监外执行是对那些因身体或生理条件,不宜在监内执行的犯罪分子适用,如果这些条件不存在了,尽管罪犯在监外没有再犯新罪,也要收监执行刑罚。而假释则是在服刑期间有悔改表现将其提前释放,在假释考验期间没有再犯新罪,刑罚就不再执行。

我国刑罚的减刑制度、假释制度,都说明了只要犯罪分子真诚改造,有悔改表现和立功表现,不仅在判决时可以得到从宽处理,就是在执行刑罚的过程中,仍然可以得到减刑、假释等从宽处理,这种刑罚制度,既能使犯罪分子认真地改造,又充分体现了我国刑罚的目的。

六、时效和赦免

(一)时效

1. 时效的概念

从各国刑法的规定来看,时效分为追诉时效和执行刑罚时效两种。所谓追诉时效,是指依照刑法的规定,对犯罪分子追究刑事责任的有效期限,超过了法律所规定的期限,就不能再对犯罪分子追究刑事责任。我国刑法中规定的时效,就是指追诉时效。所谓执行刑罚时效,也叫行刑时效,是指依照刑法的规定,从对犯罪分子宣告有罪判决给予刑罚处罚之日起,经过一定时间未予执行,原判刑罚就不再执行。我国刑法对执行刑罚时效没作规定。从刑法理论上讲,刑罚没有执行的原因主要有:①发生重大战争或者重大自然灾害;②由于司法机关或执行机关的疏漏;③由于罪犯的脱逃。前两种情况,在我国司法实践中没有遇见过,第三种情况是有的。按前两种情况看,规定执行刑罚时效没有实际意义。从第三种情况看,刑法中如果规定执行刑罚时效,就可能对被判处刑罚逃跑的犯罪分子起到鼓励的作用,有害而无利。因此,我国刑法中没有规定执行刑罚时效。这就是说,在我国,当犯罪分子被人民法院判处刑罚以后,如果因脱逃而使刑罚不能执行时,司法机关可以缉拿归案,并且将新犯的脱逃罪所判刑罚与原判刑罚进行数罪并罚。

2. 我国刑法规定追诉时效制度的意义

(1)追诉时效的规定,体现了我国刑罚的目的。在我国,对犯罪分子适用刑罚,不是为了惩罚而惩罚,也不是为了进行报复,而是通过对犯罪分子适用刑罚,达到预防犯罪和消灭犯罪的目的。因此,如果某些犯罪分子在犯罪以后,在一定的时期内没有追诉,而犯罪分子又改过自新,奉公守法,遵守社会生活准则,过着正常的生活,从事对国家、对人民有益的劳动,变为对社会无害的人,从特殊预防的观点来看,对其进行追诉,就没有必要了,从一般预防的观点来看,由于社会情况的变化,过迟地对他追诉,也不会发生对其他人的警戒和教育作用。

(2)追诉时效的规定,有利于司法机关集中精力打击现行的犯罪活动。犯罪分子犯罪以后,经过的时间越长,证据就越难收集,侦查、审判工作就越困难,时过境迁,破不了案,牵扯司法机关的精力。有了追诉时效的规定,就有利于司法机关集中精力打击现行的犯罪活动,促使公安机关及时破案,审判机关及时审判,更好地为当前的形势服务。

(3)追诉时效的规定,有利于人民内部的安定团结。有一些刑事案件是在人民内部发生的,例如,打架斗殴而致伤害,因为某种纠纷而发生的毁坏他人财物,等等。这些犯罪危害较轻,法定刑也不重;有的是经过群众调解已消除隔阂。对于这些犯罪的追诉期如果都不加以限制,就会使某些被害人与犯罪人之间不断地重翻旧账,既不利于人民内部的安定团结,又会使已经稳定了的社会关系陷于混乱。刑法上有追诉时效的规定,过了相当时间就不提起诉讼,这对促进人民内部的团结,稳定社会秩序都有积极意义。

(4)追诉时效的规定,可以解脱一部分人,调动这些人为四化建设服务的积极性。按照刑法第76条规定,对于法定最高刑为无期徒刑和死刑的犯罪分子,一般经过二十年,就不再追诉了。这样就可以解脱一部分人,其中包括解放以前犯罪的人,现在侨居国外和住我国港澳、台湾等地的一些人,使这些人能放下包袱成为对国家有益无害的人。

当然,对于个别罪行特别严重而应当追诉的,虽然超过追诉时效,经最高人民检察院核准,仍然可以追诉。

3. 追诉时效的期限

刑法第76条对追诉的有效期限作了四项规定:

(1)法定最高刑为不满五年有期徒刑的,经过五年;

(2)法定最高刑为五年以上不满十年有期徒刑的,经过十年;

(3)法定最高刑为十年以上有期徒刑的,经过十五年;

(4)法定最高刑为无期徒刑、死刑的,经过二十年。如果已过二十年认为必须追诉的,须报请最高人民检察院核准。

从这些规定可见,追诉期限的长短与犯罪分子的罪行是成正比例的,罪行越重,刑期越长,追诉时效期限就越长。最长的可达二十年。

关于追诉时效开始的时间问题,各国刑法规定都不相同。有的主张从行为发生开始,有的主张自结果发生开始。例如,某甲要杀死某乙,举刀砍杀,将乙砍成重伤,当时未死,过了一个月,经医院抢救无效死亡。按前一种主张,追诉时效从杀人时开始;照后一种主张,追诉时效从乙死亡之日开始。我国刑法规定,从犯罪之日起计算,也就是从犯罪行为发生时开始计算。对于犯罪行为有连续或者持续状态的从犯罪行为终了之日起计算。例如,盗窃罪,应以将公私财物非法占有之日起算盗窃行为终了,并开始计算其追诉期限,而不应当以盗窃行为终了以后处置财物之日为追诉期限的开始。

追诉时效期限的计算,是以法定最高刑为标准的,不是以可能判处的刑罚为标准的。因为可能判处的刑罚,只有经过审判以后才能确定,而追诉的问题是属于审判前的程序问题。

关于如何确定追诉期限的标准问题,司法实践中有两种不同意见。第一种意见认为,应从刑法对某种罪名所规定的最高法定刑为标准计算追诉期限。例如贪污罪的最高法定刑为死刑,其追诉期限为二十年。不管贪污多少,其追诉期限都是二十年。第二种意见认为,应根据罪行的轻重,以刑法规定的相应的法定刑的最高刑为标准计算追诉期限。例如,贪污数额较大的,法定刑为五年以下有期徒刑或者拘役,其追诉期限为十年;贪污数额巨大、情节严重的,处五年以上有期徒刑,其追诉期限为十五年;贪污情节特别严重的,处无期徒刑或者死刑,其追诉期限为二十年。我们认为,后一种意见是合理的,也是切实可行的,因为罪行轻重不同,适用的条款和量刑幅度不同,追诉期限的长短也就应该不同。所以,应按罪行的实际情况确定法定刑,按应适用的法定刑的最高刑为标准来计算追诉期限的长短是合情合理的。

根据刑法规定的法定刑不同,具体计算追诉期限,大体有三种方法:

①在刑法一个条文里只规定了单一的量刑幅度,按法定最高刑计算。例如,刑法第127条规定的假冒商标罪,处"三年以下有期徒刑、拘役或者罚金"。其法定最高刑是三年有期徒刑,其追诉期限为五年。

②在刑法一个条文中规定有两个量刑幅度,应首先根据罪行确

定适用哪个量刑幅度，然后按这个量刑幅度中法定最高刑为标准来计算追诉期限。例如，刑法第132条规定的故意杀人罪，处"死刑、无期徒刑或者十年以上有期徒刑"，情节较轻的，处"三年以上十年以下有期徒刑"。如果犯罪情节严重，要适用处"死刑、无期徒刑或者十年以上有期徒刑"，法定最高刑为死刑，追诉期限为二十年；如果杀人情节较轻，适用处"三年以上十年以下有期徒刑"，法定最高刑为十年有期徒刑，追诉期限为十五年。

③一个罪名根据不同情节刑法分别在两个或两个以上条文中规定了几个不同的量刑幅度，则首先应根据犯罪的情节确定适用哪个条文，然后根据罪行确定适用哪个量刑幅度，最后根据这个量刑幅度的法定最高刑计算追诉期限。例如，盗窃罪根据犯罪的不同情节分别规定在刑法第151条、第152条和关于《严惩严重破坏经济的罪犯的决定》中。如果某犯罪分子盗窃数额较大，构成犯罪，则适用刑法第151条，量刑幅度为"五年以下有期徒刑、拘役或者管制"。其追诉期限为十年。如果某犯罪分子盗窃数额巨大，则适用第152条，"处五年以上十年以下有期徒刑"，其追诉期限为十五年。如果犯罪分子盗窃罪行情节特别严重，则适用《关于严惩严重破坏经济的罪犯的决定》，处"十年以上有期徒刑、无期徒刑或者死刑，可以并处没收财产"，其追诉时效为二十年。

追诉时效是可以中断的。所谓追诉时效的中断，是指在追诉时效期限内，如果犯罪分子又犯新罪，前罪的追诉期限应从后罪实施之日起计算。例如，张三于1970年1月犯贪污罪，追诉时效为十五年。过了四年，在1974年2月他又犯盗窃罪。在这种情况下，张三犯贪污罪的追诉时效应当从盗窃之日起重新开始计算。这就是说，张三的贪污罪的追诉时效期限不是十五年而是十九年，一直到1989年1月以前都可以对张三的贪污罪进行追诉。这是因为犯罪分子在追诉期限内又犯新罪,说明他犯罪恶性深,难于改造,所以前罪的追诉时效就要从新罪开始计算。

如果犯罪分子在人民法院、人民检察院和公安机关采取强制措施以后(如逮捕、拘留、监视居住、取保候审、拘传)逃避侦查、审判的,则不受追诉时效期限的限制,任何时候都可以对他的罪行进行追诉。这体现了我国刑罚对抗拒从严的精神。

4. 适用追诉时效应注意的问题

追诉时效是涉及是否追究刑事责任的问题,因此,在处理这类案件时应特别注意以下问题:

(1)对应判拘役、管制以及附加刑(独立适用)的犯罪是否适用追诉时效的问题,有人认为不适用,因为刑法第76条规定的追诉的有效期只规定有期徒刑、无期徒刑和死刑,没有明确规定拘役、管制,以及附加刑。这种观点是不对的,因为计算追诉期限的标准是法定最高刑,在我国刑法分则各条款规定的法定最高刑除第137条例外,都是有期徒刑以上的刑罚。因此,对于论罪应处拘役、管制或者附加刑的罪犯,其追诉期限一般应按同条规定的法定刑最高刑计算。例如,故意毁坏公私财物罪,处三年以下有期徒刑、拘役或者罚金。法定最高刑为三年有期徒刑。所以应处拘役或者罚金的,其追诉期限也是五年。

(2)对于前一行为已作过其他非刑罚处理,后又犯新罪,对前一行为是否要与新罪一并追究?我们认为,如果前一行为不构成犯罪,就不存在追究刑事责任的问题,如果前一行为构成犯罪,明显以非刑罚处理不当,也可以依法追究,其追诉期限应从后罪之日起计算。

(3)已过追诉期限案件,不再追究刑事责任。但是,对其非法所得,或者因犯罪行为造成的经济损失,则仍应按照刑法第60条、第31条规定的精神处理。如果案件已经起诉,可在裁定不予追究刑事责任的同时,一并解决,或者裁定追缴非法所得,或者责令赔偿经济损失。如果案件没有起诉,可由公安机关、检察机关处理,或者由当事人提起民事诉讼解决。

(4)追诉时效与刑法的时间效力的相同点和不同点。追诉时效与刑法的时间效力,二者都是行为人的犯罪行为在特定的时间里负刑事责任的问题,但二者有重要的区别:

①刑法的时间效力,是指刑法在什么时间生效,什么时间失效和对于刑法生效以前的犯罪行为是否有溯及力问题;而追诉时效,是指犯罪行为经过一定的时间后,刑法规定不追究其刑事责任的问题。这是两个不同的概念,不能混淆。

②刑法时间效力中的溯及力问题,主要是指刑法生效以前的行为是否适用刑法的问题;而追诉时效,是犯罪行为不管是发生在刑法生效以前,还是生效以后,只要是犯罪行为超过了法定的追诉期限以后,就不追究刑事责任的问题。

从上述两点可以看出,刑法的时间效力与刑法规定的追诉时效,是两个不同的概念,必须注意划清。

(二)赦免

1. 赦免的概念

赦免,是指由国家对犯罪分子宣告免于追诉或者免于执行刑罚的全部或者一部的法律制度。例如,我国全国人民代表大会常务委员会于 1975 年 3 月 17 日决定,对全部在押战争罪犯的特赦,就是赦免的一种。

赦免制度是一种很古老的刑罚制度。中国自周朝就有这种制度,汉代有赦除减等之制,唐律有赦降之例,宋刑统和明、清律对赦免都有规定。历代君王都有大赦的事例。中世纪以前的欧洲各国也都有赦免制度。法国资产阶级革命后,曾废除皇帝的特赦权,保留立宪会议的大赦权,到了拿破仑时代,国家元首的特赦权又重新恢复。现今世界各国都有赦免制度,但其阶级本质是不一样的。剥削阶级国家实行赦免都是为平息人民群众对于反动的政治镇压的不满,以缓和阶级矛盾,或者在庆典时以此表现恩赐以便笼络人心,粉饰太平,以达到稳定其反动的统治秩序。社会主义国家的赦免是从无产阶级和广大劳动人民的利益出发,对那些改恶从善的犯罪分子给予赦免,有利于化消极因素为积极因素,促进其他犯罪分子继续加速改造,维护人民民主专政的政权和社会秩序的安定。

赦免有大赦和特赦两种。大赦是国家对不特定的多数犯罪分子的赦免;特赦是对特定的犯罪分子的赦免。赦免通常由国家最高权力机关(或元首)以发布法令的形式施行。这种法令叫做大赦令或特赦令。

大赦和特赦的主要区别是;(1)适用的对象不同。大赦是对不特定的多数犯罪分子的赦免;而特赦是对特定的犯罪分子的赦免。(2)赦免的内容不同。大赦是宣告免予追诉或者免除刑罚的全部或者一部的执行;而特赦则只限于免除罪犯刑罚的全部或者一部的执行。

我国现行宪法只有特赦的规定,没有大赦的规定,因此,我国刑法第 61 条和第 62 条中规定的赦免,都是指特赦而言。我国的特赦,就是国家对于经过一定期间的劳动改造,确已改恶从善的犯罪分子免除剩余的刑罚,予以提前释放,或者减轻原判的刑罚,或者虽未判决,但经过一定期间的关押改恶从善的罪犯,予以释放。

2. 我国特赦的条件

我国的特赦是以犯罪分子在政治上、思想上和实际上是否确实改造好了为主要标准。因此,1959 年 9 月 17 日中华人民共和国主席刘少奇在关于特赦确实已经改恶从善的战争罪犯、反革命罪犯和普通刑事罪犯的特赦令中,对各类犯罪的特赦条件作了如下的规定:

（1）蒋介石集团和伪满洲国的战争罪犯，关押已满十年，确实改恶从善的，予以释放。

（2）反革命罪犯，判处徒刑五年以下（包括判处徒刑五年），服刑时间已经达到刑期二分之一以上，确实改恶从善的；判处五年徒刑以上，服刑时间已经达到刑期三分之二以上，确实改恶从善的，予以释放。

（3）普通刑事罪犯，判处徒刑五年以下（包括判处徒刑五年），服刑时间已经达到三分之一以上，确实改恶从善的；判处徒刑五年以上，服刑时间已经达到刑期二分之一以上，确实改恶从善的，予以释放。

（4）判处死刑缓期二年执行的罪犯，缓刑时间已满一年，确实有改恶从善表现的，可以减为无期徒刑或十五年以上有期徒刑。

（5）判处无期徒刑的罪犯，服刑时间已满七年，确实有改恶从善表现的，可以减为十年以上有期徒刑。

以上情况充分说明，我国的特赦条件是以改恶从善为标准，只要犯罪分子认真改造，就有可能特赦。

3. 我国特赦的特点

从1959年以来，我国实行了七次特赦。即1959年9月17日对确已改恶从善的蒋介石集团和伪满洲国的战争罪犯、反革命罪犯和普通刑事罪犯的特赦；1960年11月19日对于确实改恶从善的蒋介石集团和伪满洲国的战争罪犯的特赦；1961年12月16日对于确实改恶从善的蒋介石集团和伪满洲国的战争罪犯的特赦；1963年3月30日对于确实改恶从善的蒋介石集团、伪满洲国和伪蒙疆自治政府的战争罪犯的特赦；1964年12月12日对于确实改恶从善的蒋介石集团、伪满洲国和伪蒙疆自治政府的战争罪犯的特赦；1966年3月29日对于确实改恶从善的蒋介石集团、伪满洲国和伪蒙疆自治政府的战争罪犯的特赦；1975 年 3 月 17 日对全部在押战争罪犯的特赦。

从我国已实行的七次特赦可以看出，我国的特赦有以下特点：

（1）特赦只适用于特定的某一类犯罪分子。例如，战争罪犯、反革命罪犯和普通刑事罪犯，而不是适用于个别犯罪分子。

（2）被特赦的犯罪分子，必须是经过一定期间的关押或者服刑改造，并已确实改恶从善，达到了改造的目的。

（3）对被特赦的犯罪分子，只免除余刑，或者不再关押，予以释放，或者减轻其原判刑罚。

（4）特赦是由全国人大常委会决定，通常经中华人民共和国主席发布特赦令，由最高人民法院和高级人民法院予以执行；而不是由犯罪分子本人及其家属或者其他公民提出申请而实行的。

实践证明，采取特赦这一措施，是从全国人民的利益出发的，是符合无产阶级改造人类、改造整个社会的崇高理想，它同减刑、假释一样，是教育罪犯、改造罪犯的重要手段。

第二编
法治建言篇

完善执法检查制度，让执法检查更富成效 *

从本次会上省政府、省法院和省检察院的执法检查情况汇报看，它是行政执法机关和司法机关定期进行自身执法检查，并向省级国家权力机关报告情况的权力运作机制。这一机制，属于执法救济手段，对挽回执法中的不良影响，再造执法良好形象，有着积极的作用。从大的方面说，执法检查对巩固人民民主专政的政权和造福人民，都有着重大的作用。大科学家培根说过，一个错误的判决，比十起犯罪对社会的危害都要大。如果培根的话是对的，那么，我要说，一次像样的执法检查，其社会政治意义之大，无论怎样往好里评价，都不为过。

本次"一府两院"的执法检查，成绩显著。对成绩，该肯定的应当给予充分的肯定。从前有人讲："成绩不讲跑不了"，这个话我不赞成。有成绩就应该讲，而且应当讲足。通过讲成绩，才能鼓舞士气，坚定信心。这两天我们第一组许多委员对"一府两院"的执法检查，作了不少很好的评价。对这些评价，我都同意。小组会议有记录，在此不再重复。这里我想谈的，是"一府两院"执法检查中的不足之处。这不足，突出地表现在对深层次的问题没有涉及。

执法的深层次问题是什么？我以为，是部分执法者缺乏执法使命感。

---

* 本文为作者 1993 年 11 月 26 日在甘肃省人大八届六次常委会联组会议上的发言。

　　我们的执法者,不管他明确地意识到了也罢,还是没有明确地意识到也罢,他都负有一种使命,那就是通过端正地执法,巩固政权,造福人民。现在我们常见一些执法者,不是端正地执法,而是在执法中随意性很大。其中多数人懵懵懂懂,不一定知道他的随意性执法行为带来的后果是祸国殃民。彭德怀在世的时候,爱说一句骂人的话,叫"仔卖爷田不心疼"。那些懵懵懂懂的执法者,他使革命先烈用生命缔造的江山蒙受了巨大的损失,他清楚吗?他心疼吗?针对这一情况,建议在一段时间之内,结合学习《邓选》,在执法队伍中加强执法使命教育。

　　国外那些丢了政权的共产党,当年掌握政权时期的党政官员,现在的日子多数都不好过。中国有中国的国情,如果丢了政权,不是"不好过"的问题,而是千百万人头落地的问题。现在政权在我们手中,我们一定要用手中的权力巩固政权并发展革命成果,夺取更大的胜利。当年彭真恢复工作后痛心疾首地说:"自己修监狱自己坐,活该。"今天如果我们不着力纠正随意执法,等于自己给自己修监狱,甚至等于自己给自己修断头台。因此,我要大声疾呼,请我们大家都把随意执法的危害后果看得严重一点。只有看得严重一点,才能痛下决心,整肃执法队伍。

　　现在我们为官的人和老百姓对执法情况评价不一致。为官的人认为执法情况过得去,甚至有认为执法情况良好;老百姓认为执法中的问题严重。谁是谁非,也许都不排除"瞎子摸象"的问题。即使老百姓只是看到问题严重的一面,我们采取认同态度,我看也是有好无坏。

　　执法随意现象与困扰执法的以权压法、以言代法、以情乱法和以钱枉法有关。前"两以"是多年来的老问题,现在还仍然困扰着端正执法。不过,这"两以"逐渐退居次要地位。目前最严重的是后"两以",尤以最后"一以"——以钱枉法为甚。司法实践中,只要你碰到办得没有样子的案件或不端行政行为,绝大多数都与以钱枉法有关。钱在现实生活中,可以说是无孔不入。它腐蚀了我们执法队伍健康的肌体。人们说,什么部位腐败都不可怕,只要执法部位不腐败就有希望。别的部位腐败了,执法部门可以以法斧正。执法部位可千万不能腐败。

有鉴于上述种种,为了使执法检查更富成效,建议进一步完善执法检查制度,把制定《甘肃省执法检查办法》提上议事日程。执法检查办法除总结行之有效的一套办法外,还应当增加执法检查责任追究。有了执法检查办法,执法检查才能有法可依,也才能切实防止走过场。

"依法治邪"几个理论和实践问题之我见 *

邪教"法轮功"对社会危害剧烈,罪孽罄竹难书。1999 年 7 月 22 日我国政府对其依法取缔两年多来,国人向邪教"法轮功"作斗争,取得了良好的法律和社会效应。当然,毋庸讳言,有不少问题尚需认真探讨。这里谨就依法治邪几个理论和实践问题,谈点我见,请专家不吝指教。

一、"依法治邪"与依法治国

依法治国已经载入宪法。1999 年 3 月 15 日,第九届全国人民代表大会第二次会议通过《中华人民共和国宪法修正案》,将"中华人民共和国实行依法治国,建设社会主义法治国家"增加到宪法第五条,作为第一款。这是历史的进步。其作用诚如作宪法修正案(草案)说明的田纪云同志所说:"依法治国,是中国共产党领导人民治理国家的基本方略,是国家长治久安的重要保障。将'依法治国,建设社会主义法治国家'写进宪法,对于坚持依法治国的基本方略,不断健全社会主义法制,发展社会主义民主政治,促进经济体制改革和经济建设,具有重要意义。"

有了依法治国的宪法规定,依法治邪顺理成章。依法治国意味着

＊本文原载《中国法学会、中国反邪教协会北京理论研讨会论文集》,2001 年 7 月。

国家大事依法治理。防范和处理邪教"法轮功",是当前我国人民政治生活中的一件大事,自当依法办事。因此我们说,依法治邪是由依法治国决定的。如果说依法治国是源,那么,依法治邪便是流。源流相济,依法治国和依法治邪相得益彰。只知依法治国,不知依法治邪,那是只读懂半本治国方略;只知依法治邪,不知依法治邪是由依法治国决定的,那是连半本治国方略都没有读懂。为什么要说这些,无非鉴于现实生活中有人在挑依法治邪的刺儿。战斗正未有穷期,唯物主义者是无所畏惧的,人民只有在接受挑战中,才能更加坚定地站到自己学法、守法、维护法律尊严的岗位上来,才能义无反顾地运用法律武器向邪教"法轮功"作斗争。

二、"依法治邪"与有法可依

我国现行的法律和日臻完善的法律制度,是我们向邪教"法轮功"作斗争的锐利武器。诸如宪法、民法通则、刑法、集会游行示威法、未成年人保护法、社会团体登记管理条例、出版管理条例、全国人大常委会的决定、"两高"的司法解释、国务院有关部门决定、通告以及相关的程序法等等,在我们依法向邪教"法轮功"作斗争的过程中,也就是在依法治邪中,已经显现和将要显现巨大的威力。

2001 年 6 月 16 日,《法制日报》2 版报导:河南省女子监狱收监的"13 名'法轮功'类罪犯中的 12 人得到转化,最后 1 人也表示要回到政府的怀抱之中。"目前,"13 名已转化的'法轮功'罪犯纷纷要求走向社会,帮教尚未转化的'法轮功'痴迷者。"这一报导充分说明依法治邪的效果十分突出。

不过,我们不应当满足于运用现有的治邪法律、法规所取得的治邪成果。一定要高瞻远瞩,把治邪基本法的立法及早提到议事日程上来。在防范和处理邪教问题的工作中,一些有识之士已经发现现有的法律、法规不够用,且不完整,缺乏系统性,给执法、守法、学法、用法带来诸多困难,而且执法成本甚大。正因为没有治邪基本法,本可以事半功倍的事,现在事倍功半都堪称经济型。要解决这一捉襟见肘的、迫在眉睫的问题,必须加快步伐创设治邪基本法。

有消息说:"2001年5月30日法国国民议会以绝对多数赞成票通过了反邪教法——《汗布—比尔卡法》"。可见在铲除邪教这一公害的运作中,西方有些国家在立法问题上,与我们还是有共同语言的。

三、"依法治邪"与有法必依

已经显现和将要显现的依法治邪的巨大威力,其力量的源泉在于执法人员和广大公众熟悉相关法律、法规和普遍具有以身殉法的精神。此前中央和各省都表彰过一批同"法轮功"邪教组织斗争先进集体和先进个人,他们都是依法治邪的楷模。正是这些单位和个人,他们认真贯彻中央和各省关于处理"法轮功"问题的方针政策,他们做到了有法必依。其模范作用使治邪工作面上的成绩呈现丰满。

在防范和处理邪教"法轮功"的工作中,我们发现:有些人不是有法必依。相关的法律、法规对他们形同虚设。他们的"不作为"实在令人不安。这些人胆大妄为,以我为中心。邪教"法轮功"肆无忌惮地践踏法律、法规,你给他们说,该依法惩处了,他却压住不办。治邪的法律、法规遇到这些人,那种苍白,那种凄凉,使人不得不大声疾呼:治邪工作中的有法不依必须改变。治邪若能做到有法必依,国内的"法轮功"不愁不收敛。

四、"依法治邪"与执法必严

2001年2月27日,国务院防范和处理邪教问题办公室负责人刘京同志在记者招待会上说:"中国政府处理'法轮功'问题的政策是,团结绝大多数受骗上当的练习者,依法惩处少数违法犯罪分子。"由此可见我们处理邪教"法轮功"问题是两手抓,即一手抓团结教育,一手抓依法惩处。通常我们讲两手抓,总是强调两手都要硬。依法惩处这一手要硬,明显和执法必严是一个意思。

大家都知道,执法必严的"严",是严格的"严"。严格,顾名思义,就是严而有格,不到位不叫严格;过了头同样不叫严格。只有端正执法才符合执法必严的要求。

在依法治邪的执法过程中,我们看到端正执法、执法不到位、执法过了头三种情况都有。当然,端正执法是主流,执法不到位和执法过了头只是个别少数现象。

虽然执法不到位和执法过了头是个别现象,却不能不指出,两种现象无一例外,都是极不严肃的,如果得不到及时纠正,它会贻误大事。

笔者曾经在一篇小调研报告中指出,有人吓唬人,说处理邪教"法轮功"问题,要经得起历史的考验。该报告对之批驳说,会办案的人都知道所办案件要定性准确、事实清楚、证据确凿、惩处适当、程序合法,没有什么值得畏首畏尾的。

小调研报告所反映出的问题,说明我们的干部队伍人数众多,说什么的都有,但是决不要因为他们的片言只语影响了我们依法治邪的大方向。

依法治邪的工作才刚刚起步.后面的日子还长,人民期待着依法治邪始终健康有序地进行,这就一刻也不能离开执法必严。

五、"依法治邪"与违法必究

有人说,邪教"法轮功"的凶恶、嚣张,不在于邪教"法轮功"有多么强大,而在于我们有些执法人员对邪教"法轮功"的违法犯罪行为熟视无睹、偏离职守。更有人说,如果真有那么一天邪教"法轮功"把我们的船搞翻了,大家跟着喝水,必是我们内部的人给邪教"法轮功"帮了大忙。

我们不能眼睁睁地看着有些人有法不依、执法不严、违法不究。政权在我们手里,不正确用权,后悔莫及的事我们不干。一定要整肃执法队伍,对那些在依法治邪工作中亵渎职务的人,该批评教育的批评教育,该给予政纪处分的给予政纪处分,该追究法律责任的追究法律责任。

历史的经验值得注意,反腐败斗争的立法是够及时的,但就是依法反腐的认识总有那么一些人做不到跟中央保持一致,以致腐败蔓延甚嚣尘上。一个腐败甚嚣尘上就够烦的了,邪教"法轮功"再甚嚣尘上,我们还怎么搞建设!

俗话说:"斧打凿,凿入木。"同样道理,只有把吏治整肃好,执法者才能坚定不移地依法惩治邪教"法轮功"的违法犯罪行为,那时依法治邪才真正有希望。

在地方我们清楚地看到,上上下下的治邪工作人员忙得不可开交。我们为什么不能急这些同志所急,想这些同志所想,为他们分忧,为他们解困,让相关国家机器都优质、高效地运作起来!要想做到这一步,单靠表彰先进还不行,只有奖惩并用,才能把依法治邪中的违法必究问题解决好。

六、"依法治邪"与团结教育大多数

通常一提到依法治邪,人们就把依法治邪与依法惩处邪教"法轮功"违法犯罪行为画等号。这是一个极大的误会。这都是没有认真学法的结果。

打开《全国人民代表大会常务委员会关于取缔邪教组织、防范和

惩治邪教活动的决定》，不难发现该《决定》既讲到"坚决依法取缔邪教组织"，也讲到"团结教育绝大多数被蒙骗的群众"。

全国人大常委会的决定，属于法律性文件。从其上述内容可见，对依法惩处邪教成员违法犯罪行为，《决定》作了规定，对团结教育邪教组织中的绝大多数成员，《决定》同样作了规定。既然是这样，我们有理由认为，团结教育大多数邪教组织成员的工作，是依法治邪工作的一部分。

在被取缔的邪教组织的成员中开展团结教育工作，主要是通过思想政治工作的方法，使那些被邪教蒙骗的群众回到正常的社会秩序、法律秩序中来。

开展思想政治工作的对象，主要是邪教"法轮功"痴迷者。依法惩处的对象无一例外是有违法犯罪行为的人，其界限是十分清楚的。当然，邪教"法轮功"违法犯罪人员普遍痴迷于邪教"法轮功"，但法律对痴迷者犯罪没有免责的规定，正像醉酒后犯罪要负刑事责任有法律规定一样。不少人对此不明白，糊里糊涂地对痴迷者犯罪作了免责处理，把有违法犯罪行为的邪教"法轮功"痴迷者，混同于没有违法犯罪行为的邪教"法轮功"痴迷者，不分对象地统一用思想政治工作这一把钥匙，去开不同性质的两种锁，还要抱怨转化率低，这能怪谁呢？

我国法律历来讲究扩大教育面，缩小打击面。对那些推一推就成为犯罪，拉一拉就不犯罪的人，实践中立足于拉，但对界限分明的犯罪，从不姑息。古人说："刑惩已失，礼防未然。"不要把已然犯罪放在思想政治工作对象之中，诸葛亮还知道挥泪斩马谡，我们怎么就不懂"去邪勿疑"。须知只有果断地依法治邪，才能团结教育大多数被蒙骗的邪教"法轮功"的练习者，否则只可能是善良愿望而已，或者至少也是不珍惜纳税人的钱。

七、"依法治邪"与提高公民素质

这里说的公民素质,包括法制观念和科学文化素质。身处法治社会,只有科学文化知识,缺乏法制观念,算不得高素质。而"在全体公民中深入持久地开展宪法和法律的宣传教育,普及科学文化知识,"又是《全国人民代表大会常务委员会关于取缔邪教组织、防范和惩治邪教活动的决定》第三条所明文规定的。前面说过,《决定》也是法,故提高全体公民法制观念和科学文化知识,同样是现行治邪法律性文件所要求的。换言之,提高全体公民法制观念和科学文化知识是依法防范邪教活动的重大举措。

有的人不明白,为什么有些法律造诣颇深,科学文化知识较高的人也练"法轮功",甚至成为邪教"法轮功"的痴迷者,有的竟发展到不惜以身试法的程度。我们说,不能因为有上述现象,就认为提高全体公民法制观念和科学文化素质对防范邪教活动没用。因为有法律知识的人不等于有法制观念,有科技知识的人不等于什么都在行,况且这些人迷恋"法轮功",总有一些自身原因,诸如心理缺陷、性格偏执、人生挫折、打引号的"忧国忧民",等等。这种人实际是存在的,但不具有代表性。

外国也有邪教,近闻法国就有 16 万名邪教徒。法国从资产阶级革命到现在已经有几百年的历史了,你说它的国民素质不高,不好这样说, 法国国民议会邪教问题专家让·皮埃尔·布拉德指出:"邪教在秘密和隐蔽中滋生,在黑暗中发展,以神灵或玄奥做掩护,其唯一目的是夺取权力和金钱。"权力和金钱推动着 16 万法国人与邪教拉手, 200 多万中国人与邪教"法轮功"拉手又是为着什么呢? 仅听他们自己说为了"上层次"、"圆满",那是很不够的,必须把提高全体公民的法制观念和科学文化素质提上议事日程。

提高全体公民的法制观念和科学文化素质很重要,目前"校园拒绝邪教"已不仅仅是口号,已经进入实际运作,反邪的前景一片光明。我们有理由相信,全体公民的法制观念提高了,滋生邪教的土壤没有了,科学文化素质提高,愚昧落后的人少了,邪教在960万平方公里的土地上也就没有市场了。

八、"依法治邪"与综合治理

《全国人民代表大会常务委员会关于取缔邪教组织、防范和惩治邪教活动的决定》第四条规定:"防范和惩治邪教活动,要动员和组织全社会的力量,进行综合治理。"就甘肃而论,我看这一条落实得不错,唯一不足的是财政支持力度欠缺。甘肃是经济欠发达的省份,希望中央从各自系统内拨款资助。以甘肃省反邪教协会为例,省编委给了三名编制,省财政拨款扣除人头费(在编人员工资)所剩无几,还想做事,没有钱什么事也做不成是明摆着的。我们想办研究部,开展反邪教理论研究;想办资料馆,提供资料共享;想办杂志,开通反邪信息交流渠道,帮助总结反邪工作经验,展示反邪科研成果。所有这些工作,缺了钱只能是空想。我们有的是人力,就是没有财力。希望政府及社会各界对反邪工作多给予财力上的支持。总之,落实综合治理,缺乏财力支持很难收效。

中国道德政治法律全面拒绝"诱惑侦查"*

　　"诱惑侦查"的行为人在现实生活中屡屡遭到重拳打击,一方面是刑事司法的严厉制裁,另一方面是老百姓异口同声的唾骂。在这样官民一致对之作出否定评价的情况下,居然还有人妄谈"诱惑侦查"的"必要性、合理性",这就不能不给点以正视听的声音。本文拟从三个方面加以阐述。

一、中国道德全面拒绝"诱惑侦查"

　　中国道德提倡什么, 排斥什么, 不是一会儿半会儿可以说全面的。仅就善恶而言,中国道德提倡善、排斥恶,这是没有争议的。那么,"诱惑侦查"是行善呢,还是作恶呢?这个问题比较好回答。须知"诱惑侦查"只是"陷阱侦查"的别名,是不讲职业道德的人设置圈套套人犯罪并从中谋取名利的一种犯罪伎俩。"诱惑侦查"犹如挖个坑,诱人往坑里跳,这纯粹是坑人。坑人是作恶,无善可言。

　　"诱惑侦查"的行为人,只能是玩世不恭、铤而走险、执法犯法的警察,而警察是国家机器中的重要组成部分。一位前国家领导人曾经说过:"国家安危,警察系于一半"。为了维护警察的整体形象,对搞"诱惑侦查"的警察,发现一个处理一个,这是人民群众举双手赞成的。中国共产党作为执政党,她有一条颠扑不破的路线叫群众路线。

---

　　* 本文原载《社科纵横》2006 年第 7 期。

凡是人民群众厌恶的事,她就反对;凡是人民群众赞成的事,她就支持。中国共产党和人民群众的心始终是相通的。某一警察设圈套套人犯罪,老百姓说搞这玩艺伤天害理,中国共产党只会认同老百姓的理念,不会对"诱惑侦查"开绿灯。

再说中国共产党"以德治国"的方略,已经升华到《中华人民共和国宪法》的文本当中,在这种局面下想入非非搞"诱惑侦查",不管是"诱惑侦查"行动,也不管是有关所谓"理论",即便是打着"探讨"的旗号,其遭遇不可能不像过街老鼠一样。

笔者考察过搞"诱惑侦查"的警察,他们往往装出一副"任务"至上的面孔,强调搞"诱惑侦查"是"任务"逼出来的。至于什么叫任务,这些人却一窍不通。

警察的任务,由于警种不同,其任务各不相同。拿刑警来说,他的介入任务是向刑事犯罪作斗争。

刑警任务告诉我们,是先有犯罪,然后才有刑警的介入。从这个顺序说,是刑事犯罪生产了刑警和讲授刑事法学包括刑侦学的教授,决不允许刑警和讲授刑事法学包括刑侦学教授生产刑事犯罪。谁搞"诱惑侦查",谁就是生产刑事犯罪。不要说对一个清白的人搞"诱惑侦查",就是对一个所谓"有犯罪倾向的人,诱其上钩实施犯罪",同样为中国道德所不容。

对一个"有犯罪倾向"的人,是立足于拉,还是立足于推,这是区分行善作恶的分水岭。一个"有犯罪倾向"的人,拉一拉就过来了,就远离犯罪,推一推就过去了,便成为犯罪分子,中国道德当然主张要拉不要推。中国道德里有劝勉救人的一句话,叫"救人一命,胜造七级浮屠"。还有谴责该为而不为的一句话,叫"见死不救"。见别人有困难不加救助,中国道德都要谴责,面对一个"有犯罪倾向"的人,身为刑警,"特意设计某种诱发犯罪的情境,或者根据犯罪倾向,提供其实施的条件和机会"，叫他人瞌睡遇上枕头，这样明目张胆地坑人，给人民群众留下十分恐怖的感觉。

中国道德特别讲究将心比心，有句话叫"己所不欲，勿施于人"。把"诱惑侦查"搞到"诱惑侦查"行为人和探讨者头上，试问这些人，你们能接受吗？搞"诱惑侦查"的临洮县公安局原副局长张文卓、临洮县公安局缉毒队原队长边伟红、临夏州公安局禁毒支队原支队长丁永年、兰州市公安局西固区公安分局禁毒大队原副队长赵明瑞、兰州市公安局西固公安分局原副主任科员倪兴刚，这些人自以为得计，设圈套套人犯涉毒罪，险些造成荆爱国、杨树喜等无辜公民冤死。但蒙冤者一个个由法院宣告无罪，或者由检察院撤诉，而上列 5 名"缉毒英雄"无一例外地受到法律的严惩。有的"探讨者"曾为受审的"缉毒英雄"出庭作过辩护，不知道辩护词是如何突破中国道德底线"己所不欲，勿施于人"的。"探讨者"在公众场合、在刊物上大谈"诱惑侦查必要性、合理性"，和诲淫诲盗没有什么两样，而诲淫诲盗则是中国道德抨击的永恒话题。

前面提到的搞"诱惑侦查"的人多强调为"任务"所迫，还说起刑事警察的任务是向刑事犯罪作斗争。这斗争，按规定和常理，都应当是双重的，即一是在刑事犯罪发生后，运用侦察手段揭露犯罪；二是预防犯罪，也就是防患于未然。这样做，同样是中国道德规范的要求。中国道德讲"害人之心不可有，防人之心不可无"。这句话通常用在防备别人坑害自己，在这里只需把"自己"稍微放大一点，比如说放大到"自己的国家"，这句话便同样用上了。众所周知，犯罪是危害国家、危害社会的行为，肩负向犯罪作斗争的警察，在犯罪尚未发生时去做预防工作，为国家为社会避免损失，当然更好。"诱惑侦查"不去防患于未然，在犯罪尚未发生时去促成犯罪，这是安的什么心啊？是嫌中国不够乱？嫌犯罪率不够高？嫌监狱的床位不紧张？嫌纳税人的钱投入司法成本不够多？这些人到底是怎么样想的，一定要搞清楚。

有人说搞"诱惑侦查"的人是为利益所驱动。我们赞成这个观点。在警察中推行激励机制是必要的。但要防止有些人钻激励机制的空子。对办案有功人员给予荣誉、发放奖金、提拔职务、晋升级别等一系列的奖励，不是不要给，而是不要滥给，一定要慎重地给。

这里我们给滥发奖金举个实际例子，当年伙同临洮、临夏、兰州三地警察搞"诱惑侦查"的马进孝，当局给他发了三次奖金，第一次3500元，第二次2100元，第三次5500元，三次共发奖金11.1万，这是给身为线人的马进孝的奖金。身为警察的正犯张文卓、丁永年、赵明瑞们领取"奖金"多少呢？正犯比帮助犯的"奖金"只会多不会少。俗话说："白酒红人面，黄金黑仕心"。是滥发奖金的相关奖励诱惑着搞"诱惑侦查"的人。中国道德里有句话，叫"君子爱财，取之有道"。孔子还有句话，叫"不义而富且贵于我如浮云"。搞"诱惑侦查"的人把中国道德置之脑后，把儒家思想中的一些精华抛到九霄云外，最后落个身败名裂，既可恶又可悲。

借助刑警的身份搞"诱惑侦查"的人是为了钱和荣誉，兜售"诱惑侦查"的人又是为了什么呢？一个刑事法学教师，搞科研可选课题很多，偏偏选"诱惑侦查必要性、合理性"胡诌一通，实在是走偏了路。中国道德里同样有引导这种人的话，叫"人间正道是沧桑"。

二、中国政治全面拒绝"诱惑侦查"

21世纪的中国，在建设物质文明、精神文明的同时，着力建设政治文明。中国共产党人积数十年的经验认识到，"三个文明"必须齐头并进，因为它们之间相辅相成，其中任何一个环节脱落，其余的文明也都不复存在。特别是政治文明建设，这是在物质文明建设和精神文明建设提出很久之后才提出来的。在两个文明建设上面再加一个文明建设,这是中国共产党人对政治认识的一次飞跃。试想,物质文明、精神文明不附着在政治文明之上,它如何维系?政治文明的对应词是政治昏庸。一个国家,如果政治昏庸,便不可能有像样的物质文明和精神文明;相反,在政治文明的国度里,物质文明和精神文明才会有长足的发展空间。这就是说,一定的物质文明和精神文明,必然要求相应的政治文明相匹配。吃公安、法律这碗饭的人,一定要懂政治,不然法律为政治服务就无法落实。搞"诱惑侦查"的人不懂政治,行为撞上了政治文明还不以为然,这种人是政治盲人。

文明的对应词是野蛮。搞"诱惑侦查"害人,可谓太野蛮了。这个人,那个人,大家都是人。这个人设圈套去陷害那个人,如此同类间的残害,只有蛮荒的上古时代,无人用文明去评价世事,才会发生这类野蛮行为。时光演进到 21 世纪,特别是在中国政治举起了"以人为本"这面深得人心的大旗时,竟然还有人兜售和实行"诱惑侦查",与我们的时代太格格不入了。

中国政治的主心骨是中国共产党。中国共产党有着博大的胸怀,她以改造世界改造人为己任。其中改造人,绝不是把好人改造成坏人,而是创造条件,淘汰人性中假恶丑的一面,把真善美做强做大。兜售和从事"诱惑侦查"的人,刻意把并未犯罪的人,通过犯意发动或者"提供机会"做成犯罪的人,然后自己去"破案"邀功请赏,追逐加官晋爵,这样不顾一切地损人利己,没有一点能够和中国共产党倡导的与人为善合上拍子,这也正是"诱惑侦查"与中国政治对立的症结。

当前,中国共产党正在全党开展共产党员先进性教育,从中央到地方,各级党组织及领导人,都在积极倡导并身体力行做好事。"诱惑侦查"无好可言。兰州"缉毒英雄"赵明瑞、临夏"缉毒英雄"丁永年等,他们与不法人员马进孝合谋炮制贩毒假案,诱人犯罪,在国内外造成极其恶劣的政治影响。这些给中国政治抹黑的事件,不过是昨天的事,今天历历在目,每一个中国人,无不刻骨铭心,兜售和实行"诱惑侦查"的人,更应当通过将心比心猛醒。当然,叫他们将心比心,只是善良人的主观愿望,实际上,他们有的人还是比较坚持原有态度。

且看兰州"缉毒英雄"赵明瑞的嘴脸。在赵明瑞被定罪判刑之后,《兰州晚报》记者张燕采访他,他还说:"时至今日,我仍然坚持我没有罪。"并说:"我们经营毒品案件,都是从一个线索滚出另一个线索。"又说:"正因为毒品案件的特殊性, 所以全省以至全国公安机关在经营毒品案件时,都是采取这种由有底案的灰色特勤提供线索。"赵明瑞还放出狂言:"如果我们当时采取的(诱惑)侦查手段是犯罪的话,那么,是不是缉毒警察都犯罪?"这叫什么话?

从中国政治追求完美出发,面对毒品泛滥,不禁不行。不禁,由毒品犯罪引发的刑事案件将与日俱增,而且中华民族"东亚病夫"的耻辱将无法洗雪。禁,不搞"诱惑侦查"完全能行。

罪犯赵明瑞说:"因为毒品案件的特殊性,全省甚至全国公安机关在经营毒品案件时,都是采取由有底案的灰色特勤提供线索"。殊不知由有底案的灰色特勤提供线索是法律允许的, 而伙同灰色特勤诱人犯罪是法律禁止的。换句话说,线索要尽量利用,诱人犯罪决不允许。赵明瑞们不应当糊涂到把利用线索破案和诱人犯罪看成一回事。

如果给"诱惑侦查"在禁毒领域开绿灯,它会像毒品一样泛滥危害国家危害社会。那时,兜售"诱惑侦查"在文字上设定的这原则、那原则,都将变成无原则。这几年,已经发现缉毒警之外的其他警种,同样出现了"诱惑侦查"。他们的"理由"就是禁毒能使用的"诱惑侦查"手段,他们同样可以照猫画虎。由此可见,"诱惑侦查"的闸门一定要关紧,否则将一泻千里,泛滥成灾。何况禁毒领域中的"诱惑侦查",不少已经是共同犯罪:教唆他人贩毒,自己携公款买毒,是双料的共同犯罪。仅仅去抓捕被教唆的人,放过教唆犯,放过买卖同科的买主,这连封建时代津津乐道的"王子犯法与庶民同罪"都不如了,当今的中国政治无论如何也不会对之采取沉默态度。

中国政治现在以建立和谐社会为目标,而"诱惑侦查"制造了那么多矛盾,跟和谐社会唱对台戏,中国政治绝不可能听之任之。吃着纳税人的饭,穿着纳税人的衣,却干着纳税人深恶痛绝的事。中国政治出于自卫,把搞"诱惑侦查"的人的饭碗砸了,叫"诱惑侦查"寿终正寝,这是理所当然的。如若不然,和谐社会将被"诱惑侦查"制造的不和谐糟蹋得体无完肤。举个例子:兰州有个特勤潘某某,跑到云南省巍山县去混光阴,半年过去了,什么光阴也没混上。但是这小子有"艳福",在当地结交上一个颇有姿色的女青年,玩热了,情不自禁,掏了5000块钱给人家。这个女青年羞羞答答地收下了,一面收一面说:"先借给我当生意本钱,等我赚了钱再还你"。有了这样的默契,潘某某开始带上这个女青年游山玩水,十天过后分手回到兰州。回兰州后还想重温旧梦。三番五次约女青年到兰州相会,女青年借口摆脱,潘某某教唆:你借上几千块钱,买成白粉(海洛因)带来,到兰州后我帮你找买主,出手后,路费有了,还我的钱有了,你自己还能赚上一笔钱。女青年按照教唆来到兰州,潘某某带上警察抓了女青年。这是一个实际案例。像这样的"诱惑侦查",它败坏的并不仅仅只是警察的形象,在中国政治构建和谐社会的今天,搞"诱惑侦查"纯粹是把中国政治根本没有放在眼里。通过上述案例,人们看到的是:地地道道的坏小子,成了缉毒有功人员,吃香的,喝辣的,玩姑娘,在公安机关还有他的一席之地。可怜的云南女青年失身于搞"诱惑侦查"的坏小子,最后还被送进了监狱。中国政治要求构建的和谐社会,就这样被"诱惑侦查"无情地踩躏,难怪中国政治全面拒绝"诱惑侦查"。

那兰州搞"诱惑侦查"的赵明瑞,在法院以滥用职权罪对他定罪判刑后,还说如果他搞"诱惑侦查"是犯罪,那全国缉毒警察都犯罪。如此肆无忌惮地诬蔑全国缉毒警察,给中国政治抹黑,这是绝对不允许的。退一万步说,就算不少缉毒警察搞过"诱惑侦查",那同样不能证明"诱惑侦查"对构建和谐社会有利无害。"诱惑侦查"是和谐社会的死对头,我们一定要与之作殊死的斗争。

三、中国法律全面拒绝"诱惑侦查"

"缉毒英雄"赵明瑞搞"诱惑侦查"被法院依法定罪判刑,他为自己的辩护说,别人能那么搞,他就能那么搞。兜售"诱惑侦查"的人引经据典讲外国法律如何允许"诱惑侦查"。他们患了一个通病,那就是不说中国法律允不允许搞"诱惑侦查"。当然,他们也不是不想从中国法律找依据,问题是找不着,不是有规定找不着,而是根本没有这种规定。相反,禁止性的规定,在法律里随处可觅。例如:《中华人民共和国刑事诉讼法》规定,启动刑事案件,必须先行立案。没有立案,就没有侦查。案没有立,就去搞侦查,这叫违法办案。搞"诱惑侦查"为刑事诉讼法不能允许,因为他们瞒天过海生产出来的犯罪,实在不能和立案侦查的对象同日而语。

再如,《中华人民共和国刑事诉讼法》规定,侦查的任务是收集和调取证据材料。这等于说证据材料是现成的,用不着去瞎折腾搞什么"诱惑侦查",只要花工夫去收集和调取就行了。收集和调取哪方面的材料呢? 刑事诉讼法同样规定得很具体,那就是"收集、调取犯罪嫌疑人有罪或者无罪、罪轻或者罪重的证据材料。"(《中华人民共和国刑事诉讼法》第八十九条)这里一点也没有涉及"诱惑"乃至"诱惑侦查"。这不是立法者的疏漏,而是"诱惑侦查"在中国法律里,压根儿就不应当有任何地位。

又如,《刑事侦察工作细则》和《中华人民共和国警察法》,分别对

"诱人犯罪"作了严格的禁止性规定。在《公安机关办理刑事案件程序规定》这部中华人民共和国公安部颁发的法规里，第一百七十二条规定："公安机关侦查犯罪过程中，根据需要采用各种侦查手段和措施，应当严格依照法律规定的条件和程序进行。"第一百八十一条更进一步地规定"严禁引诱"。"严禁引诱"的字样，在第一百八十九条中同样作了强调。

作为刑警，应当懂得法无明文授权，不得擅自行使权力。当法规里明文规定禁止，而且是强调地规定严格禁止，还去闯红灯，只能说明在这些人心中无法无天。

通观所有法律法规。不仅没有授权刑警去搞"诱惑侦查"，耳提面命依法办案更是从中央到地方不厌其烦地在说，强调的频率已经高得不能再高了，仍然自行其是，除掉这些人品质有问题外，和歪嘴和尚把经念歪了，有一定关系。

举个例子讲，我们就碰到过一位自命不凡、有支持"诱惑侦查"倾向的秀才，他居然能把公安部颁发的法规念破句。一次其人说："《公安机关办理刑事案件程序规定》第一百七十二条明文规定，'公安机关侦查犯罪过程中，根据需要采用各种侦查手段和措施。'其中各种手段，自必包括'诱惑侦查'手段。"甚至还强调说："只要公安机关认为需要，采用'诱惑侦查'是符合公安部规定的。"听了这位自命不凡的秀才的高论，有人提醒："请你注意，你引证的公安部部颁法规，在你的引文下面，只是一个逗点，不是句号。句号在尾随其后的'应当严格依照法律规定的条件和程序进行'下面。"那位秀才拿起书本一看，果然是他曲解法规，这才哑口无言。

这样的秀才不止一个。写《诱惑侦查必要性、合理性探讨》文章的秀才，他举联合国文件中"控制下交付"作为他兜售"诱惑侦查"的依据。吓唬谁呢？联合国文件中的"控制下交付"讲的什么，你这位秀才讲的什么,用一句上海话说:"不搭界"! 人家讲"控制下交付"是讲当毒品犯罪能够有条件控制的情况下,于交付的时候再破案。这是从效果出发,追求扩大战果,一网打尽。如果控制不了,中途有可能发生变故,案件有可能从缉毒警的视野中消失,那还是哪里发现哪里破案。兜售"诱惑侦查"的秀才东拉西扯,扯出"控制下交付"就能救活"诱惑侦查"吗?绝对不能。何况中国刑警的职务行为,只应当从中国法律里找根据,难道中国刑警不遵守国内法还是中国刑警吗?

下面我们再讲实体法同样拒绝"诱惑侦查"。

《中华人民共和国刑法》第二十二条规定:"为了犯罪,准备工具、制造条件的,是犯罪预备。"这条规定把故意犯罪四种形态中的犯罪预备,下了一个贴切的定义。这个定义告诉我们两点,即一是只要不是为了犯罪准备工具制造条件,即使是准备工具、制造条件,那也不是犯罪。既然不是犯罪,当然也就不受刑事追究。二是犯罪预备和犯意表示不一样,犯罪预备是一种行为,犯意表示只是单纯的思想流露。这种流露出来的思想是错误的,应当及时加以教育,防止其走上犯罪道路。犯意表示同犯罪预备相比,对社会尚未产生直接威胁,所以我国刑法没有规定犯意表示要负刑事责任。由此可以看到我国刑法只惩罚犯罪行为,不惩罚错误思想。"诱惑侦查"把诱惑对象圈定为"有犯罪倾向"的人。这"有犯罪倾向"是个什么概念?是否是介于有犯罪行为和有错误思想之间的什么人? 假定有犯罪行为和有错误思想之间真的还有一种人,这种人就叫"有犯罪倾向"的人,他仍然不受刑事追究,因为他毕竟还没实施犯罪的行为。总之,实体法一点也没有把"有犯罪倾向"的人放在惩处之列。

《中华人民共和国刑法》第十三条更规定:"……"犯罪"情节显著轻微危害不大的,不认为是犯罪。"《公安机关办理刑事案件程序规定》第一百六十二条第 22 款规定:"认为没有犯罪事实,或者犯罪情节显著轻微不需要追究刑事责任，或者具有其他依法不需要追究刑事责任情形的，……不予立案。""诱惑侦查"的行为人和兜售者。应当心平气和地把那些仅仅"有犯罪倾向"的人，和不予刑事立案的这些人作一番比较，看看到底谁轻谁重。

世界各国法律，无不沿着举轻以明重或者举重以明轻的轨迹运行。上面引述的法条是举重以明轻。就是说，比这重的不是犯罪，比这轻的更不是犯罪，连立案都不必了。

四、结　语

综上所述，我们对"诱惑侦查"从多角度地进行了审视，最后得出结论——中国道德、政治、法律全面拒绝"诱惑侦查"。

"诱惑侦查"之类的恶行，无情地糟蹋着国人的生存环境。在少数人搞恶行的时候，及时地加以扑灭，固能使恶行收敛，但最需要花大力气去做的，是提高全民对国家安危的敬畏。全民敬畏国家安危，是我们守卫和谐社会的最低的，也是最本质的一道防线。

邓小平生前说："最大的失误在教育"。面对一代伟人的提醒，对警察的教育，我们一点也不能懈怠。

中国经济建设重点转向西部与
西部法制环境建设 *

改革开放以来,我国东南沿海各省经济建设蒸蒸日上。本来底子就比较好,再经过这十几年的大发展,西部与之相比,差距更加拉大。中国共产党有一条不变的宗旨,那就是共同富裕。战争年代我们讲东方不亮西方亮,建设时期完全有理由推断好了东方就该好西方——中国经济建设重点转向西部的时日不会太远了。

为了迎接国家经济建设重点转向西部,西部有许多准备工作应当抓紧做,其中法制环境建设工作尤为重要。这里拟对"要"中之要,即转变法制观念,用时代精神武装执法者略述一二,但求抛砖引玉。

改革开放十几年来,如果我们把东西部的法制工作放在一起对比,很容易发现一个十分突出的不同之处,那就是许多在西部认为是违法犯罪的事,在东部根本没有人把它当成问题。同是一个国家,而国家又极为强调法制的统一,为什么出现这样大的差别?一言以蔽之:东部的观念是新的,"新"到在执法问题上也讲"水至清无鱼";西部的观念仍然是旧的,"旧"到还要"割资本主义尾巴"。例如,西部有一年有一个人把某地深山老林中的柴货买下,又租用汽车拉运出来卖给缺柴无柴的农户,赚了一笔钱,当地政法机关力主把这作为投机倒把犯罪案件办。有人提出不同意见,并用刑法理论去做统一认识的

---

* 本文原载《建设有中国特色的社会主义理论与实践》,系甘肃省社会科学学会联合会向国庆 45 周年献礼文集,1994 年 10 月。

工作,指出犯罪最本质的特征,也是具有决定意义的特征是行为的社会危害性,贩运深山老林中柴货给缺柴无柴的农户,其行为对社会有益无害,不能因为他赚了一笔钱就治他什么投机倒把罪。然而当时多数人对这个话不以为然。他们从传统观念出发,认为法无明文规定不为罪,法有明文规定就应当该怎么办就怎么办。当时的法可确实明文规定动用大型运输工具(包括汽车和拖拉机)长途贩运属投机倒把行为,而投机倒把行为情节严重、数额较大的就构成投机倒把罪。这样一桩公案,彼时的西部人,包括省长们在内,多不愿说谁是谁非。一位令人敬佩的省长也只能采取两方面谁也不得罪的态度批示道:"对此案应当慎重处理,由当地政法机关会同工商管理部门做些调查研究后,提出处理意见报省决定。"

在西部办这个案子的同时,东部某省也办了一个类似的案子:某乡镇企业生产了一种西药原料,经过科学检验合格后由某大城市的一家药厂收购,然而生产这种原料的某乡镇企业,彼时尚未办出生产这种原料的合法手续,按当时的法律规定说,这也可以以投机倒把定罪。但在东部,没出县境就解决了——解决的办法就是抓紧补办合法手续。

不同的处理带来不同的结果:东部那家生产某一西药原料的厂子,尽管没合法手续,实际一度"非法生产",但生产一点也没受到影响,该赚的钱照赚;然而西部那位贩卖柴货的人,因为基层政法机关认为他的行为已经构成了犯罪,他挣的钱被收缴了,他本人也被抓起来了。尽管有了省长批示但省长批示也只是解决了不立即定罪判刑,却并没有解决立即放人、立即发还收缴钱款。由此可见,法制环境太重要了。法制环境好,没有钱可以有办法赚钱;法制环境差,挣了钱还会得而复失。"柴货案"由于省长的干预,当时未成定局。但人抓了、钱收了的做法起码能吓退一些致力于富乡富民的人。且不论是否会使人一蹶不振，即就把致富的积极性压抑了一年半载，损失也是大的。

如果说上述两例是改革开放初期的事，距今已有多年，时过境迁，不足为训，还可以举今天的新例。去年以来，全国检察系统办了一大批经济犯罪案件，对廉政建设，对经济建设起到了应有的促进和保驾护航的作用。但是我们也看到，东部办的多是典型意义上的贪污、贿赂、盗窃等案件，西部却办了一些把人抓起来一年之久连性都定不下来的案件。定性为什么那么难？难就难在法无明文规定，而办案人甚至办案单位自以为把人抓对了，自己是在履行职务，是对国家负责、对人民负责。

不可讳言，社会的大变革，与法的稳定性之间不是没有矛盾的。这矛盾通常表现为主体行为超前，立法滞后。例外的是立法、司法与规范主体行为的现实需要之间存在某种脱节。然而脱节不同于滞后。在社会大变革时期，超前的立法是有的，但这种立法的超前性几乎在瞬间便让位给滞后性。因此我们说，立法的滞后性是正常的，只要立法者及时把握立、改、废，它不会束缚生产力的发展。在中国，立法的出发点和归宿，总是紧紧地围绕着促进生产力的发展。脱节则表现为在一段时间里，规范出现一片空白，根本没有准则可言。这种情况是不正常的，需要相关方面认真地思考，找出问题的症结，看看毛病到底出在哪里，属于立法的问题，就由立法者去补救；属于司法的问题，就由司法机关去纠正；属于一般社会成员或单位的问题，就由一般社会成员或单位负责。上文提到的把人抓起来一年之久连性都定不下来的案件，只能说明问题出在司法环节。司法环节把人抓准了，焉有长时间定不下性的道理。人抓得不准，放又觉得还有问题，不放案子又办不下去，只好硬着头皮把人作为"未决犯"长期关押。你说这是立法问题，立法没有任何一个规范性条款规定应当这么做。你说这是人犯的问题,他态度不好,不主动配合办案,不好这样说。只能说这是由于司法超越立法,置现行立法于不顾,所以在现行立法上才找不到定罪判刑的依据。这与故意违法办案还不同。故意出入人罪,那就是故意违法办案。上文中提到的案件的办案人以至办案机关有一种内心确信,确信自己是在履行职务。在他们看,法无明文规定可以请示,让上级重新作出司法解释;法无明文规定办案单位可以开会研讨,论证案子该怎么办,然后就按请示所得的答复和研讨会上的意见去办。笔者不能说这种模糊观念在西部司法中具有代表性,但笔者敢说这种模糊观念在西部司法部门中有一定的市场。有的人自认为自己对国家、对事业有感情,实际上缺乏学习,知识更新谈不到,连政策精神也吃不透,对许多法律规定似通非通,遇到案子以感情代替政策,以感情代替法律,而感情却又系在"捍卫社会主义的纯洁性和割资本主义尾巴",这与东部讲"水至清无鱼"形成鲜明对照。

　　西部人应当在国家经济建设重点转向西部之前,努力用现代精神武装人,特别要着力于执法人员观念的转变。立法滞后现象什么时候都会有,但观念落后的执法者不应当有。执法者观念落后,即使立法是全新的,也会出现执法偏差。执法者能有全新的法律观,即使立法滞后,所办的案件,也会有利于生产力的发展。因此,完整地说,小平同志的"三个有利于"的观念,即有利于综合国力的提高,有利于社会生产力的发展,有利于人民生活的改善的观念,确系现代精神,应当作为执法行为准则。西部执法遵循这个准则,法制环境差的问题便有可能逐步向好的方面转化。否则,不要说利用令人满意的法制环境吸引外地客商,吸引众多的投资者来西部投资,发展西部生产,繁荣西部经济,就是本地的资金,也还有个抽逃外地的问题。这几年西部资金大量流入沿海地区就是证明。

　　本国的公民以至来自外国的客商,他往往对本国和对在经济上有交往的国家的法律加以研究，但更多的是看法制环境。换句话说，他们不光要看法在法律文本上是如何规定的，更重要的是看法的实施状况。西部执法人员应当"筑巢引凤"，把法制环境构建得好好的，迎接国家经济建设重点转向西部。

甘肃必须加快构建良好法制环境的步伐 *

近几年,我省法制环境有了长足的改善,但仍有缺陷,因此谋篇如题。

一、构建良好法制环境的意义

打仗不知道为谁而战,这个仗是打不好的。构建良好法制环境不知其意义,这个构建也是要落空的。有关意义,依笔者愚见,主要应当从以下两点去看:

1. 法制环境决定着人的生存和发展条件的好坏

作为法治社会,人从生到死,法都在干预。这是很正常的。问题是这干预人从生到死的法,在我国,从立法者来说,无不出自对人的关怀。"仁者爱人",在社会主义中国的立法中,体现得淋漓尽致。我们的司法、执法人员一定要认真体会这一立法真谛,落实到行动上,时时处处为人做好事,不做坏事。

不论哪里人做官,与人为善的官风,什么时候都是受欢迎的。念不了经,或者故意把经往歪里念的官,伤人是难免的。俗话说:"树怕剥皮,人怕伤心"。伤了人的心,后果是严重的。让人活得舒心,在法律允许的范围内,为人多谋利益,于稳定、发展都是有利的。不谋事,光

---

* 本文原载《甘肃省老干部建言献策录》,系中共甘肃省委组织部、中共甘肃省委老干部工作局编,2003 年 9 月。

算计人、整人的官，历史上有。现在多见的是一手抓工作，颇像那么回事，另一手却搞腐败，同样不含糊。目前，这种官是最伤人心的。把这种官放在司法、执法岗位上，他对法制环境只能带来危害，不会带来老百姓欢迎的官风。

古人说："达则兼济天下"。今天我们联系执法司法人员来说，既在执法司法岗位，就要秉公执法司法。在执法司法人员操守中，善莫大于秉公。甘肃是个多民族省份，又是外来移民众多的省份，亲此疏彼都有后果。掌握权柄的人都要立党为公，到那时，甘肃的法制环境，对人的生存和发展便会揭开崭新的篇章。

2. 发展经济离不开良好的法制环境

社会主义市场经济从生产到流通，没有哪个环节不是靠法律调整的。毫不夸张地说，法是社会主义市场经济的命根子。而法制环境又是法与执法司法人员和参与法律活动的每一个主体所形成的情况。经济领域里参与者依法良性互动是必要的，而起主导作用的是官员。

在法律宣传中，主流声音是守法。这里我想说一句非主流的话，那就是不管哪部法律、法规，都有空子。这空子不是立法者的疏忽，而是客观现实使然。有人可能要问法律空子在哪里？法律空子就在既未规定哪是你的权利，又未规定哪是你的义务的法律空白中。你可将法无明文禁止视为你的权利，而对执法司法人员来说，法无明文授权不得类推行使权力。这便是我对法律空子的学理解释。我们务必要在明白相关道理的基础上，用足用好中央给西部的政策。

老百姓有句指责不端执法司法行为的话，叫"拿着鸡毛当令箭"，还说"法看谁犯，官司看谁断"。拿鸡毛当令箭，执法过头显然不对，这断官司的学问要多大有多大。20年前我给断官司总结两句话：叫"重实际，案情搞清。重理论，融会贯通"。把案情没搞清，对理论一知半解,这种人办案子,正确不到哪里去。

九年前我在一篇新中国成立45周年献礼文章中说到东西部经济发展状况不同。原因很多,其中重要的一条便是东部法制环境宽松,西部法制环境偏紧,松、紧是如何形成的,与断官司的人断出了松紧有很大关系。拿鸡毛当令箭,断出官司必然造成法制环境偏紧。对钻法律空子打擦边球,放他一马,带来的必然是法律环境宽松。经济要上去,就得对执法、司法人员把上述法的真谛灌输下去,以保证早日进入小康社会。

执法中难免不碰到法律效应与社会效应背离的问题。发生这种问题,不能只顾法律效应,不要社会效应。法理设立的法律效应服从社会效应的公式,与"三个代表"重要思想是吻合的。我们司法、执法人员,脑子里就像不能不装"三个代表"重要思想一样,不能不牢记法律效应服从社会效应。带着这一认识去执法、司法,促进生产力发展的良好法制环境自然会在我们的手中脱颖而出。

经济的发展,不能只靠司法、执法人员去构建良好法制环境,一切参与经济活动的个人和单位都要同心同德去构建,只不过官员的作用更重要而已。

二、构建良好法制环境的几点设想

1. 各类执法司法人员都要定期轮训

培训在职干部是我们党的优良传统和作风。革命战争年代条件那样差,各革命根据地无不努力创造条件,开办各式各样的培训班,甚至远隔千山万水把干部送到革命圣地延安去学习。现在我们培训干部的硬件颇好,而培训对象有些很懒,怕学习,他不知道"充电"对于他来说有多么重要。更有甚者,有些人有工夫喝酒、打麻将,却没有时间去翻翻业务书刊。至于武装头脑的政治理论学习,那就更不用说了。这就决定了我们的培训计划要有硬措施。

干部的继续教育不在于盯住不爱学习的人,重要的是情况在不断的发展变化,知识也常学常新。工作一段,学习一段,有机会与各地同行互相交流,有机会听听专家学者的声音,比长期只能听到领导指示和周围同事的意见,到底是前者还是后者更能拓宽思路,使人创造性地工作,答案是明显的。

2. 严把进人关和提干关

国家司法考试制度才刚刚出台,有人已经叫唤进人的门槛太高了。不高行吗? 坐台小姐进来了,黑社会老大也进来了,我们的执法、司法机关还是我们的吗?

提干的公示制度也是很管用的。有人推荐了,经过考察甚至考试也通过了,再公示接受群众监督,这都是非常好的制度。

再好的制度都有个贵在坚持,领导机关不能软耳朵根子,听到点非议就放弃行之有效的制度。

人这个动物就是怪,不立下好的制度去逼他,他可能一辈子都成不了才。立下好的制度,逼他成才,他通过发奋图强,有可能这次过不了关,下次就过关了。人说"严师出高徒",吏制不严好官从哪里来。有好官才能期待好官构建好的法制环境。

3. 要启用一些老同志做督查、做教官

现在外省,比如广东已经把学有所长、身体健康的老同志离退休年龄延长到 70 周岁。民政部还有一个计划,要组织东部 70 岁以下的离退休老专家支援西部。而我们前些年一些身体健康的老同志都按离退休的年龄规定离开了工作岗位。尤其是法律界,"文化大革命"十年大学法律院系停办,人才断档现象严重,公、检、法、司和政法院校也一刀切,到年龄就退,这不能不说是一个损失。

亡羊补牢,时尤未晚,部分老同志的力目前还可以使上,把他们召回来,叫他们继续发挥作用。发达省份、国家民政部都有动作,我们甘肃该迎头赶上。把他们召回来,交给任务,有做督查条件的叫他们去做督查,有做教官条件的叫他们到各种各样的干部轮训班去做教官,把我们的年轻干部再带上几年,这些人死后也好合上眼。如果这批被启用的老同志能对甘肃法制环境建设再做新贡献,实为幸事一件。

4. 充分发扬民主,加强各方监督

毛主席几十年前和黄炎培先生在延安的谈话,十分肯定地说,我们共产党人找到了避免人亡政息的好办法,那就是充分发扬民主。胡锦涛总书记也代表新一届中央领导班子在这方面作了承诺。我们甘肃在这方面更要下大力气励精图治。

对缺乏民主作风的领导,要加强教育和引导,否则于法制环境建设有百害而无一利。要教育我们的干部,懂得民主,会发扬民主,乐于和善于听取不同意见,改进工作。

现在配班子,把有互补作用的人往班子里放的考虑少,多注重"人缘好"。人缘是要好,不好就不能团结共事,可是还得防止搞那些无原则的一团和气,否则也会影响工作。这些事要求组织部门事先都考虑得很周密也不现实,何况人还会变,但若能不断营造民主氛围,鼓励各方的监督——法律监督、民主监督、舆论监督一齐上,甘肃加快步伐奔小康的法制环境,可望可及。

转变法制观念，坚持公正司法 *

　　西部大开发、甘肃加快步伐奔小康呼唤着法制环境的改善。法制环境改善了，不仅能提高社会的文明程度，还能加快经济社会发展。法制环境不改善，束缚生产力的发展，想富富不起来，甚至瞎折腾，还会带来一系列的负面后果。经过多年的努力，甘肃法制环境已经有了很大进步，但与东南沿海省市相比，悬殊仍然不小。关键是法制观念比较陈旧。

　　法制观念是人的大脑作用于客观现实（包括法律制度）的产物。法制观念树得牢，就会反作用于社会，对现实起积极作用。反之就会对现实起消极甚至破坏作用。因为执法、司法人员的行为，无一例外地是在他的法制观念指导下作出的。换言之，有什么样的法制观念，就有什么样的执法、司法行为。我们说法制观念的转变，是说转变对现实反应得不准、不灵活的观念。这些观念诸如只顾"法律效应"不管社会效应的片面性，生搬硬套个别法律条文不讲融会贯通，不体现以人为本；机械执法不去体察立法主旨（原则性），须通过灵活性（创造性地工作）去实现以及面对个案自以为是等。如此之类的法制观念，不仅影响了公正执法、司法，而且还会造成不堪回首的恶果，亟待改进。

---

　　* 本文原载《甘肃省老干部建言献策录（第二集）》，系中共甘肃省委组织部、中共甘肃省委老干部工作局编，2004 年 12 月。

法律是为政治服务的。今日中国政治文明建设已经有了很大发展，我们的法制观念必须作相应转变。我们国家这么大，法制是统一的，可各地情况千差万别，如果各地的执法、司法人员的法制观念里缺乏因时因地制宜，或者把因时因地的度掌握得不好，都不符合对执法、司法人员要求。

为了切实转变法制观念，坚持公正执法、司法，笔者建议：

一要抓好教育。教育我们的执法、司法人员和全社会成员要牢固树立法制观念，尤其是领导干部更要带头树立法制观念，给全社会作出榜样。

二要搞好法律方面的制度建设。大变革要求有而没有的制度要尽快建立起来，不完善的要充实完善，过时的要加以废止，并要严格规范政府工作人员和司法人员的行为。

三要强化监督。监督是实现公正执法、司法的必由途径。各级执法、司法部门、舆论和群众都应对司法、执法人员进行有效监督。切实纠正有法不依、执法不严、违法不究和办人情案、关系案的问题，杜绝司法腐败。

战斗在执法、司法战线上的同志掌握着生、杀、予、夺的大权，要严格执法、司法。甘肃不能老落在全国的后面，甘肃人民有过富裕生活的强烈愿望，甘肃需要急起直追，需要几代人的不懈努力。愿我们每一个人都有正确的法制观念，为建设法治社会、促进甘肃发展作出自己的一份贡献。

从一例保险合同纠纷管窥《保险法》
亟需大力普及[*]

保险合同纠纷频发,极大地影响着保险事业的健康发展。保险合同不规范,有法不依,严重地危害保险活动当事人的合法权益,同时对社会经济秩序和社会公共利益起着剧烈的破坏作用。加强对保险活动的监督管理,势在必行。《保险法》的普及同样亟需加大力度。

一、一例保险合同纠纷实况

2008—2009年,某保险公司业务员张女士,为动员王女士买保险,历时一年有余,无数次上门开展工作,甚至不惜以帮助做家务、除夕之夜陪伴值班等手段,以达推销保险的目的。王女士被缠无奈,不得不向其公开隐私,说自己患有多种疾病,不符合买她推销的人寿险的条件。张女士回应:"没有关系"。于是一单保险推销成功。

2009年2月5日,张女士乘王女士在上班且公务繁忙之机,拿上填写工整的格式《人身保险合同》让王女士签字,王女士无暇翻阅,张女士翻出需要投保人签字的页面,指着签名的地方说:"您在这里把名签上就行了。"王女士为了摆脱张女士的纠缠,也为了办公秩序免受更多影响,匆忙间在合同书上签下自己的名字。这份合同宣告成立,投保人投保"智盈人生"、附加寿险"智盈重疾"、附加一年险"附加

---

* 本文直接发往中国保监会,引起该会高度重视,当年便采取强有力的措施扭转保险乱象,2012年1月1日。

意外"、"意外医疗"和"住院日额",先后交出保险费 12000 元。

2009 年 6 月,王女士因功能性子宫出血住院,保险人遵照合同约定,理赔住院日额 1050 元。2010 年 3 月,王女士患重疾申请理赔,保险人以王女士未尽如实告知义务为由,拒绝理赔,撤销合同,但"通融"给付王女士 7000 元,业务员增付 4000 元。这时保险人猜度,虽然理赔申请遭到拒绝,合同被撤销,但投保人全额收回投资,也该相安无事了。事实不然,王女士在向保险公司申请复议无果后,委托律师以保险合同纠纷案将保险公司告上法庭。

二、法院受理案件后久拖不决

状告保险公司的《民事诉状》提出三项诉讼请求:(一)判决撤销被告解除与原告的人身保险合同决定;(二) 判决被告履行与原告的人身保险合同约定的理赔 54500 元;(三)诉讼费用由被告承担。事实与理由诉状载明三条。

1. 关于合同的签订与被告非法解除合同

2009 年 2 月 5 日,原被告间签订了《人身保险合同》,合同号 P340300000582154,其中投保主险"智盈人生"、附加寿险"智盈重疾"、附加一年险"附加意外"、"意外医疗"、"住院日额"(请见证据一第一页)。该合同生效后,原告于 2009 年 6 月,因功能性子宫出血住院,被告遵照合同约定,理赔"住院日额"1050 元(请见证据二)。然而,当 2010 年 3 月原告患重疾(请见证据三)申请理赔时,被告不顾曾于数月前作过理赔的前车之鉴,竟然非法解除合同拒绝理赔(请见证据四)。这是违反《中华人民共和国保险法》第十六条第二、三、六款规定的行为,也是违反 P340300000582154 号人身保险合同第 17–18 页"6.1 合同解除"约定的行为,更是违反单位行文常识的儿戏行为。现将"五违"分述如下:

（1）违反《保险法》第十六条第二款

被告盲目行使《保险法》第十六条第二款规定的合同解除权，殊不知保险人行使这一权利，必须以投保人故意或者因重大过失未履行如实告知义务为前提。这是《保险法》于同条同款首先给保险人设置的不可滥用解除权的门槛。也就是说，保险人无权客观归责，只要投保人主观上既无故意又无重大过失，即便客观上有未如实告知行为，保险人也无权行使合同解除权。

证据五表明，投保人在接诊病人时，保险人的业务员拿上《投保书》去让她签字，她不可能放下等待焦急的病人不管，去看密密麻麻的《投保书》，只能匆忙签字让保险人的业务员拿走了事。此时此刻，保险人的业务员乘投保人工作繁忙精力不容分散之机，拿上《投保书》只要求投保人签字，不要求查看其中问询事项，于是投保人按要求签字，"未如实告知"的主观故意或者重大过失，全然没有发生的时空。真正怀有某种故意的是保险人一方，即故意在投保人忙得不可开交时，造成投保人无暇查看《投保书》的内容，反过来坐收"你不看也要负责"的渔利，其用心之险恶昭然若揭。

（2）违反《保险法》第十六条第三款

保险人于2009年7月17日，向投保人赔付"住院日额"1050元。据此有理由认为：保险人于2009年7月17日第一次向投保人理赔时，就应当知道P340300000582154号人身保险合同是否存在解除事由，只是因为保险人自身存在该为而不为的不作为行为——未调查取证，致使保险人没有搞清投保人存在"未如实告知"事由。这个不作为的责任只能由保险人自负。从2009年7月17日到2010年5月4日，历时291天，才行使合同解除权，严重违反《保险法》第十六条第三款，该款规定："合同解除权，自保险人知道有解除事由之日起，超过三十日不行使而消灭。"当解除权已经消灭时，保险人才解除合同,其怠于行使权利的违法责任由谁来负不言自明。

（3）违反《保险法》第十六条第六款

《保险法》第十六条第六款规定:"保险人在合同订立时已经知道投保人未如实告知的情况的,保险人不得解除合同"。证据五雄辩地证明:保险人的业务员在合同订立时已经知道投保人曾患多种疾病。如果仅以《投保书》问讯栏"否"框的"√"而论,保险人在审查《投保书》时,就该断定投保人"未如实告知"。当真在那时就弄清楚了,哪儿来的后来的讼累! 可见这同样不是解除合同的理由。

（4）违反 P340300000582154 号合同本身的约定

该合同文本第 17—18 页"6.1"约定,解除合同必须投保人写出申请,并递交身份证明,这方面的手续保险人拿到了吗? 弄虚作假编造"被委托人"（见证据四第二行）为申请人办理解除合同手续,试问该单中的"申请人"何时以何方式委托了×××为投保人办理解除合同申请? 子虚乌有的事保险人都敢做,保险人还有什么不敢做的!

（5）违反单位行文常识

被告出具给原告的《人身险理赔通知单》200800204372、73 两份文书,一无客户签名,二无经办人签名,三无签批人签名,四无单位签章,五无日期。这样的"五无"文书,竟然能起剥夺原告获取数万元理赔的权利,不是儿戏,便是笑话,故无法律效力。

上述"五违",足见被告解除合同非法,请法院依法判决支持本状诉诉请一,即判决撤销被告解除与原告的人身保险合同决定。

2. 关于理赔 54500 元

P340300000582154 号人身保险合同文本第 1 页载明:原告投保主险智盈人生（810）、附加寿险智盈重疾（811）、保险金额 50000 元,并投保住院日额 07 （516）5 份。当原告患了重疾,被告应当理赔50000 元;而住院日额依合同约定是 5（份）×10 元（重疾和非重疾理赔日额)×90天,(请见合同文本第45页第20行和证据三《出院证》)=4500元。两项理赔相加合计54500元,这是原告依约定提出的第二诉请,请法院判决支持。

3. 关于诉讼费

这起官司,完全是被告任意挑衅且傲慢不作协商引起的,发生的诉讼费在原告胜诉的前提下,理应依法判决被告承担。请法院支持本状诉请三。

法院立案后决定采用简易程序审理,但承办案件的法官,三个月内没有审结案件,四个月、五个月案子都未办结。在明知违反《民事诉讼法》办案时限规定的情况下,法院内部通融将案件转为普通程序。转入普通程序,意味着案件还可以拖半年,甚至更长。此时原告律师严正指出,《中华人民共和国民事诉讼法》第一百四十六条明文规定:"人民法院适用简易程序审理案件,应当在立案之日起三个月内审结。"简易程序在三个月内不能审结的案件,应当在三月内转入普通程序,四个月不转,五个月才转,程序违法。弄权的法官必须说清诉状有何不妥以致案子办不下去。法院见律师坚持较真,终以调解方式结案,全面采纳诉讼请求,投保人的合法权益得到应有维护。

三、涉保乱象亟需整治

本案起始于投保人只知权益遭到践踏,不知如何维权。经请律师代理后,出现维权有望。然而法院的天平,被弄权的法官鼓捣得摇来摇去,通过律师较真,依法维权人打赢了官司,从而发现:

1. 保险公司违法成本过低

保险公司通过其培训出来的业务员,百般忽悠有望忽悠成功的人投保。业务员推销每一份保险,都要拿到高额回报。这本身就隐含着危机。换言之,保险公司明知如此这般推销保险,风险就在其中。明知有风险,坚持做下去,无非鉴于自己是强势,投保人对格式合同难于搞懂弄通,只要保险金落入腰包,不管你投保人申请理赔理由多正当,小钱我给,换取"信誉",大钱你别想拿到手,我随便找个"理由"便可把你拒之千里,实在糊弄不过去,你若告状,我手里还有我所侵占的司法资源为我百般庇护,万一你委托的高人为你打赢了官司,大不了该给你理赔多少,我给你赔多少,但我赚了拖你数月、数年理赔款的利息。

笔者为了摸清涉保乱象底里,一度派员卧底参加保险公司招聘业务员的培训,从而掌握了上述"机密"。由此可见,规范保险市场,必须加强监管,自业务员培训到资格授予,都应当由保监会经办。保险公司的高管资质及日常活动,也应当由保监会立规和监督。一旦发现保险公司从业人员违规违法操作,应当立即剥夺他们的从业资格,加大违法成本,使保险公司知道失规是要付出代价的,依法经营保险业便会蔚然成风。

2. 投保人维权难度太大

一个普普通通的投保人,不可能全面掌握保险业务知识。尤其对保险公司的格式合同,那么厚厚一大本,绕来绕去,明白人都能越看越糊涂。当出现理赔申请被拒的情形,常常是老虎吃天,没处下爪,忍气吞声的多,据理力争的少,若请律师代理,赔偿尚在镜中,先得掏出代理费用。更有请到律师跟前,律师不愿接案,嫌收费和付出不对等。即便请出一位不计得失的律师,面对强势,打赢官司的几率也是小得可怜。针对这方面的实际情况,建议投保人一定要审慎投保。既然投保,就要有敢于碰硬的思想准备。否则不管多么正当的理赔申请,也会被淹没在保险浑水之中。

3. 依法斧正保险合同纠纷,通过公正司法教育保险业界守法经营

保险合同纠纷,在某些地区某些保险公司的业务中,投诉率竟然

高达 68%。这样高的投诉率多数湮没在唉声叹气之中,最后进入诉讼领域的,不足 10%。这 10%的官司,能以胜诉告终的,难占十之一。上列三组数据来源,第一组出自某保险公司内部统计资料,第二、三两组数据,系根据笔者长期观察和了解。如果笔者的观察和了解大体正确,应当看到保险业面临诚信危机,同时凸显司法天平失衡。解决这两大难题,唯一的办法是大力普及《中华人民共和国保险法》,让投保人知道依法维权, 使保险人懂得应当在法律规范的界限内谋求公司利益,促使法官明白只有依法办案才能彰显司法公信力。

《中华人民共和国保险法》,虽然最初由部门起草,但经过多道关口,最后由全国人民代表大会常务会委员会通过,且在 15 年内经过两次修正(订),已经是相当完备的一部调整保险活动双方当事人权益的好法, 它对维护我国的社会经济秩序和社会公共利益有着不可替代的作用。问题是这部法律自身性质决定它不可能太通俗,有些条文公众生疏,甚至不免晦涩,这就要求出一些通俗读物,公布一批案例,下大工夫普及《保险法》,让自以为可以用曲解法律,蒙蔽投诉人的人无立足之地。这样我们的保险业就可以得到长足的发展,我们的百姓就可以无委屈地畅享投保带来的快乐, 人民司法也可以相得益彰。

四、保险合同纠纷的深层次问题在保险公司的运作机制不规范

权威人士说,80%的保险合同纠纷是保险公司业务员缺乏诚信引起的。公司的业务员,对外代表公司,业务员诚信缺失,即公司不讲诚信,最终会影响公司在它的行业里对市场的占有份额。可以说,一个公司不讲诚信关乎它的生死存亡。须知电视上的保险公司代言人,能给保险公司带来的商业利益,绝对没有草根的口碑重要。俗话说:"唾沫星子可以淹死人"。投保人是一个一个的个体, 与保险公司相

比,显然是弱势。但弱势有弱势表达怨声的方式,他们可以在亲戚朋友中大诉其苦,让保险人重保费、轻理赔的不规范行为无限传播,一传十,十传百,最后百分之百地限制消费者投保行为的产生。

保险公司业务员在推销保险时,误导陈述,恶意揽保,且对由此形成保险业的道德风险不自觉,其重要源头在超规定支付保险代理手续费。现实商界大行"托儿"之风,甚至连一些服务行业也不甘落后,医疗机构有"医托儿",婚姻介绍所有"婚托儿",保险业绝不应当让"保托儿"大行其道。一单寿险给"保托儿"提成高达数千元,这是保险公司的自杀行为。保险金的很大一部分让"保托儿"提走,势必影响支付能力,不得不以降低赔付率来实现利润、提高经营效益。公司的利益、效益,建立在损害投保人应得理赔的基础上,这种运作机制不可能换取公司的业务拓展。不改变对揽保的"保托儿"的高额提成机制,保险合同纠纷将永远处于高发态势。那样不仅投保人的合法权益常常遭到危害,保险公司也会在行业竞争中败下阵来。亡羊补牢,时犹未晚,笔者殷切地期待保险业的健康发展。

五、保监会适时作出限制性规定规范保险市场

在本文定稿时,见到《新华社每日电讯》二〇一二年三月二十八日报道,为治理保险市场"小、散、乱、差"问题,保监会决定暂停区域性代理公司其分支机构和金融机构、邮政以外的所有保险兼业代理机构市场准入许可。保监会对保险代理机构准入的限制性规定,对保险市场乱象,无疑会有一定的减缓作用。相信保监会针对保险市场当前的乱象,还将出台一系列强有力的治理措施。保险业本来是社会经济的一翼,它的职能关乎社会公共利益,其活动应当体现保险活动当事人双赢。而现实中的保险业某些保险公司走偏的业务,使投保人叫苦不迭。这一现象刺痛和谐社会敏感的神经,迫使政府不得不进一步

规范保险市场秩序。保险业界若能对此灵敏地作出有效应对，保险业便将健康发展。保险业如果麻木不仁，继续铤而走险，陷入道德风险而不自省，将使保险业萎缩，乃至葬送美好前程。这绝不是危言耸听，某些保险公司目前已经走入困境便是信号。

市场经济的大环境，决定着每一个经济实体和个人都在向利益不懈地追逐。在人人追逐利益的环境中，不能没有一个限度。这限度便是既求个体利益，又不损害他人利益。这个话虽是老生常谈，早已成为常识，但实践中利令智昏的事，却是屡见不鲜。某些保险公司，像本文涉及的案例，太迷信自己的强势，把弱势的投保人踏在脚下敲骨吸髓。投保人已经求助法律保护了，保险人还寄望法官以拖施压，妄图以拖逼退原告。殊不知这在法治社会，玩如此这般的小儿科，早已不是稍有依法维权的当事人的难题。突破这一局面的方式方法，我国法律早作设定。文中涉及的案件，虽然被无良法官拖了数月，但当律师掐住了违法拖延的死穴，最终还是以原告百分之百胜诉结案。

六、再强的强势也强不过国家的法律

本文涉及的案例无可争辩地说明：靠业务员忽悠推销保险，忽悠终归会留下忽悠的痕迹。恶意揽保不可能做得"干净利落"，一经被忽悠人及时察觉，忽悠工夫白费。即便被忽悠人事后察觉，挽回损失的路既宽且畅，其中律师便是投保人随时可以请出的向损人利己无良行为作斗争的天敌。

靠格式合同糊弄不倒投保人。只要投保人坚持依法维权，多深的陷阱也陷不进投保人，文中案例便是明证，你保险人不就是设局妄图以讯问栏中几十个讯问事项，去套投保人未尽如实告知义务，达到对方申请理赔时，举出其中未如实告知事项拒绝理赔，甚至不经讯问由业务员在问讯事项下面的"否"框中打"√"，蒙混投保人签字认同，以

为这样在发生理赔纠纷时，投保人便落入有口难言无法挣脱的境地。俗话说："魔高一尺，道高一丈"。以道降魔的方法有的是，文中案例恰是适例。人间正道是沧桑，保险人还是要以规规矩矩办理保险业务为上策，靠密密麻麻的格式合同糊弄人，绝对是下下策。

靠侵占司法资源，以"公关"攻陷无良法官庇护自己，就能降低赔付率吗？一般地说，或许能够得逞。特殊地说，想得逞也难。文中案例原告是如何胜诉的，值得某些保险公司反思。戳穿玩弄伎俩的把戏，方法不限本文案例的突破模式。突破侵占司法资源谋求降低赔付率的伎俩，方法因案而异。科学发展到如今的程度，迷信早无施展的空间。法律科学谁学谁受益，谁不把法律科学放在眼里谁有吃不尽的亏。

总而言之，用科学发展观统领我国当前所有矛盾的解决，包括统领保险合同纠纷的解决，解决个案、全局。此乃笔者管窥文中案例的一点心得，若有走偏之处，敬请方家指正。

关心下一代工作之我见 *

关心下一代工作下一步如何做,笔者讲点意见求教方家。

一、青少年犯罪催生关心下一代工作

我国青少年犯罪在"文化大革命"期间急骤增加。据统计1965年北京、上海、天津、沈阳、福州、郑州等六大城市青少年犯罪总人数为2257人,到1979年,竟然增加了12.8倍,而同期六城市青少年人数只增加24.1%。①由此可见:"文化大革命"鼓噪的"造反有理",把不谙世事的青少年送上了无视法律秩序的犯罪道路。

"文化大革命"结束后,由于"文化大革命"流毒没有得到彻底肃清等诸多原因,青少年犯罪比重依然很大:大中城市一般占70%~80%,农村占60%~70%。1985年,青少年案犯占查获案犯总数的71.3%,l986年占72.5%,1987年占74.3%。1988年青少年案犯占全部在押案犯的80%。1989年1—11月,全国判处未满18周岁的未成年犯竟然达到2.8万余人。②面对青少年犯罪居高不下,1989年6月19日,中宣部、公安部、团中央等八家单位联合上书党中央,提请全

---

* 本文原载甘肃省关心下一代工作委员会编辑出版的《全省关心下一代工作理论研讨会论文汇编》,2012年7月。

①《中国青少年保护法律资料选编》,张合龙主编,甘肃人民出版社1992年11月出版。

②同上。

党重视解决青少年违法犯罪问题。此后方方面面陆续做了不少积极回应,其中"中国关心下一代工作委员会"于1990年挂牌并投入实际运作,这是老一辈人不甘落后,在关心下一代工作中有所作为的一大举措。其重大的意义在于发扬了"老吾老以及人之老,幼吾幼以及人之幼"……的中华民族美德,同时对"严打"的刑事政策作了难能可贵的补充。

回顾上述历史,足以使我们知道正像犯罪生产了刑法,是青少年犯罪催生了关心下一代工作。明确了这一点,有利于沿着关心下一代的初衷——促使青少年远离犯罪,规划我们未来的工作。

二、制裁和关心是遏制青少年犯罪不可或缺的两手

古今中外许多人都曾研究如何消弭犯罪。我国于改革开放后,青少年犯罪一度直线上升,国内的有识之士不约而同地在为遏制青少年犯罪开药方。1983年京、津、沪、穗、汉五大城市公安局长会议开出的药方是"严打",也就是从那时起"乱世用重典"的呼声充斥于耳。尽管作为刑事政策出台的"严厉打击刑事犯罪"被加上了"依法"和"严重"两个限制词,即"依法严厉打击严重刑事犯罪",但是执行中不顾这两个限制词的案例时有发生。其实,"严打"期间,党内外乃至法学界、司法界关心下一代的事儿还是做了不少,依法从宽、刀下留人的案例各地都有。时至1990年,关心下一代的事儿终于可以有组织有领导地做了,而且口号十分响亮、动人:要像父母关心子女那样,要像老师关心学生那样,要像医生关心病人那样对待犯罪的青少年。正因为这些口号的合理性,使国家的刑事政策从实行了四分之一世纪的"严打"转换为今天的"宽严相济"。可以毫不夸张地说"关心下一代"的口号和实践,是当今"宽严相济"刑事政策的助产士。

笔者从事几十年的刑法教学与研究,在著作中,论文里,讲台上

没有少讲"学法的人不妨读一点文学作品"。文学的形象,作者的敏锐,对人会有多方面的启发。笔者在上个世纪 80 年代,曾把《悲惨世界》这部电影列为教学参考片。法国作家雨果在 19 世纪 80 年代完成的长篇小说《悲惨世界》中塑造的主人公冉·阿让,从偷吃面包被定罪判刑投入劳役,到对罪刑不满几次从劳役场所逃跑,被反复加刑至 19 年,他整个青春年华都被刑罚所剥夺,而他一大把年纪刑满释放时,偷窃的恶习仍然未改,是意外的感化使他改恶从善。这部小说否定刑罚作用不可取,但他浓墨重彩地去写教育感化威力有可取之处。我们党内许多老同志爱读小说,相信对"严打"作反向思维,把关心下一代提上议事日程的老同志读过《悲惨世界》,相信他们从一开始就把关心下一代和制裁青少年犯罪当作遏制青少年犯罪不可或缺的两手。我们开展工作,常讲两手抓两手都要硬。对青少年犯罪,制裁和关心这两手,是两手都硬,还是一手硬一手软,大家都心知肚明。因此,关心下一代的工作,套用一句孙中山的话:革命尚未成功,同志仍需努力。

三、宽严相济的刑事政策给关心下一代工作带来了蓬勃生机

上文讲了关心下一代的命题,在"严打"期间出台的不易,同时讲了它实际是当今"宽严相济"刑事政策的助产士,而"宽严相济"政策一经落地,关心下一代工作的天地则更广阔,应当出现蓬勃生机。

1983 年开始"严打",2008 年"宽严相济"代替"严打",其间经过了 25 年。1990 年"关心下一代"正式提上日程,它在"严打"的大气候中存活了 18 年。18 年间,从中央到地方的关心下一代工作委员会,主要靠"五老"这支队伍在青少年中讲传统,勉励他们发扬中华民族的美德,远离违法犯罪,做合格的接班人。事实证明,关心下一代的工作是卓有成效的。不要看目前监狱里关的 80%是青少年,就怀疑关心

青少年工作成效。须知在历史转折、社会大变革的年代,如果期望青少年在各种新事物面前应对自如,十分老到,那只能是幻想。不适应、犯错乃至违法犯罪, 我们都要在维护法律秩序的前提下适当宽容关心他们。关心他们也就是关心我们自己,关心我们一代一代共产党人追求的事业。抱着这样的心态去做关心下一代工作,关心下一代工作不可能不出现蓬勃生机。

蓬勃生机是关心下一代工作目标。目标能否实现取决于做工作的方法(手段)。关心下一代工作在"严打"的大气候下做,只能是"迂回包抄","正面仰攻"办不到。目前我们党和国家的刑事政策已经明确到"宽严相济",关心下一代的工作摆脱了一切束缚,可以说大形势是海阔凭鱼跃,天高任鸟飞。当然一切都要从实际出发,依笔者愚见,下一步工作的当务之急是:

1. 开辟青少年网站

互联网的作用是巨大的,负面影响同样不可讳言。大体说,对少年负面影响多一点,对青年的负面影响,就不像对少年那样严重。从兴利避害的基点出发,开辟青少年网站,把它办得青少年喜闻乐见,只要投入,完全可以办到,在网上争夺青少年应当纳入关心下一代工作的视野。

2. 推广会员制

关心下一代这个命题不言而喻是把下一代作为关心对象。做关心下一代工作的人显然是主体,主体和对象的界限如此分明,做工作的人再怎么注意作风平易近人, 名分的不平等有形无形地表现出隔阂。从交流效果出发,建议关心下一代工作委员会建立会员制,让自愿加入的人在会内都是平等的一员,在有组织地开展活动的场合,大家都能推心置腹地互相交流,通过交流弘扬正气,彼此受益。

3. 扩大参与范围

关心下一代从一开始就定位为离退休老同志去关心青少年。认真地想一想，下一代怎么就只限于青少年，老一辈又怎么只能指离退休老同志。事实上一代与另一代的年龄差距也就是二、三十岁。论辈份，70岁的人把90岁的人当老一辈，把50岁的人当下一代，依次类推无大错。若如此，从二、三十岁到七、八十岁的人无一不身兼两个称谓，即既是老一辈，又是下一代。因此，全社会的人都有资格申请加入关心下一代的工作委会员。新的历史时期有新的特点，关心下一代工作应当与时俱进，要有新思路，要给自己的工作找一点过不去，关心下一代的工作才能永远保持旺盛的生机。

4. 行使宪法赋予的建议权

《中华人民共和国宪法》第四十一条规定："中华人民共和国公民对于任何国家机关和国家工作人员，有提出批评和建议的权利"。中央和地方各级关心下一代工作委员会，应当行使这项公民权利。国家设官分职，向犯罪作斗争和预防犯罪，都有专门的机关负责，群众和群众性组织做不了的，理当建议专门机关管起来。把制作《关心下一代工作建议书》列为关心下一代工作委员会的日常工作，形成专门机关与群众和群众性组织相结合的工作机制，这是共产党人的优良传统和作风，值得发扬。举例说，建议教育部在小学开设《修身》课程，中央国关工委就可以正儿八经地制作《关心下一代工作建议书》送请教育部办理。

《修身》这门课程太重要了，笔者上初小时在《修身》课上读到"早睡早起身体好"的课文，终身受用，70多岁了，从不睡懒觉，健康状况良好。如今"以阶级斗争为纲"早就不讲了，但是片面理解"讲政治"连对小孩子讲修身讲做人都忽略了，那就不对了。

再如，参与关心下一代工作的老同志中，有不少法学专家和其他从事法律工作几十年的人，当他们发现某一青少年案件判处失重，经过集体研究,觉得应当建议司法机关纠正,关心下一代工作委员会同样可以制作《建议书》送请司法机关办理。

在关心下一代工作岗位上的老同志,经常议论监狱关押那么多青少年案犯,绝对不是什么好事。这些人迟早要回归社会,而他们在监狱中受到的交叉感染,一般要比正面教育效果显著,回归社会后,继续为非作歹的比重甚大,"二进宫"、"三进宫"颇多,关心下一代工作,理应理清思路,清清楚楚地认识到自己这个机构、这份工作,正如本文"一"所说,是青少年犯罪催生的,所以工作的出发点和归宿都不应该离开消弭和减少青少年犯罪。

一定要明确关心下一代是全社会的事,有大量的工作只有专门机关才能做,关心下一代工作委员会应当推动国家立法规范关心下一代工作,把关心下一代工作委员会有对青少年犯罪案件判决说不的权利规定出来。

5. 抓紧组织力量起草《关心下一代工作法》和申请发行关心下一代彩票

依法治国已经上了宪法,成为基本国策,而我们关心下一代工作20年来开展工作无法可依。笔者建议本次研讨会后,积极推动组织力量起草《关心下一代工作法》送全国人大,请全国人大把《关心下一代工作法》列入立法日程。有了可依的法,我们的工作就会更有起色。假如通过立法可以争取到国家允许关心下一代工作委员会,在涉青事务中行使建议权,关心下一代工作就会变得不是那么虚。

关心下一代工作应当申请发行关心下一代彩票。有了钱,关心下一代工作就不愁有声有色。须知俗话说得好:"手中无米叫雀儿都不来"。关心下一代工作仅靠财政拨款,永远捉襟见肘成不了大气候。彩票实际上是募捐的一种形式。民政可以通过福利彩票募捐,体委可以通过体育彩票募捐,关心下一代同样有理由申请批准发行关心下一代彩票。

　　把关心下一代的工作进一步做好,要千方百计,当前最大的方,最有效的计,便是推动立一个《关心下一代工作法》。法律把关心下一代工作规范化,关心下一代工作再上新台阶便有理由十分乐观。

惶议关心下一代传统教育报告*

1. "老吾老以及人之老,幼吾幼以及人之幼。"

"老吾老以及人之老,幼吾幼以及人之幼。"这是中国人的传统美德。看到下一代的某些追求出现偏离共产党人价值体系的倾向,老一辈对之牵心——关心,避免不了。于是产生了关心下一代工作委员会传统教育报告团。

2. 关心下一代工作委员会传统教育报告团的历史使命

关心下一代工作委员会传统教育报告团的历史使命,就是要把中国人的传统美德和中国共产党的优良传统,传递给下一代,让下一代接过美德和优良传统,去成就强国富民、完善自我的梦。

3. 传统有良莠之分去。

传统有良莠之分。去莠存良的工作须发动方方面面去做。传统教育报告团的工作要侧重"报告"二字。"报告"就是把事情、意见正式告诉上级或群众,如果还有目的,那就是求得认同。

4. 应当作一些自我批评

我省关心下一代工作委员会传统教育报告团,在作为和不作为两个方面应当认真检讨。该为而不为的不作为也是腐败。终天骂腐败能知道骂自己也是一种进步。

---

*本文系2012年8月1日发往甘肃省关心下一代工作委员会机关刊物《关心下一代》杂志稿件。

5. 知耻为勇,敢骂自己要有勇气

知耻为勇,敢骂自己要有勇气。这"勇"不仅不应当止于知耻,还应当向勇于改进跨越。步骤是先务虚后务实。务虚就是弄清什么是美德和优良传统,务实就是去传播——作报告,有针对性地讲美德和优良传统。君子务本,本立而道生。作为关心下一代传统教育报告团成员乃至首长,种好自己的一亩三分地,才能不负党和人民的重托。

6. 别人说"知难行易",惶议者说"知易行难"

别人说"知难行易",惶议者说"知易行难"。今天,许多难事,只要领导重视,办不成的少,大功告成的多。我们应当相信群众,我们应当相信党,我们应当相信领导会支持正确意见。果能如此,省传统教育报告团将以崭新的面貌为关心下一代做出应有的贡献。

为政协法制工作规范化、制度化贡献力量 *

　　西部省区政协法制委员会工作座谈会已在昆明、西安开了两次。参加这样的会议,对我们是极好的学习机会,聆听领导讲话,学习兄弟省区的经验,探讨共同面临的问题,使我们进一步拓宽了思路,放开了眼界。昆明、西安会议以后,我们结合实际,吸取和借鉴兄弟省区的好经验,坚持在实践中探索,认真总结,使政协的法制工作逐步向规范化、制度化发展,取得了一定的成绩。

一

　　认真学习贯彻《政协全国委员会关于政治协商、民主监督、参政议政的规定》,逐步实现政协法制工作的规范化。

　　首先,不断探索政协法制工作的内容。几年来,我们反复学习领会全国政协的《规定》精神,学习李瑞环主席历次重要讲话,结合我省政协法制工作实际,提出了政协法制工作任务四个方面的基本内容:①积极参与立法协商;②积极参与执法研究;③积极参与执法监督检查;④积极开展法制宣传教育和法律咨询服务活动。经过1994年12月全省政协提案、法制工作座谈会的讨论,各地反映这四个方面的基本任务,是符合我省政协法制工作实际的。西安会议后,在省政协十

---

　　* 本文系1997年8月26日在西部省区政协法制工作委员会第二次工作座谈会上的发言。

四次常委会上，我们又将政协法制工作任务四项基本内容进一步概括为：①积极参与立法协商；②开展对国家宪法、法律、法规实施情况的民主监督；③将立法和执法问题研究成果转化为参政议政职能；④开展法制宣传和法律咨询服务。这就使我们政协法制工作内容在规范化方面有了基本要求，有了比较明确的目标和任务。

其次，努力实现立法环节上的规范化。我省政协立法协商工作开展得比较早，但在较长一段时间，仅仅作为"讨论法律、法规草案"或"立法研讨"，很不规范，同政协政治协商、民主监督的职能不太吻合。1994年昆明会议上我们提出"立法协商"这一概念，这关系到政协主要职能的正确体现，"立法研讨"同"立法协商"相比较，后者更符合实际，能够比较科学地体现政协的职能。

近年来，在探索政协法制工作规范化、制度化上，我们主要抓了五个方面的工作：一是认真学习领会全国政协《章程》和《规定》，准确把握职能，明确立法协商的具体内容和要求，加强同立法机关、执法部门的沟通联系，为立法建言献策。1993年、1994年我们按照"多形式"、"有选择"的方法，组织委员对省人大、省政府送交的28部法律、法规草案进行了研讨。1995年以来，又对《甘肃省实施〈中华人民共和国消费者权益保护法〉办法》、《甘肃省经济合同管理规定》等五部地方法规草案深入地进行了讨论，提出了38条补充、修改意见和建议，其中一些建议为省人大法工委和省政府法制局所采纳。通过立法协商，建言献策，发挥了参政议政的职能作用。二是1995年省委、省政府分别颁发了《关于进一步加强党对政协工作领导的决定》和《关于支持政协开展政治协商民主监督参政议政工作的通知》，我们抓住了这一有利时机，同省人大法工委及省政府法制局研究推进立法协商规范化、制度化的办法和措施，共同拟定了《关于立法协商的办法和意见》。

再次，努力实现政协法制工作机构的规范化，理顺工作关系，设置同所承担的任务相适应的工作机构，是实现政协法制工作规范化、制度化的基础和前提。1988年政协甘肃省第六届委员会换届后，法制工作与提案工作同设在一个委员会，很不适应两方面工作发展的要求。1993年第七届政协换届后，在主要领导同志的重视关心下，经过努力，在省政协第十七次常委会议上作出决定，对政协专门委员会进行调整，单独设立社会法制委员会，为进一步开展法制工作提供了更好的环境和条件。

又次，通过参与执法检查等活动，探索履行民主监督的方法与途径。民主监督是政协的一项重要职能。对国家宪法、法律、法规的实施情况进行监督，全国政协的《规定》中已有明确规定。在实践中我们主要做了四方面的工作。①对法律实施的情况进行调查、视察，提出改进的意见和建议；②参与省人大组织的或政协单独组织的执法检查活动；③及时反映人民群众、政协委员对法律适用、执行、实施方面的呼声和意见；④组织委员中的法学专家、教授进行专题研究和探讨。

最后，通过开展法制宣传、法律咨询，拓宽政协法制工作的服务领域。去年后半年以来，法律服务中心在兰州中心广场举办了法制宣传、法律咨询服务活动，扩大了咨询服务的范围和内容。一年以来，先后接待咨询者376人次，处理咨询来信13件。并积极协助政府部门处理企业职工集体上访事件，发挥了政协法制工作的特点和优势，在社会上产生了积极的影响，对促进民主法制建设，维护社会稳定做了有益的工作。

二

通过视察、调查，积极推进社会主义精神文明建设。

为了认真贯彻两手抓的方针，按照李瑞环主席提出的"贵在主动,重在实效"的精神,我们选择社会普遍关注的热点和难点问题作为视察、调查的重点。去年以来连续参与、组织了三次规模较大、收效较好、有广泛影响的视察和调查活动。一是1995年4—6月,积极参与了有省政协领导、常委参加的对文化市场的视察活动。视察了兰州、白银、天水、临夏4个地区。各地、州、市政协从上至下统一行动,进行了相应的调查。在此基础上,省政协七届十二次常委会议将文化市场问题列为专题进行讨论,形成了《政协甘肃省委员会关于进一步加强我省社会文化市场管理问题的建议》,引起省委的重视。省委常委会专门听取了汇报,给予了充分肯定,认为视察了解的材料翔实系统,反映了全省文化市场方面的真实情况,提出了解决问题的建议,做了一件十分有意义的工作,是对文化市场管理工作的一个有力推动。在这次视察的基础上,省上成立了社会文化管理小组,理顺了地县社会文化市场管理体制。经过清理整顿,在全省范围内基本上关闭了镭射厅,取缔了电子游戏机,加强了文化娱乐场所管理,在扫黄打非方面取得了显著成效。

二是1995年9—11月我委组织部分民主党派负责同志和政协委员对兰州、临夏地区禁毒工作的专项调查。深入到戒毒所、劳教所实地察看,组织妇联、共青团同志和从事一线禁毒工作人员座谈,共同分析问题和原因,通过调查研究深化认识,最后形成《关于兰州、临夏地区禁毒工作情况的调查报告》。既实事求是地肯定已取得的成绩,又指出工作中存在的不容忽视的问题,有针对性地提出加强这方面工作建议,得到省委、省政府的重视。

三是今年5月配合"严打"斗争,在全省范围内组织开展扫除"六害"(贩毒吸毒、制黄贩黄、卖淫嫖娼、赌博、拐卖妇女儿童、利用封建迷信骗钱害人)的视察调查。由省政协领导带队,政协委员参加带动各地政协一致行动,通过深入基层视察调查,广泛座谈,经省政协十六次常委会议专题讨论,形成了《关于进一步治理"六害"为我省社会主义物质文明和精神文明建设营造良好社会环境的建议》,于1996年5月30日通过,正式报告省委。《建议》肯定了省委、省政府几年来在除"六害"方面作的不懈努力、取得的成绩;同时列举大量事实指出贩毒吸毒愈演愈烈,制黄贩黄猖獗、赌博遍及城乡,"黄、赌、毒"已成为社会公害中危害突出的"三害";分析了"六害"社会丑恶现象产生的原因,提出了提高认识,加强宣传,舆论引导,实行综合治理,加大打击力度,坚持标本兼治,加强精神文明建设,理顺管理体制,开展创文明城市、建文明单位、做文明市民活动等八条积极建议。《建议》以实际行动体现了中央关于讲政治的号召,紧密配合了党的中心工作,适应了把精神文明建设放在突出位置的要求。省委以40号文件批转了政协建议,各地认真贯彻,查找问题,积极进行治理,在扫除"六害"等社会丑恶现象方面已经取得了明显成效,促进了社会主义精神文明建设的顺利进行。

三

经过几年的探索和实践,我省政协法制工作逐步开展,在工作中我们体会最深的有两点:

一是要坚持实践,勇于探索,充分认识协商就是承认差别,调节与消化分歧,以忠恕之道面对矛盾。当然,工作中有不同的意见和看法,通过实践能够统一思想、统一认识的,固然好。存在和而不同照样值得珍重。比如我省政协法制工作任务四项内容的规范性意见,就是经过实践,多次讨论研究形成的。这几年甘肃省政协法制工作的开展,实际上走的是一条实践—探索、研究、总结—再实践的路子。

二是政协法制工作要出成效,必须牢牢把握党和国家的大局,从国家法制建设的总任务出发,紧紧围绕党委、政府的中心工作开展活动。具体工作中我们坚持做实事,抓大事,围绕经济建设中心,紧密配合整个政法工作的形势和行动,始终把维护社会稳定放在重要位置,既拓宽了政协法制工作的路子,又扩大了影响。

我省政协法制工作虽然取得了一些成绩,但和兄弟省区政协法制工作相比较,还有许多差距。我们一定认真贯彻中共十四届六中全会精神,学习和借鉴兄弟省区政协的好经验,更好地推进我省政协法制工作。

我也在想睢宁的事儿 *

《中国青年报》记者近几年多次报道睢宁县委决心突破睢宁,彰显了大理想、大手笔,而笔者一孔之见,却觉得抓睢宁突破,必须从深入研究睢宁的历史和现实入手。

一、睢宁在历史上灾难深重

睢宁境内的百里黄河故道,淤在地下只剩碑帽裸露地面的石碑,见证历史上黄河失修给睢宁先民带来的深重灾难。

一代又一代的睢宁先民挣扎在自然灾害频仍的境遇中,留给后代的只能是一颗破碎的心。笔者出生在上世纪三十年代的睢宁,童年见到的睢邑父老乡亲,多半过着半年糠菜半年粮的苦日子,遇到歉收年景,逃荒要饭并不罕见。都进入"民国"了,乡村教育严重缺失,一个镇子可怜得只有一所完小,一个县仅有一所初中。广大农村,识字的人很少,遍地文盲。"人杰地灵"在旧社会是睢宁人的奢望。

兵灾是睢宁先民同样无法忍受的苦楚。《中国青年报》记者在报道中人提到睢宁历来是兵家必争之地,一点都不假,秦末刘邦、项羽起事,与睢宁有缘。北宋末年,这里更是中原政权抗击游牧民族南犯

---

* 本文原拟公开发表,后来鉴于文中"建议"部分不宜公开,故以信件发给中共睢宁县委书记王天琦同志。

的前线。民国年间,军阀混战,睢邑百姓饱享刀俎。国民党反动派为了打内战,四处抓壮丁,害得适龄青年东躲西藏。笔者童年时期,县城被日本人占领,乡下维持会的政权一面鱼肉乡里,一面给驻扎在乡下不抗日的国民党兵派饭拉夫,百姓苦无宁日。

匪患蹂躏着满目疮痍的穷苦百姓。日本入侵睢宁以后,地方治安一片混乱,恰如上文提到的报道所说"土匪群体层出不穷"。大的青帮头目拉起百把条枪,到处抢掠,小的不甘寂寞的地方恶势力凭两三条枪,夜间四出打家劫舍,有浮财抢浮财,无浮财拉牛驴夺口粮,什么都捞不到手便绑架,拉走遭抢人家的妻女老小,然后今天捎信叫拿钱赎人,明天威胁人质割耳朵。笔者童年时见过不少被土匪割掉一只耳朵忍辱负重的人。"民不聊生"说的正是睢邑百姓所处的那个年代。

没完没了的天灾人祸铸就了睢邑百姓不同常人的性格。这性格有艰苦奋斗、不屈不挠、心向光明的一面,也有好争好斗乃至该争也争,不该争也争的另一面。不深入研究这一点,必然无法理解当年睢籍乡亲那么向往革命,同样无法理解睢宁乡亲眼里揉不进沙子拼死拼活争公道。不深入研究这些,只见树木,不见森林,我们的工作难以在群众中扎根。只有深知先民的苦难历史,才能理解先民后代的性格。知性者同居。由同居而和谐,工作才会有踏实的群众基础。

二、解放了天亮了睢宁人民扬眉吐气

1945年睢宁全境第一次解放,建立了全睢政权。1946年国民党反动派撕毁双十协定发动全面内战,新四军北撤山东,国民党还乡团统治睢宁二年。这二年被杀害、被活埋的睢宁志士数以百计,1945年反霸斗争中穷苦百姓的胜利果实得而复失,天生心向共产党的积极分子受到摧残。所好的是天不负我,1948年睢宁人民重新回到党的怀抱。解放了天亮了睢宁人民扬眉吐气,跟着共产党大打翻身仗,兴修水利,实行土改,很快过上了不愁吃穿的温饱生活。

在兴修水利的工地上,农民自带吃喝,顶烈日,冒严寒,没有机械,靠肩挑、人抬、土车子推,硬是拼出了大面积的旱涝保收的良田。农民有了温饱,也舍得教育投资,文盲消灭了,大学生越来越多,儿童画名扬四海。医药卫生条件越来越好,血丝虫病绝迹,婴儿七天生脐疯不见了,霍乱、天花、麻疹、劳伤等常见病没了。当地干部成长起来了,为国家作出杰出贡献的战斗英雄、功臣、省军级干部、科学家、教授和各行各业的专家活跃在全国各条战线。进城务工的农民靠勤劳、智慧闯出了一个一个百万、千万、万万富翁。留守家乡的智者办实业发家致富者数不胜数,最普通的农民也都告别了祖辈蜗居的草屋,住上了宽敞、明亮的瓦屋、楼房。土地过去亩产百斤满街红,一跃变成亩产双千斤的高产稳产田。

如今,睢宁有了五个百亿元产值／年的现代化企业。2009 年全县生产总值超过一百五十亿元。这就不仅是第一次解放、第二次解放焕发的辉煌,而是第三次解放——改革开放的成果。

三、睢宁政改掀波浪,风里浪里"两不放"

江苏一位省领导曾说"睢宁是全省唯一的小康困难县"。在锐意改革的县委书记王天琦的领导下,不过三年,从转变官风、民风入手,大力发展经济,由徐州市七县区末位,今(2010)年上半年 18 项经济指标增幅有 11 项位居全市第一。官风、民风转变不易,经济指标增幅之大更难。可喜的是这种形势一往直前,摘掉贫困县帽子奔小康可望可及。

奔小康只是中国共产党带领中国人民走共同富裕道路的第一步,况且巩固小康成果、防止返贫和扩大小康内涵是一个仍然艰难的历程。我们在走第一步时,就应头脑清醒地作出必要布局。依笔者愚

见,最紧迫的步骤有二:

1. 进一步发展教育

教育不是万能的,但谋求经济发展和人的素质不断升华,离开教育万万不能。

笔者讲的教育是全方位的。其中包括职业教育。睢宁是人口大县,劳务输出在当前和今后相当长的一个时期都是睢宁的生命线。要让睢宁人外出挣大钱不挣小钱,要让睢宁人不论在家还是在外只谋大事不计较小事,舍人的受教育程度全面提高,别无他途。随着人的受教育程度的普遍提高,原有民风、官风都会转向更加理想的境界。

2. 继续建设完全的公民社会

睢宁先民战胜苦难的过程,在民间形成"亲帮亲、邻帮邻、自己向着自己人"的遗风。苦难的历程告诉他们,仅靠亲邻相助还远远不够,于是便把"拜仁兄弟"、"拜干姊妹"、"认干亲"作为补充。这种遗风经久不衰,至今盛行。这种遗风造成的"熟人社会"与"公民社会"大相径庭。县委在政改中推行干部民选,假定拜把子兄弟把他们的老大推举出来, 假定一个镇子的县人大代表悉数结拜成仁兄弟, 他们反映的"民意"声音很大,说某人好或者说某人坏,县委是认同还是不认同?先民遗风给工作出的难题防不胜防,所以县委放权是必要的,大权独揽不可或缺。睢宁百姓对县纪委、公检法颇有微词,配备外县干部主政要害部门十分重要。教育他们立党为公,为睢宁社会进步、生产力发展保驾护航同样是一件艰苦的工作。其他职能部门和乡镇干部以及事业单位最好能保持相对稳定,让他们既顾任内目标,又谋长远发展。

有教育铺垫提升人的素质,又有一心为民的干部带领,加上法治工程对"熟人社会"的不断挤压,睢宁人民光明在前。

2010 年 10 月 10 日兰州

附录：

中共睢宁县委书王天琦的回信 *

尊敬的杨教授：

您好！你的来信已经收到。《我也在想睢宁的事儿》一文我已经认真拜读。首先，感谢你一直以来对睢宁老家的关注，感谢你对我们这届县委班子的信任，感谢你给我们提出的宝贵建议。

在信中，你生动地讲述了睢宁的历史和睢宁过去的苦难，这对我很有警示意义。"以史为镜，可以知兴替"，我常常和睢宁的领导同志讲，不知道历史就无法正确把握现在。在我上任伊始，就激励大家："落后是睢宁的过去，但决不能是睢宁的永远"，号召全县上下振奋精神、鼓舞斗志，踏上了再一次出发的征程。在各项工作取得一定成绩后，我又提醒大家：必须牢记"两个务必"的要求，务必保持谦虚谨慎、戒骄戒躁的作风；务必保持艰苦奋斗的作风。要时刻保持清醒的头脑，今天的成果还不够稳固，还需要再接再厉、持续推进，一旦稍有懈怠，"突破睢宁"的一切积极变化有可能前功尽弃。因此，"突破睢宁"在我们心中没有有效期，对我们而言，"突破睢宁"不是阶段性的任务，而是长期的任务。我们期盼着这样一幅美好的图景：睢宁每一个老百姓都住在高大、漂亮的楼房里，享受着美好的生活和美好的环境。我们今天所做的一切，"突破睢宁"的一切工作，都是这个大楼的基础，睢宁的干部愿意做"突破睢宁"的沙、石、砖、瓦。

＊本文系中共睢宁县委书记王天琦同志对《我也在想睢宁的事儿》的反馈意见。

在信的末尾,你给我们提出了很好的建议,让我非常受用,也很受启发。睢宁的发展离不开人才的支持。一方面,我们坚持不懈地加大教育投入。2009 年 8 月 26 日,我们在全国率先出台《关于实行中小学校长聘任制的意见》,取消全县中小学校及校长行政级别,"下来"的校长级别进入档案,新任校长不设级别,一律实行聘任制,让教育职能实现回归。今年 2 月 27 日,我们又出台《关于实行校长组合制的意见》,副校长和中层教干人选由校长提名,不断扩大校长办学自主权。现在,校长聘任制、校长组合制已经在全县中小学全面推行,睢宁教育办学水平显著上升。今年高考成绩在连续三年晋三位基础上,稳中有升、逐步提高,稳居全市第三位;中考成绩又创佳绩,全县中考学生平均分高居全市第一,较全市中考最低均分县(市)高出 23 分,这是我县中考在去年语、数、外三科均分位列全市第一的基础上,实现的又一次重大突破。睢宁也由过去的教育收费信访投诉大户转变为"江苏省规范教育收费示范县"。另一方面,我们从睢宁发展的实际需要出发,加大人才引进的力度。2009 年,我们从全国前十名的高校一共录取了 95 人。其中,博士研究生 1 人,硕士研究生 65 人,本科生 29 人,硕士以上学历约占总数的 70%,大大优化了睢宁的人才结构。

在职业教育方面,我们更是投入了大量的精力。这里,我向杨教授报告一个好消息,以前睢宁是劳务输出大县,现在这种状况有了明显的变化,用工已经成为制约睢宁发展的一大瓶颈,很多企业招工招不满,以至于我们已经从湖南、云南、贵州等地招聘产业工人,睢宁也由过去的"劳务输出"县成为现在的"劳务输入"县。因此,不管是企业的要求,还是发展的需要,都逼迫着我们不断加强,不断提升职业教育的水平。

公民社会的建设也一直是我们工作的重点,而且公民社会建设在睢宁有一个自己的名字,就是"双严管",严管干部、严管民风。围绕群众反映强烈的突出问题,出台禁酒令和领导干部"六不准"文件,让干部生畏;出台《拉练工作法》,要求干部"黑天当作白天干,雨天当作晴天干",让干部思干;激荡民意,用民意裹挟干部转变作风,让干部敬畏;出台《领导干部问责办法》,实施公开问责,让干部知痛,立起严管干部的规矩。从整治乱闯红灯入手,开展"五项整治",综合运用公开曝光、行政处罚、法律制裁等手段,严肃查处交通违章、诬告陷害、恶霸泼赖、欺诈无信、损毁公物等典型案件,集中整治、标本兼治。出台《睢宁县大众行为规范》《睢宁县大众信用管理试行办法》,建立个人信息数据库,按照信用评级标准,把个人信用等级分为 ABCD 四个等级。积极开展"诚信示范村、诚信示范户、诚信示范机关、诚信示范站所、诚信示范企业"等诚信"五创"活动,把信用理念融入政务、商务和社会各个层面,努力构建起一个"有话好好说,有事依法办","守法守信,向善向上"的社会秩序。"没有规矩,不成方圆",在睢宁,我们在努力建立起各个层次、各个层面的制度和规矩,用制度和规矩来管权管人管事。

最后,对你的来信再一次表示感谢。

祝:工作顺利,身体健康,万事如意!

王天琦 2010 年 11 月 22 日

第三编
法学教育篇

刑法案例教学刍议 *

刑法案例教学古已有之。秦人以吏为师,专尚刑法。唐起开科取士,判词为吏部铨选科目之一。这方面的历史充分说明,不管官师还是师官,都离不开刑法教学活动。而刑法教学,又离不开刑法案例教学。不然,应试时凭何根基去写淋漓尽致的判词。

刑法案例教学在近、现代的西方,更加崇尚。例如在美国,它的法学院最明显的特点之一就是案例教学法。本世纪初的美国法学院,每听 1 小时课,要花两小时读案例。学生必须在课前把教授交下的案例阅读完。在课堂上,教师就案例向学生提问题,和他们一起讨论。不过,美国法学院的这种案例教学法,是和美国法学院的另一最明显的特点——研究生程度的法律教育和专业目标——相联系的。即使如此,他们也已发现,通过案例不可能学到所有的法律,因为许多法律存在于案例之外,而且通过案例教学来学习法律也太浪费时间,所以后来案例教学在美国也不像以前那样强调为重点, 系统讲授课程的情况越来越多。

新中国的刑法学教育, 几十年来逐渐形成自己一整套的案例教学法。其形式可以这样归纳:一为例举案例教学;二为讨论案例教学;三为应试案例教学;四为“活”案例教学。

总之,古今中外,刑法案例教学已经不是什么可不可以采用的问

---

* 本文原载《政法高教研究》1989 年第 2 期,1988 年 6 月。

题,而是采取什么方式使它常用常新,以求得到更佳效果的问题。本着这个目的,现对上述四种刑法案例教学形式分述如下。

一、关于例举案例教学

例举案例教学就是指以案释法, 即运用案例来说明抽象的刑法理论。例如,当讲授奴隶制国家的刑法的特点时,其中特点之一是保留有原始社会血族复仇的习惯, 于是举例——例如,《尚书·甘誓》记述夏启讨伐有扈这个部族时,宣布有扈的罪名为"威侮五行,怠弃三正"(相当于今天的叛乱罪),就是这么个罪,夏启给判的刑罚是"剿绝其命",不仅取消有扈的诸侯资格,连有扈全族都要灭绝。可见,由原始社会脱胎出来的奴隶制国家,在对付"叛乱"之类的罪行时,搬用老祖宗的血族复仇习惯,实为奴隶制国家刑法的一大特点。

对于这种例举案例教学,教与学两方面都乐于接受。其原因无非是这些案例对传道、授业、解惑起到了点到就明的作用。不过,案例如果举得不恰当,同样达不到预期的目的。因此,在刑法教学中例举案例,是否应当注意以下两点:

1. 短小精悍,不拖泥带水

例举案例以能起到说明问题的作用为限, 最好是三言两语。不然,喧宾夺主或者占用时间(篇幅)过多,效果不好。例如,有本刑法教材讲直接故意犯罪时举例说——"例如,武某(国家干部)同农村女青年尤某某结婚,婚后生一女孩,后来武某思想发生变化,嫌尤某某土气,要与之离婚,尤某某坚决不离,武某产生杀尤某某的念头,某年夏季的一天晚上, 尤某某在村头河边站着逗小孩玩, 武某乘尤某某不备,用力将尤某某推到河里淹死。"结论——"在这里,武某杀死老婆是直接故意。"实在用不着这般啰嗦,只消"例如,武某意欲杀妻,乘其妻站在河边,用力将其妻推到河里淹死。这个武某杀妻便是直接故意犯罪。"至于武某是国家干部,同农村女青年尤某某结婚,婚后生一女孩,后来武某思想发生变化,嫌尤某某土气,要与之离婚,尤某某坚决不离,等等,这些是武某杀妻案的情节,但对用在这里说明直接故意犯罪毫无必要,理当如数省略。

2. 该举则举,不该举则不举

课堂上或者教材中,案例举少了,学生听起来既吃力,又乏味。举多了也不好,会给人缺乏理论,尽是案例堆砌的感觉。例举案例要讲究一个"度"字,不够度时,讲授的内容显得干瘪;超过了限度,也绝非丰满。课堂有时间限制,教材有篇幅限制,如果把理论和实际摆得不恰当,肯定没有好效果。理论是行动的指南,课堂上、教材中要坚持有理论,有实际,绝不应当迎合一些人的兴趣,把案例举到不适当的地步。

案例举得适当与否拿什么作标准去衡量? 我们能否把理论与案例在课堂上占用的时间,或者在教材中所占用的篇幅,给它划定个比例。譬如,九成理论,一成案例。如果案例在课堂上或者教材中未达到或者超过了这个成数,似应看作不适当。我粗略地查了几本受欢迎的刑法教材,还没有哪一本未达到或者超过这个成数的。

二、关于讨论案例教学

刑法课堂讨论在刑法教学活动中,带有阶段复习性质。例如,在刑法总论教学期间,于犯罪总论、刑罚总论学完以后,分别安排两次课堂讨论, 每次都把上一阶段所涉及的课题, 通过讨论案例消化一番。要使讨论达到预期目的,是否应当注意以下三点。

1. 讲究覆盖面

既然课堂讨论带有复习性质,那么,各个阶段上的课堂讨论,事先交给学生的案例,应当力求覆盖本阶段的课程。例如,学完犯罪总论后的课堂讨论,就应当包括犯罪概念、犯罪构成、排除社会危害性行为、故意犯罪的形态和共同犯罪等方面的问题。一个案例不可能含有这么多的内容,可以多选几道分别与有关课题相关的案例,然后把它分别布置到教学班的学习小组,叫他们分头准备。课堂讨论时,各组代表重点发言,其他人补充。对有争论的问题,要引导学生进行辩论,最后由教师作简要小结。但对有些学生争论不已的问题,要避免早下结论,以求学生继续思考。

2. 讲究质量

课堂讨论选用的案例,仅仅讲究覆盖面不讲究质量不行。选择供讨论用的案例,一般应当是疑难案例。没有难度的案例,无助予促进学生积极思维,无助于增进学生解决问题能力的案例,没有必要交给学生在课堂上进行讨论,有无难度的客观标准,要与专业目标相联系。同样的法律专业,专科与本科的要求不同,对成人班的要求还应当有所不同。国内的案例书这几年出得不少,但专供大学本科生、专科生讨论用的案例书尚未付梓。这就给刑法学任课教师提出一个任务,即必须精心挑选带有启发性、针对性、典型性、现实性的案例交给学生。当把经过挑选的案例交给学生前,教师应当先行搞清问题的答案,否则以其昏昏,使人昏昏,一堂讨论课下来,打了一锅浆子就不好了。

3. 讲究原则

这里说的原则,是指刑法基本原则而言。凡是交给学生讨论的案例,归根结底是要通过讨论完善学生的社会主义刑法意识。前面提到刑法课堂讨论,要为增进学生解决问题的能力着想。能力从哪里来?——能力由知识转化而来。而有些人对刑法知识没有融会贯通,常常顾此失彼,办起案来顾分则顾不上总则,更不顾罪刑法定、罪刑相适应、罪责自负、惩罚与教育相结合和社会主义人道主义等我国刑法的几个基本原则。我们和学生一道进行刑法课堂讨论，一定要把这些集中反映社会主义刑法意识的原则，对学生作全面灌输。教书育人，任重道远。一个法官，检察官依法办事素质的养成，固然并不全靠在校读书期间的刑法课堂讨论，但涓涓之水，可成江河，刑法课堂讨论在原则面前毫无含糊的做法，必将对学生产生深远的影响

三、关于应试案例教学

应试案例教学，是指以案例考学生。刑法学是一门相当地道的应用科学，理应在教学活动中拿出一部分时间让学生锻炼自己的实际工作能力。以案例考学生便是锻炼学生实际工作能力的重要途径。

以案例考学生，做法多种多样，一般可分课堂测验和阶段考试两种。课堂测验可口试，也可笔试。例如，教师自己解析一个疑难案例之后，紧跟着便介绍另一疑难案例让学生解析。这对促进学生用心听课和提高学生举一反三、触类旁通的能力大有好处。在运用这一方法教学时，最忌讳的是压堂。当教师发现学生面有难色时，应当及时自问自答或者给学生说，课后继续作准备，下堂课上再答。这是课堂口试。课堂笔试通常是将案例以填空、改错、判断、选择等题型考一下学生对所讲课程的理解和记忆，教师也借以检查了自己的教学效果，这是促进教学相长的良方。

阶段考试题中的案例题在刑法教学中到处可见。大家运用得都很熟练，本文不去赘述。不过，切忌拿专家们都认识不一的案例去考学生。专家们都有不同看法，让学生在试卷中去争鸣是不妥的。

四、关于"活"案例教学

"活"案例教学是指在人民法院旁听或自办模拟法庭。这种案例教学耗费时间比较多，故作此种安排应当格外精心，务必防止得不偿

失。尤其要注意案件审理判决的正负效应。对审得好、判得好，处处既符合实体法，又符合程序法要求的案件，切忌简单肯定了事，仍然要从定罪和量刑两个方面作深入细致的分析。对审得不好，判得不好，违反程序法，违反实体法的案件，应当把违背事实和违背法律的角角落落，无一遗漏地提出来讨论，直到讨论出正效应为止。由此可见，旁听案例教学和模拟法庭实验案例教学，是课堂内外结合的案例教学，是融直接知识和间接知识于一炉的"活"案例教学。因此，尽管它耗费时间较多，但只要掌握得好，确有其他形式的案例教学所无法取得的效果，对学生走上工作岗位后办刑事案件，可以起到心中有数的作用。

这"心中有数"很要紧。一个经过一百多课时刑法学专门训练的大学本科生、专科生，如果走上工作岗位后面对刑事案件心中无数，对如何定罪，怎么量刑一概说不来，或者说得牛头不对马嘴，原因可能不止一个，但不可能与他的刑法老师对旁听案例教学和模拟法庭实验案例教学抓得不好无关。

学习研究刑法的方法 *

　　刑法自 1979 年颁布，至今已逾 8 年。8 年来刑法的贯彻执行情况，是检验我们学习研究刑法方法的一把尺子。部定《刑法学教学大纲》结合司法实践，总结了刑法的教学方法，但它毕竟只是一个"纲"。如何把这个"纲"具体化，确是摆在我们面前的一个重大课题。这里我想先谈点通行的方法，最后谈点个人独到的见解，以求抛砖引玉。

一、辩证唯物主义和历史唯物主义是学习研究刑法的根本方法

　　一定的方法论，总是以一定的世界观作为基础的。有什么样的世界观，就有什么样的方法论。在有阶级的社会里，世界观具有鲜明的阶级性。不同阶级的人们，由于在社会实践中所处的地位不同，特别是阶级地位不同，逐渐形成不同的世界观。世界观的不同，决定了方法论的不同。用辩证唯物主义的世界观去指导认识世界和改造世界，便是辩证唯物主义的方法论。用唯心主义和形而上学的世界观去指导认识世界和改造世界，便是唯心主义和形而上学的方法论。历史唯物主义是把辩证唯物主义运用到社会历史领域的无产阶级世界观。它和辩证唯物主义一起，是我们学习和研究刑法的根本方法。依据这种方法，学习研究刑法应该做到以下三点。

---

　　* 本文原载湖南《法学学刊》第 4 期，1986 年 12 月 1 日。

1. 应该根据马克思主义关于经济基础与上层建筑的理论,联系阶级斗争和社会制度学习研究刑法

根据马克思主义关于经济基础与上层建筑的理论,联系阶级斗争和社会制度学习研究刑法,这就是说,不能就刑法论刑法,死抠刑法。刑法还是要论的,要抠的,但是不能不联系阶级斗争和社会制度去论、去抠。倘若那样,就无从正确理解刑法。例如,对刑法的两大问题——犯罪和刑罚,它们都是与阶级斗争的产生和发展相联系的,倘若割裂二者的联系,就无法理解我国刑法为什么要把用刑罚同反革命行为作斗争作为它的首要任务。即使对用刑罚同其他刑事犯罪行为作斗争也一样,不联系阶级斗争形势、阶级力量对比,对于什么要处罚这些行为,不处罚另一些行为,以及如何处罚等,都是理解不了的。再如,我国刑法和剥削阶级国家的刑法,有相当多的罪名是相同的或者近似的,这是否说明二者之间没有根本区别,如果不联系社会制度,对二者的出发点和归宿,就弄不清有什么两样。

2. 应该以辩证发展的观点,把刑法的现行规定与历史状况和未来前景联系起来学习研究

以辩证发展的观点,把刑法的现行规定与历史状况和未来前景联系起来学习研究刑法,便知我国刑法的现行规定,有它自身的逻辑,例如我国刑法分则第一章规定了反革命罪,外国刑法有的把此类犯罪称"国事罪"。是否能因此说外国刑法的叫法科学,我国刑法的叫法不科学呢?不能。只要联系一下历史和未来,就不会在这个问题上结疙瘩。联系历史,可以明白不过是这样叫惯了。联系未来,可以断定反革命绝不会愈来愈多,但是不可能一个也不出。这样就认识到没有必要仿效外国的叫法,把一个妇孺皆知的"反革命罪",改称很多人听不懂的"国事罪"。至于日后大家普遍认识到"反革命罪"是革命时期的政治语言,进入社会主义建设时期,即使破坏社会主义建设,也无

需再以反革命论罪,只需按行为定性就完了,这同样是与历史的变迁相联系的。

再如,全国人大常委会《关于严惩严重危害社会治安的犯罪分子的决定》,在溯及力问题上,采取了从新原则,是否能因此就说"从新"意味着"不教而诛"? 不能。孤立地就"从新"说"从新",确有"不教而诛"的问题。但是,我国从1981年6月全国五大城市治安会议后,就一直在提对严重危害社会治安的犯罪分子要依法从重处罚, 提了二年,严重危害社会治安的犯罪分子的嚣张气焰有增无减,在这种情况下,才对情节特别严重的流氓罪等六类犯罪分子,规定"可以在刑法规定的最高刑以上判处,直至判处死刑。"除此还新增加了传授犯罪方法罪,对其中情节特别严重的,可以判处死刑。只要这样历史地看,就能明白《关于严惩严重危害社会治安的犯罪分子的决定》在溯及力的问题上、采取从新原则绝不是什么"不教而诛"。

3. 应该遵循唯物主义认识论,坚持理论与实践相结合的方法

遵循唯物主义认识论,坚持理论与实践相结合的方法,重视对实践资料的占有和分析,从理论上对实践中出现的新问题,作出正确的答案,从而使刑法的学习研究不仅单靠教材,还来自实践并为实践服务。例如,在改革中,有人钻改革的空子,大搞经济犯罪,而经济犯罪情况又很复杂, 如何认识纷繁多样的行为的社会危害性的有无和大小、正确区分罪与非罪的界限、此罪与彼罪的界限,单靠教材就很不够了。必须比较多地靠调查研究,靠占有和分析实践资料。须知教材上的理论,不过是教材编写前的刑法研究成果,况且还有个对编写前的成果能否全面吸收的问题。即使全面吸收了,也还有个原有结论不可能就是真理极限的问题。因此,学习研究刑法,不仅要读教材之类的"死书",还要读未上教材来自实践的"活书",才能学习研究出新水平。

二、分析和比较的方法是学习和研究刑法经常采用的方法

辩证唯物主义和历史唯物主义的学习研究方法，也就是大家经常所说的哲学方法。哲学为人们认识一切事物提供了最根本的方法，它对分析和比较方法具有指导作用。只有在它的指导下才能正确地运用分析和比较方法。把分析和比较方法运用在学习研究刑法上，就是分析现行刑法和比较古今中外刑法。

1. 分析现行刑法

分析现行刑法，实质上就是对现行刑法进行解释。现行刑法不要说不可能对所有问题都规定得十分具体，即使部分条文规定得比较具体，一般地说，它与现实中的犯罪比较起来，仍然不免有比较概括的问题。因此，要理解和实施刑法，就离不开对刑法的解释。

刑法的解释，从解释的方法可分文理解释、论理解释，论理解释可分扩张解释和限制解释；从解释的效力可分立法解释、司法解释、学理解释。

我们这里讲分析现行刑法，是从学习研究刑法的角度讲的。所以摆在学习研究面前的，只涉及作学理的扩张和限制解释，而对司法具有约束力的立法解释和司法解释，不管它是作的扩张解释，还是限制解释，都是学理的扩张和限制解释的对象。例如，刑法第113条第2款，对同条第1款所作的犯罪主体为"从事交通运输的人员"的规定，作扩张解释为"非交通运输人员犯前款罪的，依照前款规定处罚。"而有的研究刑法的同志对这里的"非交通运输人员"经过分析，认为并非泛指交通运输以外的所有的人，只是指那些非职业驾驶员的"助手"和因职业关系合法驾驶交通运输工具的人员，绝不包括私自驾驶交通运输工具的一切人员，甚至连驾驶公家的交通运输工具办私事的正式驾驶员也不包括。这样的解释很有实际意义，所以尽管它不是

有权解释，但对接受这一解释的司法人员在办理相关案件时，具有无可置疑的作用。例如为兜风偷开汽车撞死人的案件，按如上学理解释，其犯罪主体就不符合刑法第113条交通肇事罪的条件。不符合刑法第113条的主体条件，他就沾不上刑法第113条法定刑"七年以下有期徒刑"的光，他就可以得到应得的罪与罚。

2. 比较古今中外刑法

学习研究刑法，还要与不同国家的刑法和不同时期的本国刑法作些比较。有比较才有鉴别，才能从中剖析是非优劣，分清利弊得失，以便汲取经验教训。这样学习的心得就深了，研究的效果就显著了。对现行刑法应看到它基本上还是适应现实与犯罪作斗争的需要，对现行刑法以外的古今中外刑法不应当不实事求是地批判，应当在比较中求得"洋为中用，古为今用"。古今中外绝不都是好的，也绝不都是坏的，应当采取扬弃的态度，通过比较，把有用的拿过来，为我所用。

三、认真研究我国刑事立法，深入钻研刑法理论，是学习研究刑法的有效方法

1. 关于认真研究我国刑事立法

1979年的《中华人民共和国刑法》、1982年的《全国人民代表大会常务委员会关于严惩严重破坏经济的罪犯的决定》、1983年的《全国人民代表大会常务委员会关于严惩严重危害社会治安的犯罪分子的决定》，以及1981年的《全国人民代表大会常务委员会关于处理逃跑或者重新犯罪的劳改犯和劳教人员的决定》等刑事法规，是形成今天刑法教材的立法根据。刑法教材的基本点，不外乎是阐述这些法律、法规的立法精神和条文含义。学习研究刑法的人，应当力求能够做到对刑法条文如数家珍。俗话说，熟能生巧。人们常说："熟读唐诗

三百首,不会作诗也会吟"。美国前总统尼克松在当总统当议员之前,是操律师职业的,他的律师当得颇走红。他回忆说,这与他熟读律条和案例有很大关系。在美国,法学院的老师是严格要求学生熟读律条和案例的。在熟读的基础上,必然会有愈来愈深的体会,对条文的精神实质、具体内容、互相联系、如何运用得当等就可以逐步进入高境界。

2. 关于深入钻研刑法理论

深入钻研刑法理论不是对刑法内容的简单重复,而是从理论的高度对刑法内容的分析说明。同时,刑法理论不是纯而又纯的理论,还有相当一部分寓教于理的成分。古人说:"徒法不能自行"。法是要靠人去贯彻执行的,所以刑法理论很重视对人依法办事的潜移默化作用。因此,我们深入钻研刑法理论,既要尽量多读刑法方面的学术著作、文章,求得系统而全面地掌握刑法知识,还要落脚在自我刑法意识的完善。

此外,钻研刑法理论,不妨辅以读一点文学作品。文学的形象、作家的敏锐,对学法的人会有多方面的启发。恩格斯说过,他读大文豪巴尔扎克的《人间喜剧》的收获,比他读某些人的哲学著作的收获都多。笔者同样有此感慨:笔者读雨果《悲惨世界》,了解了主人公冉·阿让年轻时在饥寒交迫的夜晚,偷吃面包店的一块面包,便被司法当局处以劳役,他认为罚不当罪,从服劳役的场所几次逃跑,遂被逐次加刑,直到时至中年才刑满释放。释放后,他盲无目的地走在路上,当看到路边有一个掏烟筒的小孩在数自己辛苦钱时,有一枚硬币落在地上,他便走过去用脚踏住这枚硬币,然后捡起装进自己的口袋。当天晚上他走投无路,一位牧师收留了他,但他未等天亮,便把牧师提供他住宿的卧室中的银器捲包背走。当警察发现他一个穷困潦倒的人居然占有许多银器时,便盘查他。警察经过询问,知道这些银器来自临近教堂,于是把他带往教堂。一进教堂,牧师迎上去十分亲热地说:"啊,我的朋友,我给您还准备了一些礼物,怎么没等我起床您就走了!"警察一看一听,觉得没有追究的必要,便怏怏而去。此后冉·阿让通过自己的智慧和劳动,挣了大把的钱,兴建工厂,助人就业,热心慈善,深受当地人敬重,被选为市长。当上市长,仍然坚持助人为乐。一天见一辆马车陷在泥泞的路上,他便躬下腰去搬动车轮推车。此时车上人发现他脸上的伤疤,断定推车人是他捉拿多年未果的逃犯,于是当场拘捕。雨果的大作使笔者懂得:(1)对显著轻微的犯罪行为,一定要把它跟犯罪区分开来。(2)罚不当罪,就应当主动及时纠正,不要等蒙冤的人去自我纠正。(3)刑罚改变一个人主观恶性的力量,不一定就比感化的作用大。(4)追溯时限的规定太重要了:一个人违法犯科经过几十年,事实证明他已经重新做人,这时再去算他的老账,实在没有必要。假如笔者这些感受无大错,可见文学对学习研究刑法的人有着魔力般的启发功效。文学对学习研究刑法的人不可不涉猎,其他与刑法更接近的学科,例如犯罪学、犯罪心理学、劳改学、国际刑法学、法医学、司法精神病学、司法统计学、刑事证据学、刑事诉讼法学、犯罪侦查学等学科的书,更是不可少读。

提高法科学生政治素质的刑法教学思考 *

提高法科学生政治素质，早在去年已经很突出地摆在了我们的面前。各地法科学生在动乱中，不是打头阵的，也是不甘落后的，置身度外者寥若晨星。以致连总书记江泽民同志都惊呼，我们到底是在培养接班人呢？还是培养掘墓人？要解决这个问题，无疑需要从多方面做工作，而刑法教学对学生的正面教育，潜移默化的工作也是不可缺少的。不能说刑法学的学科特殊性，决定了它旗帜鲜明地坚持四项基本原则，反对资产阶级自由化，就以为刑法教学不存在提高学生政治素质的问题。最近笔者带学生实习，对此深有感触。本文拟就个人接触到的一些情况，对法科学生政治素质亟待提高的问题作些思考。

一、问题的提起

我们的学生上到案子上以后，涉及对有关案子的看法。他们的看法引起了我的思考。

有两个案子，一个是贪污案，另一个是诈骗案。案一，某甲作为某项工程承包方的负责人，在承担该工程拆迁任务过程中，先非法转包工程，然后"拨"给包工头一笔巨款。这笔巨款名为"超补搬迁费"，实为变花样贪污的犯罪对象。这边拨出一笔巨款，那边由包工头在银行将这笔巨款如数存到某甲名下。某甲将化公为私的开有他本人姓名

* 本文原载《政法学刊》(甘肃政法学院学报)1990年第2期，1990年4月。

的存折,装进了自己的腰包。只是当他发现装不安稳时,才掏出来。把存折装进自己的腰包,说明贪污犯罪行为已经完成。后来将存折又"掏出来"是构成贪污罪既遂后的犯罪分子对于他所犯罪行的态度。在这方面没有太深奥的不易掌握的刑法理论,为什么学生偏偏面对这样一清二楚的贪污案件,倒大发无法认定犯罪的议论?

开始我从故意犯罪形态的理论引导学生认识问题,没有奏效;又从犯罪构成理论启发学生,照样不起作用。最后我用批评的方式指出:我们有的同学在学潮中像是忧国忧民,但真正祸国殃民的犯罪分子碰到他网里,他却识别不出来,这是不是叶公好龙式的人物呀!费了颇多周折,持无罪论的同学始见醒悟。实习中的问题虽然解决了,但留下了我对提高法科学生政治素质的刑法教学思考。

案二,某乙为从银行贷出一笔巨款,不惜伪造担保印信,当银行发现时,他已将贷款变成了货物,部分货物又变成现金。接到报案的公安机关依法立案、侦查、提请起诉诈骗罪,而我们的学生不以为然,说什么公安机关已经查封了某乙的款物,有关款物折抵贷款绰绰有余,该折抵的折抵就对了,用得着再追究诈骗罪吗?这种似是而非的说法,同样给我留下了提高法科学生政治素质的刑法教学思考。

二、问题的症结

上述两例的共同点是把有罪误认为无罪。症结在哪里?

第一,我们的刑法课上,当讲划清罪与非罪的界限时,虽然也讲不要把犯罪当成不犯罪,不要把不犯罪当成犯罪,但举起例子来,往往举的是把不犯罪当成犯罪的例子。久而久之给学生难免留下这样的印象:即划清罪与非罪的界限,重点是划清非罪的界限,这就不对了。罪与非罪的理论,没有非罪是重点和罪是非重点之分。它们都是刑法理论中的重点,强调其中任何一个方面都会差之毫厘,误之千里。我们今后一定要把罪与非罪两个方面都讲够,举例子也不能单打一——只举误非罪为犯罪的例子。在举误非罪为犯罪的例子的同时,还要举误犯罪为非罪的例子,使学生全面理解罪与非罪的理论,以求避免出现误解刑法课讲罪与非罪的理论,目的仅仅是防止冤案的发生。冤案不发生了,误有罪为无罪的错案出现了,同样是断官司的大忌。

第二,国内的刑法教材的成书时间,绝大多数在十一届三中全会之后。十一届三中全会之后的一段时间里,面临的历史任务之一是平反冤假错案,此时成书的刑法教材,肯定要留下对冤假错案疾恶如仇的痕迹。这本身没有什么错误可言。值得一提的是长达十年的一个历史时期过去了。过去有过去的情况,现在有现在的情况。十年动乱留下的严重问题之一是冤狱遍于国中,随后产生的刑法学当然要大作防止冤假错案的文章。十年改革期间冤假错案的确少了,但由于众所周知的原因,漏网之鱼无疑多了。面对变化了的后一种情况,教授刑法学的老师如果不给学习研究刑法学的学生讲清楚,学生碰到案子,囿于过了时的旧经,照样首先、甚至着重,更有甚者全身心地片面追求"清官"形象,一心关注的是手底下不出冤假错案,以致从一个极端走上另一个极端,往日那种冤假错案倒是不出了,但放纵犯罪却发生了。岂不知把有罪判为无罪仍然属于冤假错案中错案,冤枉好人和放纵坏人同为刑法学人以至广大公众所不齿。

三、刑法教学思考

教授刑法学的老师碰到学生识不出明显的贪污罪和诈骗罪,尽管有关学生的刑法学课程不是他代的,他如果只作如上低层次的思考,那同样是很不够的。还要作哪些深层次的思考呢?

第一,见微知著。学生在具体问题上表现出来的无知,无不与他所受教育的全部状况有关。既与有关专业教育的状况有关,也与智育的其他教育状况有关,更与德育状况密不可分。一个学法的学生,到毕业实习时,还分不清常见罪中的贪污罪和诈骗罪,这确实表明学校授予学生的专业知识——刑法学知识不够, 但能不能说其他知识就授予得很够了呢? 不能。对刑事案件性质的正确认定,固然需要运用刑法学的知识去解决,而对这些刑法学知识的运用,起码无论如何也脱离不了马克思主义的立场,观点、方法。道理再浅显不过了。仍以学生把某甲犯有贪污罪而以为某甲不犯罪为例, 他是完全站到某甲的立场去了。某甲为自己辩护说,他把化公为私的两万元的存折装进自己腰包,是为了搞抵押。我们的学生说,贪污罪的犯罪主体的主观方面,必须具有把公共财物据为己有的目的,某甲说了,他没有这个据为己有的目的,当然不能定他的贪污罪。如果我们的学生立场正确,他应当以事实为根据, 以法律为准绳,不偏不倚地去作出正确的认定。他应当既听无罪辩护意见,又认真对待有罪证据。面对卷内收集的某甲交出的两万元的存折,面对说明这两万元就是他批出的"超补搬迁费"的公款的大量材料,在这样如山的有罪铁证面前,再去相信某甲的无罪辩护,岂不是明显地站错了立场嘛! 是立场问题,我们就不要回避:不是立场问题,我们也不要妄下结论。何况事实上,我们所举的例子里面,既有立场,又有观点,还有方法问题。立场、观点、方法问题解决不好,刑法无法学好,更不要指望他能用好。因此,法科学生不能有单纯业务观点,只顾学专业,不好好学马列是不对的。我们教授刑法学的教师,应当身教、言教双管齐下,教会自己的学生到马列那里学立场、学观点、学方法。掌握了这些终生受用的知识,再加上专业本领,才能千难万难难不住。

第二,不破不立。一张白纸,好画最美的图画。我们的学生从入学的时候,就不是一张白纸,临近毕业,就不再是白纸一张。他们的头脑已经装得满满的,要想灌输一点什么新的东西进去,非先挤出一些旧的东西不可。比如教师要给学生灌输社会主义法律观,若不讲清法律和人情的辩证关系,他满脑子人情,社会主义法律观在他脑子里就没有地位。在头脑中没有社会主义法律观,遇到法律问题,法律观怎么起作用!

一般说来,有人就有人情,人情与国法如果不发生冲突,人情国法同在;人情与国法冲突,只能法存情亡,人情不能高踞于国法之上。不然哪里还有什么社会主义法的权威,哪里还有我们学法的人梦寐以求的社会主义法制,这些道理虽然浅显,但浅显的道理学生不一定都懂。在我们的刑法课上,要给学生传授社会主义刑法学的专门知识,当讲到一些相关课题时,把上述浅显的道理带出来,恐怕这也就是寓教于学、教书育人。

五十年代教授刑法学的老师,习惯大谈刑法学的科学性、战斗性、党性(阶级性),后来讲得过滥,学生不大爱听。我们现在要认真研究这个问题。讲滥不好,不讲恐怕还不是一般的不好,说不讲不对恐怕才恰如其分。比如说你不讲刑法学的战斗性,在刑法课上不批那些似是而非的东西,那谬种在学生当中流传,有市场,以致把你讲的正儿八经的东西冲得没市场,你能怪谁呢!

教育必须面向现代化、面向世界、面向未来。刑法教学照样得贯彻这三个面向。如果刑法教学以至所有学科都不贯彻这三个面向,学生不知道把自己塑造成九十年代以至下个世纪初叶的能够坚持社会主义方向的法律人才,相反的是那些不尽符合三个面向的消极的东西充斥着他的头脑,当他接触刑事案件后,还能希冀他遵守什么准则!以本文所举的某乙诈骗案为例,对某乙犯有诈骗罪持异议的学生,他遵守了什么准则?——他遵守了息事宁人的好人主义准则。他说得再清楚不过了,他不否认某乙的诈骗犯罪行为,不过他强调被诈骗的国家财产一经恢复原状，还用得着追究某乙的诈骗罪吗？他不管某乙其人主观上有没有恶性，客观上有没有造成社会危害，这就表明他把他学的刑法学还给老师了。他把即将走上工作岗位的法律工作者的两大作用，使违法犯罪的人受到应有的法律追究，使人民和四化建设得到应有的法律保护的作用，统统抛到九霄云外，他剩下的还有什么呢？工厂出产品，学校出人才。产品质量抓不好有废品，教育质量提不高照样出废品。怎样才能不出废品、少出废品？值得我们花大气力作更深入的探索和实践。

　　总之，法科学生要政治素质、业务素质全面提高，在当前这个特殊的历史时期，政治素质的提高尤为重要，因为我们看到一些刑事案件的办理保证不了质量，问题多不出在业务素质不行上，而是出在政治素质不行上。所以我们脚踏实地地做工作，从自己有影响的范围做起，在各学科教学全方位加强的同时，努力提高学生的政治素质，这是我们的当务之急。

高等法学教育应以研究生为培养目标[*]

《中华人民共和国国民经济和社会发展十年规划和第八个五年计划纲要》(以下简称《纲要》),在其第九条第三项中明文规定,要求"提高政法队伍的整体素质和司法能力。"这是社会主义法制建设的一项带根本性的建设。对此,我们的高等法学教育的领导部门,有责任遵照《纲要》序言的规定,将这一要求在高等法学教育中"进一步具体化"。笔者谨以本文权作对"提高政法队伍的整体素质和司法能力""进一步具体化"的建议。

一

国内现行的三级结构的高等法学教育,其结构内部是以培养本科生为主,专科生次之,研究生更次之。现行体制中的法学研究生教育,主要是为高等法学教育机构和法学研究部门培养教学研究人才的,只有专科生和本科生才是为政法机关培养的从事实际司法工作的人才。这种高等法学教育现状,目前到了非改革不可的时候了。试想,植根于产品经济和单一的所有制经济基础之上的数十年前形成的法学教育模式,今天还怎么适应得了改革开放新形势的要求?在产品经济和单一的所有制的历史条件下,司法工作对象的阶级地位和经济地位一般比较脆弱,做他们的工作从总体看比较容易。而今天经

---

* 本文原载《甘肃高教发展战略研究》1992 年第 1 期,1992 年 1 月。

济体制改革,多种经济成分并存,司法工作对象的政治经济地位今非昔比,国家对司法人员的素质要求势必要比从前高得多。俗话说:"魔高一尺,道高一丈。"违法犯罪的人已经能呼风唤雨,我们的政法队伍没有叱咤风云的本领怎么行呢!

只要面对现实,不难发现违法犯罪的人中有愚蠢透顶的人,但也确有相当聪明的人;有低学历的人,也有高学历的人;有能量一般的人,也有作恶本事甚大的人;有社会网络关系简单的人,也有保护层相当深厚的人,甚至还有身居高位的人。总之,他们中有容易对付的人,也有不易对付的人。对容易对付的人,司法人员只要有点水平就可以对付他们了;对不易对付的人,就非得高水平的人与之斗智不可。然而看看在岗司法人员的知识结构,再看看他们每年要办那么多案子,真可谓着实难为了他们。

恐怕正是有鉴于上述实际情况,近年来法院系统开始培养自己的高级法官,检察系统也在为自己培养高级检察官。不培养这样的高级法律人才不行吗?——不行。无数事实说明,多少案件的正确解决,都是细微之处见高低。而这个"高低"又往往和办案人对法律知识占有的多寡成正比。也就是说,较多地占有法律知识的人,所办案件的质量好;较少地占有法律知识的人,所办案件质量好的也有,但不具有必然性。他们的必然性有时表现为与现实斗争的需要,存在着惊人的差距:就刑事案件而论,把犯罪认定为不犯罪的有之,把不犯罪认定为犯罪的有之,把这个罪认定为那个罪的有之,把那个罪认定为这个罪的有之,轻罪重判的有之,重罪轻判的亦有之。怎么办?——当然是《纲要》所作的规定对——只有"提高政法队伍的整体素质和司法能力,"才能有效地提高政法工作的质量。

二

提高素质的做法历来有两种，一是个体素质的提高，二是整体素质的提高。有人不赞成这个说法，只注重个体素质的提高，其理由是个体素质提高了，整体素质自然也就高了。显然，这一主张忽视了个体素质和整体素质毕竟有它不能等同的一面。认识这一点太重要了，不然《纲要》关于"提高政法队伍的整体素质和执法能力"的规定就无法落实。

不妨认真地想一想，即令法院、检察院两系统所培养的高级法官、高级检察官逐年增多，只要高等法学院系以至法院自办的"夜大"等教育机构培养目标不变，大量的法学专科生、本科生就会源源不断地涌入法院、检察院，这"两院"的整体素质绝不会因为自己培养了为数有限的高级法官、高级检察官而得到改善。由此可知政法队伍整体素质的提高，根本的一着在于高等法学教育的培养目标向高一级转变——变现行的以培养本科生为主的结构为以培养研究生为主的结构。

高等法学教育培养目标不向高一级转变，而在现行体制下提高教学质量不行吗？——不行。

众所周知，教学质量的包容量是有限的。正像小学提高教学质量不能培养出中学生一样，专科生、本科生的培养目标，照样培养不出研究生水平的人才来。在专科生、本科生的体制下，不管怎么提高教学质量，大不了培养出合格的专科生、本科生。

科学技术在进步，社会在发展，人们熟悉的违法犯罪没有根除，新的令人一时难作准确反应的违法犯罪现象接踵出现。针对某些高智能、高科技的违法犯罪现象，这就需要知识面广而又层次高的法律人才来对付。从一定的角度讲，现行体制下的法律专科生、本科生，除法律知识外,其文化是中学生的程度。叫这一程度的人去跟高智能、高科技的违法犯罪现象作斗争,犹如叫某项体育运动的少年队去跟国家队比赛一样,那是注定要输的。如果我们将现行高等法学教育改变为以培养研究生为主,也就是说,高等法学院系在读完普通大学的毕业生中招生,我们的高等法学教育将会出现一个对客观需要应付自如的局面。

三

改变现行高等法学教育结构格局的客观需要已经出现,开办以培养研究生为主的高等法学教育的主观条件怎样呢?

若论是否具备主观条件,无非一是生源如何,二是师资如何的问题,其他都是次要的。

就生源而论,近几年已经出现大学毕业生供过于求的现象。不少地区接收国家分配的大学毕业生是出自储备人才的战略考虑。如果我们高等法学教育在大学毕业生中招生,一为国家分忧,延缓部分大学毕业生走上工作岗位的就业进程,二为部分有志深造并有志以法律工作为业的大学毕业生提供自我价值实现的机会,三为我国从总体上较好地解决法律人才素质提高的问题,无疑是三全其美的事。

就师资而论,目前全国各法学院系都有自己的高、中、初级专业技术职务的师资梯队,这支队伍的素质是不错的,潜力颇大,若压重担,他们中勇挑重担者大有人在,是完全能够胜任以培养研究生为主的发展战略要求的。

美国近代院校式法学教育,从一开始便是以研究生为培养目标,只有在进行了充足的文科和其他学科知识学习后的学生,才能为法学院校录取。最初他们的生源和师资都不像后来这样充足。经过一个半世纪的历程,法学院的生源,由于其可喜的职业前景和毕业后的优厚待遇,报考者和招生数,早已稳定在十与一之比,而理工院校报考者和招生数的比例,却低到二比一,甚至有些年份接近一比一。

他们的师资,在十九世纪五十年代法学教育由律师练习生制转变为院校式教育的时候,选拔的余地是有限的。而我们今天不仅有成建制的法学院系原有师资,而且五十年代毕业的法学院系大学生,由于自然规律的作用,已陆续从他们服务大半辈子的政法机关、律师事务所等单位离退休,其中热心并长于教学而又精力充沛者不乏其人,聘请他们充实师资力量,更是"天赐良机"。

法律调整复杂的社会关系,法学是一门涉及社会生活多方面的学科,要求入学新生具备一些社会科学之外其他门类的知识,对其毕业后从业只有好处没有坏处。好就好在对"提高政法队伍的整体素质和司法能力"有利。因此,即使我们在师资等主观条件方面尚有困难,也应当在克服困难和在创造条件中实现高等法学教育以培养研究生为主的战略转变。

有人说,医生是为病人看病的,司法的人是为社会看病的,从事这两种职业的人,都应当具有研究生学历。这句话的道理,依笔者之见,既浅显,又深刻,值得肯定。

四

有人可能会说,以培养研究生为主的高等法学教育好是好,就是"远水解不了近渴",现有高等法学教育机构的容量就是那么大,每年培养不了多少研究生,而全国县以上政法单位多以万计,把有限的研究生撒下去,连撒胡椒面都不如,谈何靠研究生提高政法队伍素质和司法能力!是的,是有这个问题。不过,这个步骤如果我们现在还不采取,以后采取不是更迟了吗?!只要我们决心采取这一步骤,办法是人想出来的,路子是人走出来的。比如说,可不可以像当年培养土改工作队那样,全国一次招收一大批超过校容量的大学毕业生,放到各级司法单位,由资深法官和检察官以及招生院校的教师负责指导和授课,一面工作,一面研读,当完成研究生教学计划后,发给研究生毕业证书,正式分配到政法机关工作。待完成这一批应急的研究生培养任务后,逐年转入正常招生。

高等法学教育任重而道远,需要各方面的有心人经常地关心它,给它注入活力。不要说为落实《纲要》要求"提高政法队伍的整体素质和司法能力"着想,即就仅从改善生源现状和法律体现国家权威,有极大的严肃性而论,录取新生的高学历要求也是必要的。高学历要求的好处是:一是具备了其他学科的知识,有助于学习掌握法律知识,并且有助于避免法律思维的狭窄;二是新生年龄达到二十一、二岁,而不是现在专科生、本科生入学时的十七、八岁,性格开始稳定,思想趋于深入,对社会也有了较多的了解,从而避免了中学生直接进入法学院系存在的理论思维层次浅薄和社会阅历缺乏的两个方面的弱点。

只要深入学习《纲要》,相信有越来越多的人会在高等法学教育应作战略转变的问题上取得共识。让我们一起重温《纲要》的规定:"进一步强化宪法和法律在政治生活、经济生活、文化生活和社会生活的各个领域中的权威和作用。根据实际需要,继续适时制定有关法律、法规,确实保证已经制定的法律和法规得到认真的遵守和执行,使种种违法犯罪行为得到有效的预防和制裁。加强政府法制建设,使政府管理活动逐步做到规范化、法律化。在公民中继续开展法制宣传教育,提高公民的社会主义法律意识,促进各项事业的依法管理。

"继续加强政法工作,动员和依靠社会各方面的力量对社会治安进行综合治理。继续打击严重刑事犯罪活动,保护广大人民的生命、财产安全和合法权益,保护经济建设和改革开放的顺利进行。深入持久地进行'扫黄'斗争,坚决制止和取缔一切败坏社会风气的丑恶现象。"而这一切的实现,《纲要》寄希望于"提高政法队伍的整体素质和执法能力"。我们高等法学教育战线上的人能为、该为《纲要》的实现做些什么呢? 依笔者之见,只有调动自身的全部能量迎接以培养研究生为主的战略转移,才是尽一点时代责任。

立足"三严",造就合格人才 *

院领导不止一次地强调指出,我们学院作为新建的政法学院,一定要保证教学质量,出合格的法律人才。建院一年来,我们在落实这一办学思想中,广大师生员工都作出了一定的努力。这里想谈一点进一步严格管理、严格训练、严谨治学等问题,以期我院早日跻身于有名望的高等学府。

一、严格管理

管理在现代已经成为一门科学,而严格管理在管理尚未成为一门科学以前,却早与我们的民族文化一样古老。孔子曰:"君子不重则不威,学则不固。"(《论语·学而》)可见两千年前人们已经懂得管理失严,学业难成。因为轻乎外者,必不能坚乎内。在学生中,有人当初对上大学可谓朝思暮想,当上大学生后却浑浑然苟且终日。存在这种情况,原因复杂,不能完全责怪这些学生,但学院各级管理人员和全体教师责无旁贷,应当一面大力加强和改善思想政治工作,一面严加管理。前者治本后者治标,治标治本双管齐下,必然有利于造就"四有"新人。

---

* 本文原载《甘肃政法学院院刊》1986 年第 6 期,1986 年 5 月。

二、严格训练

俗话说，"教不严，师之惰。"足见历来都把训练严格与否，看作是教师的事。古人、今人成才与严师的鞭策有关者，大有人在。不敢严格要求学生，甚至无原则的迁就，无异于助人自毙。当然，以其昭昭，才能使人昭昭。严格要求学生，首先应当严格要求自己。尽管严师不等于都是名师，但为人师表，从严要求自己，在学问上精益求精，为良好的教学效果奋斗不息、诲人不倦，这是完全可以做到的。而学生呢，则应有个"弟子不必不如师"（韩愈语）的态度，在教学相长的道路上，做"青出于蓝而胜于蓝"之士。如此，人才在我院必可源源而出。

三、严谨治学

改革之势在当今之中国，已经锐不可当。教学改革在我院师生中，也已萌动有时。我们应当以改革的精神，求发展于进取之中。但不管怎么说，严谨治学总是少不了的。严谨治学是学府的立足之本。站稳脚跟方能进一步谈发展。这个脚跟要通过谁来站稳呢？——首先是老师。老师的积极性又靠什么去调动呢？尊师。古人云："凡学之道，严（意为敬）师为难。"（《礼记·学记》）严谨治学理应从尊师做起。作为一个教师，受到了应有的尊敬，再不严谨治学，岂可自容！当今校风中，尊师风已有，浓化固有必要，自尊更显紧迫。自尊唯有严谨治学一途别无他径。自诩只能导致灭顶，无为与沉沦同义。"百尺竿头须进步，十方世界是全身。"（《景德传灯录》）愿我们的教师在做学问上奋力向前，为党的教育事业，为甘肃政法学院美好的明天，也是为了我们自身的利益，在严谨治学上，努力、再努力。

十年科研，十年甘苦*

近几年当学院每两年便从高校哲学社会科学优秀成果奖评奖委员会捧回一沓子奖状的时候，女士们、先生们你们可曾知道学院在建院之初，连组织几篇提交法学会年会交流的论文都十分吃力。

当学院的科研处长这几年可以正襟危坐在高校科研管理研究会常务理事席上，参与全省高校科研机要，尊敬的领导、同志们你们可曾听说过他当年参会，尽找角落落座，实在不愿露脸。

当学院今天有二位正高身居甘肃省社会科学最高奖评奖委员会委员要职，可以对全省上百个学会、研究会初评和复评后的优秀科研成果使用终评权的时候，亲爱的同辈、年轻的朋友你们可曾想过，不消说当年我们这样的新建院校对这类职权眼热，根本不敢奢望这类好事有朝一日轮到我们头上，就是现在成果累累的专家教授也不能不对甘肃政法学院享有两个评委职务刮目相看。

这样大的变化，都只为甘肃政法学院科研近几年有了一定的实力。这实力反映了十年科研，十年甘苦，研究它对于继往开来有好处。笔者冒昧，选了这么一个大题目，文章不一定能够做得好，欢迎批评指正。

＊本文由甘肃政法学院收入《庆祝建院十周年专辑》，1994 年 10 月。

一、借助外力,构建内部机制

1984年12月,国家教育部批准建立甘肃政法学院。彼时学院的科研队伍,人数不满百名,素质多未摇过笔杆,稍有功力者屈指可数,但学院的学术要上去,教学质量要提高,人才要脱颖而出,这一切都需要科研为之效力。彼时的学院领导,在做了大量调查研究的基础上,清楚地认识到学院不能没有科研的一席之地,遂于上报批准组建的第一批16个处级单位中,设立了科研处这个机构,并且组建研究室,让科研行政和专业科研机构同时运作。受命支撑这两个机构的,一位是中国人民大学法律系的高材生、从教前一度担任过检察长和研究室主任的王敬宾先生。另一位是笔者本人,复旦大学法律系当年在同学中平平,然为攀登科学高峰而滑落"白专"深谷22年而不悔的战士。这两个50岁上下的人,从"0"开始,为甘肃政法学院具体谋划着科研起步。其措施是:

1. 把一大批志同道合者拉入甘肃省法学会和有关学会组织

彼时的甘肃省法学会和哲学、党史等等学会组织,确实很像样子,它们以组织学术活动为己任,每年除年会外,还举办一些专门学术讨论会。甘政法科研看准了这是一股十分宝贵的外力,于是积极策动,推荐院内老中青三代学人加入相关学会组织。人一入了学会,在会员都搞科研,开起会来以文会友的氛围中,不搞科研就不由自己了。1985—1988年的一大批科研成果就是为参加学术会议"压"出来的。

人没有压力什么事也做不成。教学工作本来就够繁忙,而学院的科研人员绝大部分又都是教师。作为科研工作首脑,你不动脑筋叫参与科研的主体上"圈套",让他自己感觉到不挤出时间搞科研,便有来自外部的无形的压力,那你仅凭你自己的力气去鼓捣,最多也只能是事倍功半,甚至劳而无功。

2. 为发动、组织出来的科研成果构建载体

人要么不加入学会,加入了就有不由自主的一天。加入了学会,以文会友的会参加了一次还想着二次。加上评聘中级以上的职称对科研成果(能力)也有要求,法学等诸学科繁荣发展的大形势更有需要,这样科研成果便越出越多。面对成批的科研成果,科研工作部门不主动服务为成果找载体不行。《甘肃政法学院学报》正是为了解决这一客观需求而创办的。学报的第一任编辑部主任便是由笔者兼任。那时学报运作是编委会领导下的编辑部主任负责制。学报的许多规章制度都是那时建立的。其中有一条建立颇难,坚持更加不易,但这些年来学报一直坚持不渝,那便是内外稿比例。

尽人皆知,学报是高等院校学术研究成果的载体。不言而喻,它的作者队伍应当是在院校内部。即使国(境)外提倡开放的院校的学报,采用外稿也是有限的。新创办的《甘肃政法学院学报》一反常规,大胆地引院外肥水,浇灌院内贫瘠的土地。它的编辑原则是不分院内院外,按质采稿。院内稿件在同等质量的前提下优先采用。这一机制的建立,从表面上看得罪了一些院内作者,从深层次看,恰恰是这条政策造就了一大批发奋图强的院内作者。

试想,你学报无止境地上人情文章,人情文章的作者高兴了,学报读者高兴不高兴?人情文章上多了,学报还有学术可言吗?再说,人情文章的作者见他的第一篇稿可以靠开后门刊出,他写第二篇稿时就不会下功夫,以致他有可能若干年在学术上止步不前。因此,有关政策的制定者、坚持者多年来受到许多无端指责,但一直胸怀坦然。学院领导换了一茬又一茬,但没有几个不负责任的领导落俗随声附和那些不负责任的指责。

围绕科研工作借助外力构建内部机制的事例还多,限于篇幅,这

里只作如上表述。

二、拼命宣传科研重要性，拿出浑身解数要钱

　　学院的第一任科研处长王敬宾先生是非常重视调查研究的。当他发现搞科研没有钱不行而又要不上钱时，先生不悦而去。第二任科研处长也就是笔者，同样深知文科科研是"赔钱买卖"，但经验告诉他只是搞科研工作的人知道这一点还不够，尚须一次又一次地汇报让院领导也知道。特别是管钱的院长，你科研工作首脑不仅要有晓之以理的功夫，还得要有动之以情的手段。要让他十分明确，钱花在哪里哪里放光，花在科研上尤其值得，这方面的工作重心在拼命宣传科研重要性。

　　宣传科研重要性，目的是提高对科研工作的认识。只有在这方面取得共识，才会步调一致，他当院长的往出掏钱才掏得痛快。其实管钱的任何一位院长都没有从他口袋里把自己工资掏出来支持科研工作，掏的都是学院的经费。问题是科研工作首脑对科研工作重要性讲得不够，人家别的部门讲得凶，比如后勤工作首脑讲不给钱买锅炉大家就喝不上开水啦，那就难怪把钱给了后勤部门不给你科研部门。

　　我们想从国家和省上拿项目，在建院后的 10 年间一直没有踏上步子。省级单位倒是可以给项目，它有许多需要院校力量提供合作的项目，只是要钱没有。它自身都是经费紧张，你再与虎谋皮，怎么成呢？

　　现时外部唯一可以寄希望的来钱途径，是有钱而又愿意解囊相助的企业家。但把希望变成现实尚须人去做工作。这做工作的人他就那么一心扑在学院的科研工作上嘛！比如说他心里还有这样那样不痛快的事，以致摆着笑脸去化缘搞科研也就不大可能。

　　本来作为打算，科研部门一手挣钱，一手花钱不失为高招，但实

践告诉人们这条路很难走通，所以剩下的路只有向学院伸手。平心而论，学院这几年在科研经费的投入上是不错的，逐年有所增加，而且增加的幅度颇大：1993年科研经费实际支出数是1992年的两倍，是1991年的三倍，1994年增幅更大。没有学院这几年对科研的经费投入，就没有学院今天的科研。

科研行政部门从学院拿到了钱，一是用于支持科研项目；二是用于支付科研成果鼓励奖和优秀科研成果奖的奖金；三是用于开支学报经费；四是其他科研管理费用。这钱花出去以后，效益是十分理想的：以近几年而论，1991年出科研成果75项，比1990年的51项增长47%；1992年科研成果90项，比1991年增长20%；1993年出科成果141项，比1992年增长56.7%。

上面讲的是学院科研经费逐年增加，而科研成果数与科研经费是成正比例在增长。质量则翻得更快，近3年科研成果在院外获奖数，是前6年的8倍。

学报从1991年起定为季刊，每年发稿40万~50万字，发行到省内外的公检法司系统和政法公安等院校及科研院所，繁荣了学术，培养了人才，提高了学院的知名度，也为作者本人晋升高一级职称做了嫁衣裳。

"问渠哪得清如许，为有源头活水来。"有人说甘政法科研这十年的成绩，杨子明有一份功劳。杨子明说，不，功归领导，功归大家，那些搞科研的人才是最值得尊敬的。从经济效益说，他做什么都挣钱，唯独搞科研不仅挣不上钱，还得赔钱，确实划不着搞科研。不过，大凡搞科研的人，都有一种奉献精神。科研搞开了，越搞越放不下，他觉得搞科研是他（她）对社会应尽的一份责任。这种精神要表扬，要发扬。但作为领导科研工作的人，就不能不看到：科研人员是需要补偿的，哪怕是不成比例的补偿，有一点比没一点好。事先支付一点项目经费是补偿，事后给一点奖金也是补偿。精神补偿是必要的，经济补偿也是不可或缺的。如果没有补偿，不仅经济效益观念强的人不会染指科研，奉献精神好的人的科研积极性也不易长期保持。经过科研处的精心运作，全院上下十分配合，终于有了今天的甘政科研局面。

三、今后科研工作重点

当前学院科研工作的重点是有计划地扶持一批重点科研项目，第二个十年要促主学科出更多的高水平成果。现在学院科研尽管还存在体制混乱等诸多问题，一个一个的"独立大队"各自为政，其研究方向完全随乎自便，有限的人力资源未能作出最佳配置，但学院科研主渠道是畅通的，上有懂科研也关心支持科研的院领导，下有科研积极性。已经被调动到良好状态的广大科研人员，在科研行政岗位上的中层干部（包括各系部馆的兼职）也都比较得力，大家齐心协力开创新局面，甘政科研是大有希望的。

前几年，学院科研工作的口号是"多出成果，出高水平的成果"，意思是说，首先要发动大家多写，没有数量就没有质量。在多出成果的基础上，发现并鼓励尖子出高水平的成果。这方面的工作，我们做得不错。近年来，在册科研人员已经达到年均发表、出版论著1篇（部）的要求，其中25%的成果是发表在国家级刊物上，或是由省以上出版机构出版。一大批深受各界好评，获各种奖励的论著有：伏耀祖研究员的《中国县级政治体制改革研究》，杨子明教授的《刑法教程》和《刑事诉讼法民事诉讼法例解》以及《关税与贸易总协定手册》，李世师副教授的《经济理论研究（系列论文）》，江伟钰副教授的《德国环保法法规》（译著），马贵翔副教授的《刑诉理论研究（系列论文）》，胡思厚副研究馆员的《甘肃佛教简史》，王章合副教授的《法学基础教程》，尚旭副研究员的《高教发展战略研究（系列论文）》，穆长青副教授的《文史问题研究（系列论文）》。一大批后起之秀,像学报编辑苟年军,法学讲师张世全、李玉基、任筱锋、邵俊武、刘树林,经济学讲师林军,管理学讲师李爱玲、薛三让,研究管理理论的专家杨正,《高教与社会》编辑王亚莉,英语讲师姚文振,副教授田晓燕,研究社会学的青年学者赵利生以及对图书情报研究有素的刘慧永、魏兰珍、崔旺来等等,这些专家学者的潜力都比较大,如果说第一个十年科研主要是靠前面那一部分人,第二个十年,前面那一部分人的作用,便大部分要让位给后面这一部分后起之秀了。后面这部分后起之秀是甘政法科研第二个十年希望之所在。还有那些在此未列名的,甚至将到岗尚未到岗的青年,科研工作一定要把对主体的视野将他们延揽进来。

像一个人不能只陶醉于过去,躺在成绩簿上吃老本一样,甘肃政法学院的科研也应发扬成绩,再接再厉,确定好第二个十年的目标,奋力向既定目标迈进。

笔者愚见,甘政法第二个十年的科研,可用下面四句话把它提起来。这四句话是:抓两头带中间,突出法学和公安,十年出书一百本,在国家级刊物发表论文一百篇。

所谓抓两头带中间,这是我们党开展群众工作的方法。在这里,把它作为甘政第二个十年科研工作方法,是要注入许多具体内容的。诚如本文的第三个二级标题,也就是本话题所呼应的标题所指出的,当前学院科研工作的重点是有计划地扶持一批重点项目,以适应学院各项工作再上一个新台阶的总体要求。重点在哪里?重点在水平高的一头。对院内学术水平高的专家,要抓他们出高、精、尖的科研成果。高,指高档次、高规格;精,指精细、精粹;尖,指尖端、前沿。对这一头,要不惜重金扶持。这一头抓住了,学院的学术水平就上去了。这一头是学院科研上台阶的大写的"人"。

今后十年科研工作着力抓高水平的一头,要做到坚定不移。对于没上路和刚上路的两部分人,一点也不应少做工作。俗话说三十年河东,三十年河西。科研上水平,对一个大学教师来说,绝不要三十年,下上三年苦功夫,就得刮目相看。我学业一度荒废得那么厉害,1981年来到甘政法前身甘肃省政法干校从教,没出三年,1983年我的成名作《刑法概论》就写出来了。又四年我当上副教授,又五年我当上教授。现在的年轻人,功底比我当年强,他们要拼起命来,成名成家的速度不会比我慢,只可能比我快。甘政法的未来属于今天在院的年轻的一代,我们一定要把他们引导到下大力气做学问的路上来。对于已经上路的青年学者,要鼓励他们向走在前面的学习。榜样的力量是无穷的,今年新晋升副教授职务的三位青年——马贵翔、江伟钰和田晓燕,以及在体育教研方面多有建树的张飞鹏,便是大家学习的榜样。学习马、张、江、田,教书不忘搞科研,才是甘政法好青年。有些人任职年限到了,苦于没有科研成果,申报不了高一级职称,对这些人,我们要具体帮。科研行政工作就是服务,甘为他人作嫁衣是在科研行政岗位上的人的本分。

所谓突出法学和公安。法学是甘政的主学科。如果对没有重点就没有政策这句话大家都有共识,在甘政法科研工作上对法学研究作些倾斜,给予特别的关注,应当说大家都赞成。很简单的一个道理:法学成果分量不够,甘政法教学质量难以提高。现在甘政法已经有4个系11个专业,今后十年间,系和专业的设置还将大幅度增加,非法学学科的专业人员不免对学院科研政策向法学学科倾斜不以为然。其实道理讲清楚了,大家还都是通达的。

法学在国家对学科划分的标准中,它是一类学科,再往下划划到三类学科,公安法学,管理法学也就名列其中了,至于经济法学属于法学分支学科,那就更不在话下,所以学院目前有法律系、经济法系、公安系和管理系。前二个系固然是做法学的学问,后两个系所做的学问也不要自外于法学。再扩大一点范围说，教汉语的做法科汉语的学问，教英语的做法科英语的学问，教体育的做法科体育的学问，等等，都名正言顺。吃政法学院的饭，做开学问了，倒要自立门户，偏不做法学和为法科学生开设的课程相关的学科的学问，这就休怪甘政科研政策不加覆盖。话为什么要说得这样严厉，没有什么别的意思，只因像我们这样的新建院校，它的科研只应围绕教学，为教学服务。脱离教学，不为教学服务的科研，不是说它不是科研，而是说在一所省属新建院校，财力、人力都有限，需要做的好事多得很，但我们没有力量去做，所以我们量力而行，便只好直率地去做如上的导向工作。

上面所说的"突出法学和公安"，不是把公安法学与法学并列，而是指公安业务中还有技术，像痕迹学、弹道学，等等。甘政法科研工作手段中，有为科研成果服务的载体学报，这本学报属局部综合类学报，它不可能把公安技术放在外面，放进，就有突出的作用。

在提甘政法第二个十年科研的四句话中，头一句说的是方法，第二句说的是方向，第三、四两句说的是目标。用抓两头带中间的方法，向法学和公安技术及其他相关学科进军达到的目标，是发表和出版论著各100篇（部）。有第一个十年中的前九年发表论文417篇，出版著作69部的基础，第二个十年的奋斗目标应当说没有什么问题。不过，在四句话里没有专门的质量要求，只是把发表和出版作为一般质量规格放进去了。这里不能不指出，今天发表论文和出版著作的机构，存在不少尽人皆知的问题，以致发表和出版的有些论文和著作，不完全能够代表它的水平，这就要靠我们的科研人员洁身自爱。有水平还是没水平，水平高低自己最清楚。别人不傻，识货的人还是多，不是少，更不是没有。千万不要把不像样的东西拿出去走后门发表、出版。那样害人又害己，不害是不可能的。更有甚者，这些年有的人沽名钓誉，以金钱、物质和非物质性利益换取他人的精神产品，大明大晃地打出来作为自己的成果,给科研行政部门出的难题唯此为大:作为科研成果管理,你给他登记,无疑助长了不正之风;不给他登记,你虽然听到了反映,作为处理问题的依据尚需进一步取证。这个证怎么个取法,一是决策难度大,二是不容易操作,要多难有多难。故维护科研这块圣洁的领地的工作,"同志仍需努力"大家多想办法。

　　谨以此文奉献给十周年院庆。谨以此文作为我这一任科研处长对学院科研工作的交代。至于十年科研中还有积极建立规章制度,以各种各样的红头文件——《办法》治科研,这一系列《办法》从构想到出台的甘苦,限于篇幅和体例,只好留待再行谋篇。

以改革精神办好法学学报 *

一、法学学报应当与法学的发展同呼吸

社科界有人说,法律是保守的,以法律为主要研究对象的法学也是以保守为基本特征的。其实不然,不应当以一句话概括法律和法学保守。应当说两句话,一句叫在社会趋于稳定的时候,一般地说,法律、法学保守的成分大;另一句叫在社会大变革时期,法律、法学是不保守的,是进取的、发展的。当今中国之社会,正处在全面改革发展的历史时期,法律、法学作为上层建筑的一部分,它受其经济基础发展变化的作用,一成不变地保守绝对不可能。

如今国内法学在沐浴着改革开放的春风,学术风气愈来愈浓厚,新思想、新观点扑面而来。法学学术一改新中国成立后三十年间的因陈袭旧,法学学报不仅应当与法学的发展同呼吸,而且实际上也是共命运的。有了法学理论的"百家争鸣",就有法学报刊的"百花齐放"。

二、法学学报不打破内外稿比例界限没有出路

按照传统观念,学报作为主办院校教学、科研人员发表教学科研成果的园地,刊登院校以外的稿件,极其有限。一般学报如此,法学学报大体也是这样。这就限制了大量来自司法实践并指导司法实践的

---

* 本文原载《天津市政法管理干部学院校刊》1987 年第 2 期,1987 年 2 月。

稿件的选用。因此，要求法学学报开禁，不能单纯面向本院校学人，还应当兼顾广大政法干警、政法研究人员和法学爱好者。为振兴中华，繁荣法学，法学学报为加强社会主义法制挖潜，从一个面向，转到左右逢源，这是很正常的，不转轨倒是不正常的。

法学学报适应加强社会主义法制的要求转轨，也是自身经过困惑后的大醒大悟。法科院校主办的法学学报，依靠院校内部作者撰稿，若干年来一直缺乏编辑部和作者两个积极性。只有一个积极性，没有两个积极性，孤掌难鸣，老患稿源不足的病。在新形势下，一部分原来尚有几分积极性的院校内部作者，从写"篇子"（稿件）转到写"本子"（书），而梯队原来就不成比例，现在青黄不接，这是客观存在，以致各家法学学报都有程度不同的捧着金碗讨饭吃的苦衷。痛苦孕育新生。近几年，国内法学学报，取消用稿三七、二八，一九等内外稿比例界限，实行在稿件面前一律平等，一改选稿空间狭窄的困境。学报编辑部挣脱了内外稿比例的束缚，刊用稿件的质量大幅度提高，作者、读者、编辑皆大欢喜。

三、办法学学报不仅要有开拓精神还得要有受点委屈的思想准备

目前国内法学学报和其他法学理论刊物虽然屈指可数，但普及法律知识的通俗读物不少，已经数以百计。然而，不论前者还是后者，发行量都没法跟畅销刊物相提并论。怎么办？是甘拜下风，还是昂首阔步创新路，我看劲可鼓不可泄，应当拿出开拓精神，办出自己的特色，要让人家花几毛钱买上一本学报觉着值得。不能痴心妄想去追逐什么盈利，但也不能满足于靠补贴拨款过日子。

当然，在办学报的过程中，困难不仅是经费短缺，其他诸如组稿、出版、发行等方面关卡重重，编辑部往往有责无权，有责无利，还难免有那么一些不负责任的、非善意的责难。我们有位教授说得好：人哪，

任劳容易,任怨难。显然,难不等于做不到。办法是人想出来的。只有不动脑筋想不出办法的人,没有办法多多却克服不了的困难。为了健全社会主义法制,繁荣我国法学,让我们迎着困难阔步前进,在这社会主义民主和法制建设的春天,开动脑筋,把现有的办刊政策用足、用活,一个法学期刊欣欣向荣的局面就在我们的面前。

论法学学报之选题*

学报质量的高低与选题的优化与否有着直接的关系，好的选题可以为学报注入活力，使刊物具有强大的生命力，并取得良好的社会效益。反之，选题的失误，必然影响学报的质量，若长此以往，将使学报失去竞争能力，最终被淘汰。这一点在编辑界已经取得共识，为大家所重视。但各类高校学报如何根据自己的实际情况进行选题，使其特性得到充分体现，在激烈的竞争中发展壮大自己，在林立的学报中取得自己应有的地位，对此并没有进行过深入的理论探讨，在实践中只是凭感觉，凭编辑的素质来进行选题。如此，限于诸种主客观原因，就使得学报选题质量高低不一，严重影响着学报总体质量的提高。面对这种状况，特别是面对社会主义改革不断深化和社会主义经济体制由计划经济转向市场经济的这种特定情况，学报如何面向未来、面向国际、面向社会主义经济建设的主战场、并为其服务，提供高、精、尖的精神产品就显得尤为迫切，其选题问题就愈加重要。这势必迫使我们必须进行深入的理论探讨，使高校学报的选题更加科学、合理，真正发挥其应有的作用，使高校学报成为建设社会主义的重要工具，成为传播精神文明的重要媒介。法学学报是各类学报中的一种。与其他性质的学报相比，选题问题十分突出。本文结合法学学报的实际情

---

* 本文原载《兰州大学学报》编辑学专辑，1994 年 3 月；第二作者是苟军年（现任浙江财经大学教授）。

况,对其选题作一些粗浅的探讨,恳切期望各界同仁批评指正。

　　法学学报的选题从其内涵来说,就是国家社会主义民主与法制建设的客观需要反映到法学研究方面的突出层面,经过法学编辑人员将这个层面与稿件实际相结合所作出的抉择。它是编辑部集体劳动的结晶,是编辑部整个工作的重要组成部分。从这个意义上说,它显然是全体编辑人员努力学习马列,学习党的方针政策,进行广泛地调查研究,了解学术信息,根据特定时期经济社会政治发展状况,并结合高校建设的具体情况而制定的。它反映的是学报编辑人员的总体知识水平、思维能力和创造才能,并体现着一个学报的性质、宗旨和特色。因此,通过制定选题可以检验每个编辑人员的基本业务素质,使业务能力进一步提高,视野进一步扩大,观察问题的角度更合理,能在新的高度上处理具体的问题。由于综合能力的提高,便保证了学报质量的提高。由此看来,任何学报都不能忽视选题工作,必须在学报工作进一步发展的情况下,更加重视选题,使选题更加优化,使编辑人员的眼光日益敏锐。作为法学学报,我们认为在当前必须从以下几个主要方面去考虑选题。

一、必须面向社会主义市场经济

　　在计划经济向市场经济的转变过程中,一定要牢牢把握住为社会主义经济建设主战场服务这个基本方向,及时把法学研究的最新成果推向社会,为法治经济建设提供高质量的精神产品。通过学报选题的优化,进一步引导法学研究与经济建设的实践相结合,使法学研究紧密联系现实,使其更科学,以指导社会主义法制实践。我们知道,法学学报是法律院校主办的学术理论刊物,它主要反映的是法学研究的最新情况,大量刊登的主要是法学理论研究的最新成果。但这种反映不是被动的,特别是在高校学报必须走向市场的历史条件下,更是这样。学报必须积极主动地引导法学研究的发展方向，体现在学报的选题上就是通过内外信息的双向交流来启发研究者的思想，丰富法学研究的内容，并通过不断的学术争鸣，使法学更加繁荣，为法制建设提供理论依据，促使社会主义法制进一步完善。

我们认为，法学学报的选题之所以要面向市场经济，这有它的深层原因和根据；在社会主义经济体制由计划经济向市场经济转化及市场经济的建立健全过程中，法律必然对社会主义经济的运行进行规制。从经济社会发展的深层动因看，这无疑是现代经济社会发展和法制趋向成熟化双重因素的逻辑结果。法律同社会统治力量的姻缘联系以及法律本身所具有的规范性、强制性及普遍的适用性等品性为其规范社会主义的经济运行提供了天然条件，成为在市场经济体制下管理经济的最为重要的手段。如果说在计划经济条件下政府主要而且必须依靠、动用行政手段管理经济，那么，在市场经济条件下政府直接干预经济的功能就将失去，政府必须而且只能依靠法律手段来管理经济，从这个意义上说，与计划经济相对的市场经济便是名副其实的法治经济。因为，在市场经济条件下，社会各经济主体的关系已发生了深刻的变化，企业与国家、企业与企业、企业与非经济单位的社会组织之间的联系都将以商品货币关系和各种契约关系为媒介表现出来，成为各自独立的利益主体。在制约这种经济社会关系或经济运行的诸种社会力量中，最富普遍意义，最为直接和有效的因素并不是市场角逐的压力或财产所有者的利益要求，而是直接或间接作用于经济社会行为的法律制度。也正是在这个意义上，经济社会运行的法律机制成为经济社会实践的重大课题，成为法学、经济学、政治学，甚至社会科学共同探讨的对象，法学、经济学、政治学等相关学科对这一重大课题的探讨就显得相当重要、迫切。作为法学学报编辑，我们深感必须加强法学学报编辑队伍的建设，使编辑部有能力适应这种新情况,必须保证选题的优化,使法学学报真正发挥它在市场经济条件下的重要作用。对这一点,不仅我们编辑人员要有一个清醒的认识,各级领导、决策部门同样必须认识清楚,并以扶持、爱护的态度来对待法学编辑人员,使他们的素质不断提高,使法学编辑部的建设进一步加强,从而保证法学学报选题的优化,为市场经济的建立健全,为社会主义经济繁荣作出法学编辑部应做的贡献。

二、必须从国际宏观经济的大格局论证选题

法学学报的选题不仅要面向社会主义市场经济,而且要面向国际、面向未来,从国际经济发展的大格局来考察问题,从国际宏观经济角度和视野来论证选题,因为在市场经济条件下,特别是在计划经济向市场经济转变的特定社会历史条件下,虽然社会各经济主体之间的联系发生了深刻的变化,但新的经济秩序还不可能立刻建立,各种矛盾依然存在。另一方面,我们所置身的国际环境即是现代化高度发达的国际氛围,我们的经济建设和市场经济体制结构的建立必须与国际经济发展的大格局相适应,并得以共同发展,这种开放的经济系统,决定了我们必须把观察问题的视野投向国际、投向未来,对国际法治经济的发展状况有一个深刻的认识。作为法学学报如果不把选题的眼光放在国际经济发展这个宏观的大格局上思考问题,引导法学研究的触角伸向该领域,那将是一种极大的失误。因此,我们可以说,作为法学学术理论刊物的法学学报有责任、有义务、有权利运用选题来引导法学研究向国际领域深入,通过对国际法治经济的宏观考察和认真、细致的理论研究,结合我国经济发展的实际情况,提出有价值的新理论、新观点、新思想,为我国社会主义市场经济建设服务。据此我们认为,这不仅是法学学报在社会主义改革不断深化,市场经济建立健全过程中面临的新任务,也是法学学报在新的社会

历史条件下选题不容回避的重要方面。

三、紧密联系院校实际选题

院校学报选题,脱离不了院校实际。法学学报的选题必须紧密联系法科院校的教学、科研、服务实际,依据相关专业的学科设置、教学状况、科研力量以及师资队伍建设的需要等情况制定选题,法科院校不仅是一个高等教育机构,更应该是一个法学研究机构,在这里,教学与科研的关系是相互补充、相辅相成的统一关系。它们的提高是互为前提的,没有优化的教学,就没有优化的科研,没有科研水平的提高也就没有教学水平的提高,任何有意或无意将二者割裂开来,甚至对立起来的作法都会给高等法学教育的大力发展造成无法弥补的损失以至忧患,特别是在市场经济条件下,法科院校的教学、科研更应加强。必须彻底改变长期以来轻视法学研究的不正常状况,使科研工作成为培养高层次法律人才和全面提高法学教育质量的重要手段。同时,根据社会主义法制建设的需要,凭借法科院校法律人才众多、学科齐全、设备先进、整体力量强等优势,积极主动走向市场,积极开展社会有偿服务,使法学研究的成果迅速运用到社会主义法制建设的实践中,转化为生产力。这一切都与学报这个联结高校科研与社会的传播媒介有关,学报必须根据这些新情况、新问题和经济社会发展的实际需要制定出科学合理的选题,引导法科院校科研工作与经济社会发展的实际相结合,充分发挥各学科的优势,使法科院校的人才资源、学科优势得到充分开发和利用。

另一方面,法科院校科研实力雄厚、整体力量强大,在社会主义法治经济建设中能够发挥重要的作用,充分显示出自己的生力军作用,这一点已为越来越多的人所认识。但在目前的社会实践中,这种优势并没有充分发挥出来,各种制约法科院校科研工作进一步强化的主客观因素，特别是社会传统观念及其所派生出的各种不合理的妨碍科研发展的政策因素仍然存在，严重影响着我国法学事业的发展。对此，必须破除传统习惯势力的束缚，更新观念，使整个社会群体特别是政策领导机构达成共识，意识到加强法学研究工作的紧迫性、重要性，从而采取一系列政策措施，加强法科院校的科研工作，调动起各个方面的积极性，使法学科研成果不断涌现，产生应有的社会效益和经济效益，使其在社会主义经济建设中真正解决市场经济条件下产生的各种新情况、新问题，为社会主义法制建设提供高质量的精神产品，运用法律手段使计划经济向市场经济顺利转化，为社会主义经济的不断发展创造条件。因此，学报必须理论联系实际，加强社会需求的预测，通过学术引导，克服目前法学研究中的目标不明、脱离实际、脱离社会需要的弊端，使法学研究真正围绕社会主义经济建设这个中心来展开。在学报的选题上必须确定明确的目标、有较强的针对性，起到联结高校与社会的桥梁作用，使高校的法学研究与科技开发从本身的实际出发，在满足经济社会建设需求的同时，获得应有的经济效益，以推动高校科研工作的深入发展，逐步解决目前存在的种种弊端，充分发挥法学研究的经济社会功能，使法学这一实用性很强的学科在市场经济进一步发展的过程中得到进一步繁荣。正因如此，我们必须牢牢把握住学报的选题，运用选题优势来为法学研究的发展、繁荣服务。在法学学报为上述工作尽心尽力的情况下，所在院校的实力必然同步彰显。

四、重视法律的经济功能

面对社会主义市场经济，法学学报在选题上必须重视法律的经济功能。众所周知，由于种种主客观方面的原因，我国法学研究长期以来徘徊不前，得不到深入的发展。由于在法学学术研究上存在着诸多的人为设置的学术禁区,严重影响着法学研究的深入发展。长期以来在法学研究中存在着将复杂问题简单化、庸俗化的倾向,法学研究很难向理论与实践的深层次推进,即便是对诸如经济法这种实用性很强的法律问题的研究,也大多采取或习惯于按传统的经验或公认的原则,依据现行法律条文的规定作一些阐述或说明,这种单纯注释法律条文,对复杂经济社会问题进行简单化归纳、理解的研究方法即注释法学,无疑超出对经济社会现实的应有的尊重。在这里,如果说按传统的公认的经验、原理对刑法学、民法学这种体系比较健全、完全的法律学科进行探讨尚属有效的话,那么,对诸如学科体系不健全、不完整甚至还处在起步阶段的经济法等学科则失去了效率。正是由于我国法学研究摆脱不了对传统经验和原则的恪守,便使丰富多彩的法学观点或学术流派无法脱颖而出,使法学研究呈现出不景气的局面。要改变这种不正常的状况,作为法学学报必须以应有的政治勇气和理论勇气,在选题上大胆创新,贯彻学术问题上的"百花齐放、百家争鸣",把法学研究推向深入,为社会主义市场经济条件下的法学繁荣作出贡献。

从法律与经济发展的关系看,在市场经济条件下法律向经济领域的渗透是必然的经济社会现象,我们不可能也无法从现有的传统法律的机理、原则中找到解决问题的应有良策,面对社会主义改革过程中出现的各种新情况、新问题,我们只能进行大胆的理论探讨,只有深入经济社会运行的过程中去把握,从现实经济社会实践中去寻求答案,才能在经济社会发展的过程中逐步建立健全社会主义法律。因此,在市场经济条件下,特别是在两种经济体制转换过程中,作为学术理论刊物的法学学报必须坚持实事求是,理论联系实际,以优化选题,倡导不唯上、不唯书、求是、严谨的学风,使法学研究摆脱传统的依据法律原则或经验探讨问题的方法,树立理论与实践相结合,从经济社会现实状况出发,创造性地分析问题,解决问题的文风、学风,使法学研究的功能得到进一步提高。

五、反映区域特色

法学学报在选题上必须考虑自己的实际情况,结合所处地区经济社会发展的历史及现实状况,反映区域性的研究特色。

由于各法科院校处在经济社会文化发展状况不同的地区,其区域性的差别十分明显,各个区域都有其独特性。从我院学报所处的区域看,该地区疆域辽阔,民族众多,其社会历史、经济文化的发展状况都与其他省区迥然不同,在社会主义市场经济的建设方面就存在着诸多的特殊性,各种社会问题呈现出复杂的局面,面对经济体制的转变和市场经济的建立健全,面对该地区尚待开发的前景,面对在新的社会历史条件下巩固各民族的紧密团结及民族区域自治的特殊情况,我们无法一切从现行的法律原则及习惯经验中寻求到指导该区域经济社会文化发展的基本规律,并将之表述为法律制度,可以说现存的法律制度原则无法解决我们所面临的一切复杂局面,它必然要求我们从该区域的实际出发,彻底抛弃不合时宜的经验和习惯,到经济社会发展的实践中去寻找答案。这一切都是我们在大力发展西北地区经济社会文化过程中面临的法制建设任务,它有其独特性,必须引起人们的普遍重视。在这里,如果我们不加重视,甚至忽视了这一点,将会招致难以清除的后患,给该地区各民族的经济社会的稳定发展造成难以弥补的损失。因此,作为处在该区域的法学学报,必须加强对区域性社会法律发展问题的预测,从现实和理论的高度确定选题,组织一批研究西北法制建设的法学研究人才,对此进行认真的理论探讨,并通过法学学报及时将这些最新研究成果推向社会,使其快速转化为社会生产力,以指导该区域的法制实践,为区域性的立法提供充足的理论依据,使法律与经济社会发展协调运行,真正为西北地区经济社会的持续、稳定发展保驾护航。因此,我们有理由说,在组织、传播、引导法学研究,构建社会主义精神文明方面,法学学报承担着重要的责任。我们必须通过自身的深化改革,使之在新的社会历史条件下承担起自己的神圣职责,充分发挥法学学报在社会主义市场经济建设中的重要作用,为社会主义法制建设,包括为西部与全国同步奔小康作出应有的贡献。

高校社科成果管理几个问题之我见 *

高校社科成果管理中的登记、评鉴、奖励、宣传、推广等,从程序说,它与科技、工程等类科研成果的管理大同小异;从管理部门所要把握的内容说,那就迥然不同。本文所要涉及的问题,自然是后一方面的。特别还想侧重于谈具体问题。这样的指导思想对不对,文中的观点对不对,敬请赐教。

一、科研成果登记

登记与不登记,表明科研成果管理部门对成果承认不承认。如何登记还牵涉对成果承认到什么程度。院校一般都有自己的成果登记办法,办法里必然规定什么成果予以登记和什么成果不予登记。比如说甘肃政法学院就规定教职员工在建院前的成果不登记,调离学院后的成果也不予登记;只登记建院后在岗人员的成果;对没有期刊刊号的刊物上发表的论文和非正式出版社出版的著作,亦不予登记;只登记有刊号的期刊上发表的和正式出版社出版的论著。这是一种简化登记标准的做法,即把刊出和出版作为登记标准。这几年香港某些出版社在内地兜生意,有些作者贪图某种方便,把书稿交给他们,由他们出书。对这类书的登记,我们掌握一个是否确有学术价值的标准,有价值的就给予登记,没有价值的就不给登记。有些书粗制滥造,

---

* 本文原载《甘肃政法学院学报》1994 年第 4 期,1994 年 10 月。

甚至连对某些重大问题的审查关都没有把好，对这种书登记与否更要慎重。有的合作作者拿一项成果来登记的时候，对成果作者署名顺序持异议，按理登记机关就应当不予登记，等他打清了版权官司再说登记与否的话。甘肃省职改办对论文合作作者各人占有成果的份额有明确规定，院校科研管理部门在这方面若不注意，登记时作者怎么说就怎么给登记，当时像是落个"人情"，事后贻害作者，他日后满以为申报高一级职务的成果数量够了，但是一申报，经不起职改部门审查，那时"人情"就将变成"人怨"。仅从这一点说，成果登记事关重大，不应有半点马虎。

二、科研成果的评鉴

成果评鉴的目的是确定成果品位。评审会、鉴定会因为经费不足多半开不起，代替的办法是送审。送审的学问很多，具体工作人员常常不易把握，主管领导要亲自过问。比如说当碰到拉拉杂杂，东拼西凑的东西时，作者硬要管理部门给他开绿灯，我们虽然不是同行专家，但我们也不是绝对不识货。科研管理部门应当宁可挨骂，也不要落这种本来就过不了关却让它过关的"人情"。送审工作中，时常可以见到一些专家怕惹人，评语写得拐弯抹角。更有甚者，有的专家书面评语中随便敷衍几句。这无非表明专家们不无顾虑。他需要实行自我保护，免得你送审单位保密工作做得不够，把他对某某人的大作的评语泄露给当事人，以致他招到报复。这在当前是需要送审者注意的。一经发现泄密的人，就应纪律对待。至于有些专家口头关照的话，一般的，是不是就算了；重大的，应该记录在案，以免误大事。这里讲的完全是新建的、规模较小的院校的情况，至于那些能够拿上国家项目的院校，当然有一套比较得体的办法处理成果评鉴。新建且规模又较小的院校，拿不上国家项目，由于教育经费偏紧，院校自立项目有限，多数是自选课题。自选课题一般没有经费,甚至连象征性的一点补助都得不到,科研人员(基本队伍在教师中)搞出一点东西不易,科研管理部门从尊重作者的劳动考虑得多。对此,我们自己越来越体会得深;这样下去建立良性循环不知要到何时。希望国家对新建院校和老院校,对规模大的院校和规模较小的院校,能够一视同仁,只要它有研究力量,就给它给项目。不要以为新建院校、规模较小的院校一个能与老院校、规模大的院校旗鼓相当的专家都没有。实际新建院校,规模较小的院校只是水平高的专家没有老院校、规模大的院校那样多,所以请有关领导部门在给下面给项目和项目经费时,能给新建院校和规模较小的院校也下一下及时雨,不然这块久旱的土地上出不了苗,就是有苗也难苗壮成长。

三、科研成果的奖励

高校社科队伍中的绝大多数人收入欠丰,他们月工资三、四百,四、五百元,就算是双职工家庭,两口大人一个小孩,吃食和小孩教育费,一个人的工资不够开支,请不起保姆,能用于买书和订报纸杂志的钱很有限,能用于科研投入的,比如资料复印费等等,不免囊中羞涩。面对这样一群科研成果作者,科研管理部门义不容辞的责任是千方百计保护他们的科研积极性。事先能够资助一点科研经费,是对科研人员的支持。事后给一点奖金,这也是一种补偿。须知精神补偿是必要的,经济补偿也是不可或缺的。这几年,动动手就要见经济效益的人,基本上不搞科研了。这些人有一本十分现实的账:干什么都能挣钱,在院校内讲一堂课能挣钱,到社会上当经纪兜一笔生意能挣钱,接办一个案子能挣钱,唯独搞科研不仅挣不上钱,还得赔钱,因此结论就不能不是搞科研划不着。能坚持不断出成果的人,一般都是奉献精神好的人。人家有奉献精神,我们越应当格外爱护人家的科研积极性。现在是社会主义市场经济时代,市场经济就最讲公平,光要人家奉献,不给人家补偿,这不公平,所以科研管理部门应当把科研成果奖励工作认真地抓起来。甘肃政法学院前两年出台了《科研成果奖励办法》,该《办法》设有科研成果鼓励奖、优秀科研成果奖、科研成果组织奖等三个奖,使科研成果的奖励做到了科学化、规范化、制度化。该《办法》出台后,当年科研成果比上年增长 20%,第二年科研成果又递增 56.7%,可见激励机制对科研工作的重要性。

上面提到的《甘肃政法学院科研成果奖励办法》中的鼓励奖,是对每一篇(部)发表(出版)的论文和著作颁发的,例外的是论文不足 2000 字的不发,不是发表在学术刊物和非学术刊物的学术理论专栏上的不发,发表在没有刊号的刊物上的也不发,这无非是一些要求成果上规格的规定。鼓励奖的奖金额度不大,论文 20~30 元,著作 200~300 元。规定申报鼓励奖一定要报送原件。因此,从某种角度看,这等于花钱买档案,即花不多的鼓励奖奖金,借机把全院每年发表(出版)的论著底子搞清了,档案也收集起来了。

甘肃政法学院的优秀科研成果奖每两年评定一次,设一、二、三等奖,一等奖奖金 400 元,二等奖奖金 200 元,三等奖奖金 100 元。凡有成果的人都有资格申报,每人最多可以申报三项,然后放在评奖委员会里以无记名投票方式表决,过半数通过,倒也体现了公平竞争原则。

甘肃政法学院的科研成果组织奖虽然在《办法》中作出了规定,但宣传工作做得不充分,以致从第一年起就没有评出来,评的时候好像做组织工作的人,人人都应该有一份儿,但人人有份儿奖和不奖变成了一个样,也就没有实际意义。所以科研成果组织奖在文件上有规定,但实际一个未评。

四、科研成果的宣传、推广与应用

成果不宣传就不会产生广泛的影响。社科成果尤应加强宣传。提交学术会议交流是宣传，发表、出版是宣传，管理部门发布信息、编印简介、组织评奖等，同样是宣传。宣传的目的在于推广和应用，在于宣传作者和作者所在的院校，提高作者和作者所在院校的知名度，进而激励作者和作者所在院校在学术上再上新台阶。

这几年我们甘肃政法学院科研管理部门办过本院科研成果展览，编辑出版了供宣传的工具《科研信息》和《科研成果简介》，向外推荐过科研成果，也推荐过专家与院外合作上项目，推荐专家带上自己的成果参加国内外学术交流，将科研成果应用到新编的教材之中，应用到法律服务和立法建议之中，如此之类的工作在不断地摸索着做。同时，不断在研究改进和加强。

对社科成果的宣传，院校本身责任重大。这个工作，本来作者自己就应当做够，但作者往往拉不开谦谦君子这张脸，以致自我宣传往往停留在低调门、低规格的两低状态。教育主管部门对高校社科成果的宣传工作不仅要出政策、督促下面做，自己也要投入，加强宣传手段。国家教委和省（市）教委这几年在这方面的工作做得不少，没有上面的重视，院校的作用也难以发挥。现在我们有了高校社科管理研究会，还有了西北协作会，相信我们院校科研管理工作在两会的指导下会越做越好。

应当加强高校领导班子建设 *

近几年高等学校学术风气越来越淡薄,铜臭味儿越来越浓,这样下去高等学校往日的辉煌,不用多长时间,便会丧失殆尽。这种状况亟待引起重视。改变这种状况,关键在于要有一个好的领导班子,一个好校长。目前,我省有些院校校长、系主任不懂专业,没有像样的学历,实际上不适合那个位子。甘肃高教界还有一种现象,领导班子中大多数成员出自西北师大,清一色,一副面孔。近亲繁殖导致蜕化,是很可怕的。应该搞五湖四海。如果思想再开放一点,还可以从外省聘任校长。

---

* 本文原载密件"甘肃省教育专题座谈会"大会秘书处《简报》第 5 页,1992年 3 月 1 日。

堂堂正正做人，清清白白做官 *

今天我要讲的题目是《堂堂正正做人，清清白白做官》。这个题目很沉重，也很敏感。说它沉重，主要是一听题目，有人就会觉得很刺耳。说它敏感，不外乎针对性太强。刺耳也罢，针对性太强也罢，该讲不讲也不对。警钟长鸣，只有好处，没有坏处。下面我分三个方面来讲。

一、官德好坏关乎国家兴亡和黎民祸福

我们讲堂堂正正做人，清清白白做官，无非是讲官德，也就是讲要为官以德。古人说："皇天无亲，唯德是辅"（《尚书·蔡仲子命》）国家设官分职管理国家大事，靠的是官员的德，敬德必胜，失德必败。把官德看成治理国家的基石，一点都没有错。今天我们把"以德治国"写进宪法，说明治理国家千条道，我们已经道道都通。不过，只入一道还不行，尚须一整套切合时宜的配套措施。有关措施，千条万条，起码离不开三条。这三条便是：

1. 大力推进民主政治

远在延安时期，党的领袖就曾说过，避免人亡政息的良药是民主。现在我们国家的民主政治，正在着力推进，这是有目共睹。不可讳

---

* 本文系作为甘肃省关心下一代工作委员会传统教育报告团成员向机关干部作报告的演讲稿，2012 年 7 月 1 日。

言,有的人对民主进程嫌慢。慢有慢的道理,欲速则不达。在一个没有民主传统的国度里,快速推进民主,非乱不可。地里的庄稼,生长期长的,其果实好吃。冬麦生长期长,春麦生长期短,冬麦面比春麦面耐饥,这是常识。所以民主在我们国家的推进速度不应当赶急图快,只应当顺应国情,以一种平常心,让它自然而然地生根、发芽、开花、结果。

民主的原意是多数人的统治。这一概念,有它发生、发展的过程。在古希腊,民主指自由民掌握国家政权。在近、现代的西方国家,是指议会制度和公民在形式上享有选举权和被选举权,以及言论、出版、集会等民主权利。在我国,由于宪法规定,我们的国家性质是人民民主专政的社会主义国家,所以人民是国家的主人,一切权力属于人民,国家保障人民参加国家管理,管理各项经济事业和文化事业,监督国家机关及其工作人员。当然,社会主义民主是集中指导下的民主,人民既享受着广泛的民主和自由,同时又必须遵守社会主义法制。人民在这样的法制环境里,有了主人翁的责任感,积极性和创造精神便有充分发挥的空间。经济是基础,民主属上层建筑,基础决定上层建筑,上层建筑又反作用于基础,在基础与上层建筑相协调的时空里,官德是讲究的,官民一致,社会和谐,其乐融融,再没有今天那么多烦心事。正因为如此,所以我们要大力推进民主,这同样是平常心的表现。

2. 教育

邓小平生前十分感慨地说过,我们党几十年最大的失误在教育。不是不曾教育。新中国成立前刘少奇就著有《论共产党员修养》一书,8000万共产党员如果都能按《修养》去修养,哪儿来的今天的腐败!问题是历史上曾经做过蠢事,像给婴儿洗澡把洗澡水和婴儿全泼掉了,当打烂旧世界,批判这批判那时,把中华民族的传统美德、人类文明的精华批得所剩了了了。光是一个"文化大革命",就够令人痛心疾首。我们今天的美好,是在昨天的千疮百孔中孕育出来的,麻袋上绣花,底子差啊! 一蹴而就的事,天下少有。

俗话说:"十年树木,百年树人"。教育的效果是慢慢凸显的,尤其在要求党风、政风、民风好转的期望值上,像到肉铺子买肉一样,钱一交,一块肉就拿到手,那样高效是不可能的。慢慢来,别着急。列宁在1917 年早就说过:面包会有的,牛奶会有的。但这绝不是说,我们要等天上掉馅饼,自觉地努力接受党的教育:凡是党所提倡的,我们便身体力行;凡是党纪国法所禁止的,诱惑再多,我们也不干。推己及人,人人都能把做人的底线守住,风气自然会好。有一副对联,上联是"养天地正气",下联是"法古今完人"。天地正气靠养,古今完人靠法。"养"就是培养,"法"就是效法。CCTV1 天天黄金时段播放身边的好人好事,我们一天学一点,日积月累,学得多了,离"完人"也就不远了。今天我们学习的课堂,何止电视。孔子说:"三人行必有我师。"古来还有"以吏为师"之说。身为官吏,须知民风是随着官风转的,官风又是党风的具体体现,官员的作风太重要了,我们一定要讲官德,时时刻刻把党的教导记在心上,落实到行动之中。只有这样,临终才能说:我的一生,对得起党,对得起人民,对得起国家,对得起自己。

3. 惩戒

上面我们说,我们党对纠风有的是办法,讲了办法一是民主,二是教育。须知民主监督前置量是有限的, 有人会抱侥幸心理以身试纪、以身试法。教育的作用很大,但教育也不是万能的,有人讳疾忌医,国家每年惩处成千上万以身试法的人,据最高人民法院院长王胜俊向全国人大所作的工作报告,从 2008 年至 2012 年五年间,国内审结贪污贿赂、渎职犯罪案件 13.8 万件,判处罪犯 14.3 万人,其中大部分是县处级干部,一部分是厅局级干部,地位高达省部级以上的竟达

30人之多。如此雷厉风行地整肃吏制,对有些人毫无震动。这种人良智到哪里去了?失去良智,胆大妄为,目无法纪,自我爆炸,身败名裂,遗臭万年,反映出一系列的因果关系。党和国家不可能由着自己肌体上的毒瘤一天天地危害自己的生存。三国的时候,诸葛亮都知道挥泪斩马谡,今天对不可救药的腐败分子,绳之以党纪国法,显然是无可挑剔。

惩戒体系是很科学的。这些年我总觉得运用得不是多么得体。乡规民约里有惩戒,党纪、政纪里有惩戒,民事处罚、行政处罚、刑事处罚更有法律规定。现在乡规民约被许多人淡漠了,党纪、政纪的行动往往滞后于法律。惩戒体系设计中的金字塔形,实践中出现了倒"▽"(三角),即法纪处罚得多,党纪、政纪先行处罚得少。乡规民约、机关里的民主生活会或者叫生活检讨会,新中国成立初期学苏联,机关里还有"同志会",这些靠批评和自我批评防微杜渐约束人的设计若有若无,弄得"小洞不补,大洞丈五",这不科学。我的意思是:要重建制度,把科学惩戒体系重新恢复起来。机关里要雷打不动,每周都开一次生活检讨会,会上拿起批评和自我批评的武器,不要你好、我好、大家好,没原则的一团和气害得我们的干部吃的苦够多了。那么多有作为的干部,只是因为自己不够检点,加上缺乏监督,以致发展到下了大狱,甚至掉了脑袋,只知骂他们是不够的,应当心疼啊!心疼就该重防微杜渐。我的这番话,这个声音,希望能上传中央。光靠高层设计不行,国家兴亡,匹夫有责,我们在下面的人,确实到了该开动脑筋为国分忧的时候了。船翻了大家都要喝水,东欧、苏联的共产党人失去政权的教训是沉痛的。

二、官德主要靠个人自觉修炼

马克思主义哲学说外因是变化的条件,内因是变化的根据,外因通过内因起作用。一名官员,官德要好,主要靠自己自觉地去修炼。

修炼方法多种多样,有人靠读书明理,从书本上接受间接经验。有人靠用心观察,看周围的人是如何走上成功之路的,然后在成功的路上,自己也走一趟。步入仕途的人,多半要靠按照党和人民的要求去塑造自己。更多的人,以先烈励志,以信仰善其身。不论靠哪种模式完善自己,只要把自己磨炼成具有高尚情操,能够一身正气,光明磊落、对社会有益的人,都是好样的。

现实生活中,诱惑太多太多,能够远离诱惑,不为诱惑所动,我们说这样的人是强者。香车、美女、洋房对人有诱惑,金钱、奢侈品、高档服装对人也有诱惑。这些令人向往的现实生活元素,是不是一定要以禁欲的态度来对待。不,车、房、钱等生活元素你都可以有。要有,要靠智慧和汗水去获得,不能靠见不得人的、不光彩的手段去掠夺。

走在仕途上的朋友,跟社会上的其他阶层的人还有不一样的地方,那就是既入仕途,就得自甘清贫,清心寡欲最好。谁若见什么爱什么,唯独不爱自己的岗位,谁就离堕落不远了。

仕途朋友中,如果有人不想修炼官德,耐不得寂寞,不妨走辞职另谋前程之路,这样既利己又利他,千万别与腐败为伍。陈老总——陈毅曾经说过:莫伸手,伸手必被捉。

"沉舟侧畔千帆过,病树前头万木春"。不惜自己政治前程、践踏党纪国法的败类前仆后继,在客观上恰恰给堂堂正正做人、清清白白做官的人当了反面教员。让我们吸吮着亲爱的中国共产党的乳汁,轻松愉快地走我们的仕途。

附 录

杨子明年表

1934 年

12 月 27 日(农历 11 月 21 日)生于江苏省睢宁县凌城东三里杨庄的农家。

1938 年

3 月,入本庄私塾开蒙,其后修完四书五经。

1942 年

3 月,入陶炉小学插班就读。

1945 年

8 月,入凌城完小就读。期间参与当地(新四军根据地)政权领导的反霸斗争。

1946 年

8 月,国民党撕毁双十协定,进攻苏北解放区,新四军北撤山东,先生继续在凌城完小求学。

1947 年

8 月,考入徐东农中普科读初中。

1948 年

8 月,考入江苏省立梁溪中学(校址无锡)读高中。当弄清这是一所国民党准备带往台湾的伪校后,立即弃学。

11 月,穿越战火纷飞的国共两军战线投奔革命,入江淮公学师范科学习。

1949 年

3 月,到侯庄小学任教,期间加入中国新民主主义青年团。

8 月,任凌东乡基层团干。

1950 年

1 月,调往苏北区党委农村工作团学习参加土改工作。

2 月,调入苏北军区司令部机要大队,从此入伍,继而取得革命军人称号。

4 月,调入华东军区、第三野战军司令部青年干部学校学习。在这所学校奠定了矢志不移的革命人生观。

10 月,调入汤山炮兵学校学习,为抗美援朝作参战准备。

1951 年

4 月,听了中国人民志愿军归国报告团团长柴川若的报告,激发了革命英雄主义,誓言入朝参战不当英雄死去,便当英雄归来。

7 月,从第三炮校(汤山炮校)六期本科毕业分配到炮兵第七师。

11月,入朝参战。

1952 年

在朝鲜东线和中线与敌军作战。

1953 年

8月,朝鲜停战后凯旋归国。

11月,请假探亲,与幼年订婚的刘振兰女士结婚,其后10年生育5名子女,长女杨绪凌、次女杨绪凡、儿子杨达绪、三女杨绪珍、四女杨绪宏,他们均在父亲被打成右派的逆境中成长。杨氏家族几十年来与国家共命运,国难家难,国荣家荣。

1954 年

入伍数年,有望成为职业军人。但年届20,察觉自己应当继续求学,于是复习功课准备考大学。

1955 年

5月,深得南京一中老师周密辅导,以高分考取复旦大学法学系。此时复旦集王造时、杨兆龙、周谷城、王中、谈家桢、苏步青等大批名师,受他们的熏陶,进一步认识法律科学在治国安邦中的地位和作用,从而确立为法献身的志向。

1956 年

4月,在认识实习中,见到关押在上海提篮监狱的陈碧君。陈系汪精卫夫人、国民党中执委。据介绍在国民党审判她时,问她为什么要追随汪精卫当汉奸,她不假思索地以问代答:"你们蒋先生亲美,我和汪先生亲日,有区别吗?"迫使法官无言以对,只好宣布休庭。由此启发了学法学子不仅要精通法律,站稳立场,旗帜鲜明,而且要练就敏捷的思维、雄辩的口才,方能为国家掌握好刀把子、印把子。

5月,还是在认识实习中,听了著名律师李国机在上海天坛舞台为不法资本家冼伯廉的辩护。国家公诉人指出:冼伯廉为逃避惩罚,以多种笔迹写匿名信诋毁资本主义工商业改造,手段恶劣,应当从重处罚。李即席辩护:"变换笔迹,逃避惩罚,是对法律存在某种畏惧,比胆大妄为理应处罚从轻。"这般辩护,令学法的学子感到震撼。先生从业后,不论在审判工作中、辩护法庭上,抑或教学中,总能重实际把案情搞清,重理论融会贯通,不偏不倚,立论有度。

5月,在宪法学讨论中,作了《中华人民共和国主席非终身制研究》的发言,指出五四宪法未对国家主席作任限规定,势必会演绎出终身制,而终身制则弊端多多。这一研究成果经过28年后,方被八二宪法采纳。

6月,在政治经济学讨论中,作了《试农业合作化逐步前进的列宁准则》发言,提出农业合作化只有不断创造条件、逐步推进才有前途。否则前天互助组、昨天初级社、今天高级社,只顾改变生产关系,不管生产力是否提高,肯定会造成对社会生产力的大破坏。又是经过二十多年,农民吃尽了苦头,当年的农业合作化——公社化才寿终正寝,被联产承包责任制划上句号。

9月,经复旦广播台播音员杨少琼主播了先生的《官僚主义根源在哪里》一文。此文指出臃肿的官僚机构才是官倒主义产生的根源。

1957 年

7月,在上海市检察院实习中,阅到沪西化工厂失火案卷,发现中共上海市委书记石西民的批件,于是在实习报告中议论党的领导是政策方针的领导，不是具体案件也去责令司法机关要这样不要那样。

8月，在"反右"斗争中，56年发表的三篇文章和上述两论受到批判，被定性为反党反社会主义反毛泽东思想，但鉴于先生根红苗正，没有划右。

1958 年

4月，在中共中央指示高校师生中的右派要划够5%的压力下，复旦党委将先生补划右派充数。对此口服心不服，每年都向中共中央申诉，落下"翻案"罪名，历次政治运动都要拉出来作"反面教员"。检讨没完没了，因此积累了写作检讨文学净扣帽子不着实际蒙混过关的经验，换得运动中低头认罪，平时照常雷厉风行工作，领导和同事评价"没有一点犯错误后遗症"的美名。

7月，大学毕业，被分配到甘肃省人事局。在甘肃省人事局招待所等待二次分配工作期间，认识了梁大均。梁是一位抗日时期参加革命的老同志，58年被张仲良任甘肃省委书记期间打成"孙梁陈反党集团"的成员，其人面对逆境，信仰坚定，在和他的接触中，感染较深的是革命乐观主义精神。相处年余，分别时他赠予《马恩全集》一套，寄望青年人也能和他一样坚信马列。

1960 年

4月，甘肃省人事局根据中央文件，认定先生属于"改造好了的右派分子"宣布摘掉右派帽子。从戴帽到摘帽历时两年，但左倾路线并不把摘帽当回事，仍百般折腾直到彻底平反。

摘帽材料通篇夸奖之词，是人事局秘书李勤西起草、办公室主任周一飞审稿、局长杨凌云批准的。据说他们一面热议摘帽，一面无限感慨："小小的年纪,哪儿来的那么多高级右派言论!"

5月,请假回上海养病。

1961 年

3月,被宁波三中聘为代课老师,教高中语文,兼班主任。期间给工人辅导过汉语拼音,教讲普通话,在宁波市工人文化宫参演过歌剧《三月三》。

1962 年

4月,被召回分配到甘肃省民政厅直属安置农场任管教干事,不久升任队长。

1963 年

4月,在"新三反"运动中因给农场党委书记提意见,说他任人唯亲,遭打击报复,经中央国家机关人事局解围回民政厅另行分配工作。

1964 年

在甘肃省民政厅制止自由流动人口办公室帮忙。

1965 年

10月,随民政厅副厅长王子厚赴定西从事社教工作。与王老的接触,深得老干部工作实事求是作风的教益。

1966 年

8月,从社教工作团回民政厅参加"文化大革命/抓革命促生产"。

9月,结识了同在民政厅赋闲的吴思宏、樊大畏以及曾任副省长的任谦,他们都是历次政治运动中落马的高干,从他们的经历中看到了党内斗争的复杂、残酷,学会了如何经受考验迎接光明未来。

1967—1969 年

这三年整个省级机关几近瘫痪,上班就是闲聊、写大字报、开批斗会、上街游行。

11月,进驻民政厅的工宣队将先生送到他当年从事管教工作的民政厅农场清算历史旧账,"牛棚"关押二年,吃尽苦头,九死一生,直至林彪摔死温都尔汗,才从"牛棚"放出。

1971 年

11月,由庆阳地委分配到正宁县人民银行做农村金融工作。

1972 年

8月,开始包队,连包4年,每到一队,千方百计把生产搞上去,连续使4个队粮食产量翻番,且积累了做群众工作经验,赢得干群好评。

1976 年

8月,中共甘肃省委副秘书长苏度电示正宁县委给先生带到正宁插队的家属转为城镇户口。插队家小回城吃商品粮,在当年是一件了不起的事情,既有落实政策因素,又昭告从此告别苦难。

1977 年

6 月,调入正宁一中任教,教高中历史兼班主任。历史课在历史转折时期牵涉对历史上重大事件的评价,任历史教师,也是对其政治立场的考验。

1978 年

6 月,调正宁县人民法院做刑事审判工作,这是"右派"尚未平反便归队从事政法工作少有的人事安排。

1979 年

1 月 17 日,中共复旦大学党委作出《给杨子明同志恢复政治名誉的决定》,"右派"问题彻底平反。

7 月,被选送到中共甘肃省委党校公检法三长培训班接受培训。期间撰写论文《法治是长治久安的基石》。

1980 年

3 月,又被选送到甘肃省政法干校培训。期间发表结业论文《律师制度沿革》。

12 月,中共甘肃省委组织部和甘肃人事局从两个渠道发电报调先生到甘肃省政法干部学校任教。行前正宁县人民法院给先生作了一份全面肯定的鉴定,说了先生许多与众不同的好话,最后写缺点只说先生开展批评不够。这份鉴定后来成了先生仕途通行证。

1981 年

2 月, 赴甘肃省政法干部学校担任法制教研室负责人。此后多年,一直在为干校师资队伍建设、教材建设以及培训全省政法干部恪尽职守。

1982 年

2月,参与证据学讨论,在《简报》上发表论文《证据有主观性吗?》

5月,由省委政法委派出检查《刑法》、《刑事诉讼法》执行情况,帮助省内一些县市法院纠正了一批错案。

1983 年

2月,调司法部全国刑法教师研讨班研习刑法。

5月,开始撰写《刑法概论》,当年列为校内教材。

8月,《刑法概论》成书,甘肃人民出版社列入出版计划。

9月,在省委召开的理论讨论会上以《改革开放与法律制度》一文与参会人等交流。

10月,《刑法讲授提纲》教材由中共甘肃省委党校出版发行。

11月,被抽调到甘肃省高级人民法院担任代理审判员,专门负责死刑复核,经办案件无一得到核准,且得到审委会支持。

1984 年

11月,获国家教育部批准,甘肃省政法干校改制为甘肃政法学院,先生被任命为学院研究室主任,且被指定筹办《学报》,从此经营学报10年,为繁荣法学、给青年学者做嫁衣作出贡献。为学报后来跻入全国高校百强社科期刊、中国人文社科学报核心期刊、CSSCI来源期刊扩展版、RCCSE中国核心学术期刊、甘肃省优秀期刊奠定了坚实基础。

11 月,值甘肃政法学院创办一周年,编辑出版了《纪念文集》,代写了《发刊词》。

1985 年

2 月,开始研究改革开放后的经济犯罪。

7 月,深入甘肃省第一监狱调研犯罪成因与消弭犯罪途经。

1986 年

2 月,向南京大学出版社投送《刑法教程》书稿。整部教程以《刑法概论》为蓝本,虽为本人专著,但为顺利出版,请著名刑法专家伍柳材、杨春洗担任顾问,请刘志正挂名主编。

3 月,被遴选兰州市安宁区政协委员。

4 月,在《甘肃政法学院学报》发表《惩治经济犯罪研究》;《学习研究刑法的方法》由《湖南政法管理干部学院学报》发表。

1987 年

1 月,甘肃省高职评委会通过杨子明法学副教授资格,同时受聘甘肃政法学院副教授。

1 月,《以改革的精神办好法学学报》一文,由《天津法学》发表。

7 月,当选中国法学会刑法学研究会干事(即理事)。

8 月,当选甘肃省法学会刑法学研究会副总干事。

11 月,第一部成名专著《刑法教程》由南京大学出版社正式出版发行,国内 10 多家政法院校采用为教材,众多公检法司单位用作办案参考书。

1988 年

1月，《必须向玩忽职守的犯罪行为作不懈的斗争》一文，由《政法学刊》发表。

4月，主编《刑事诉讼法民事诉讼法例解》一书，由中国人民公安大学出版社出版。

4月，《刑法案例教学刍议》一文，由《政法研究》发表。

10月，时任编辑部主任的《甘肃政法学院学报》获准公开发行。

12月，当选甘肃省高校教师高级职称评委会法学评议组成员。

1989 年

6月，"八九·六四"期间，立场坚定，经过了一次关乎政治生命的考验。

10月，主编《刑事诉讼法民事诉讼法例解》由中国人民公安大学出版社出版。

11月，当选甘肃省高校哲学社会科学优秀成果奖评委会委员。

1990 年

2月，《提高法科学生政治素质的刑法教学思考》一文，由《政法学刊》发表。

4月，《吴文翰生平简辑》一文，在《吴文翰80华诞纪念专集》发表。

4月，《刑法案例教学刍议》，《法律与社会》杂志再次刊印。

5月，《刑法发展与司法完善》一书收入先生力作《刑法在惩治腐败中的地位和作用》一文，吉林大学出版社出版。

6月，代表全体教师在应届毕业生毕业典礼上讲话，要求毕业生日后任何时候都要有坚定正确的政治方向、精益求精的专业本领和纯朴高尚的职业道德。

6月,参编《法学小百科》一书,南京大学出版社出版。

1991 年

5月,《廉政建设与刑法功能》一书收入先生《当前烟毒犯罪情况及法律对策》一文,法律出版社出版。

12月,《略论缓刑适用的几个问题》一文,《政法学刊》发表。

1992 年

2月,《高等法学教育应以研究生为培养目标》,《甘肃高教发展战略研究》发表。

3月,被遴选为甘肃省政协常委、法制委员会主持工作的副主任。

3月,在甘肃省教育专题座谈会上讲《应当加强高校领导班子建设》,受到省委省政府高度重视。

8月,副主编《全国人大常委会修改和补充的犯罪》一书,中国检察出版社出版。

9月,重回甘肃政法学院科研首脑岗位,被任命为科研处长。

1993 年

3月,制定《甘肃政法学院科研管理暂行办法》,甘政院(1993)15号文件公布。

3月,制定《甘肃政法学院科研成果奖励暂行办法》,甘政院(1993)17号文件公布。

3月,创建甘肃省政协法律服务中心,开启政协直接为国护法,为民维权先河。

5月,主编《关税与贸易协定手册》一书,《社科纵横》出版。

11月,总策划《甘肃政法学院科研成果简介》一书。

12月,《大陆、台湾著作权法处罚制度比较》一文,《社科纵横》发表。

12月,中共甘肃省委组织部以甘组函字（1993）42号文函告先生,在"选配政法领导干部、加强政法干部业务培训,以及严把政法机关进人关等方面……将采纳你的意见,进一步改进和加强这方面的工作"。时隔近20年,中央十八届四中全会作出历史性决策推进法治中国,其中举措与先生当年建言毫无二致。

1994 年

2月,《完善执法检查制度,让执法检查更富成效》一文,由《甘肃政法学院学报》发表。

5月,制定《甘肃政法学院资助科研重点项目管理暂行办法》,甘政院(1994)87号文件公布。

11月,《高校社科成果管理几个问题》一文,《甘肃政法学院学报》发表。

11月,总策划《甘肃政法学院科研成果简介(二)》一书。

12月,主编《甘肃政法学院建院十年专辑》一书。

12月,《十年科研,十年甘苦》一文载于《甘肃政法学院建院十周年专辑》。

1995 年

7月,《国家经济建设重点转向西部与西部法制环境建设》一文,收入《建设有中国特色的社会主义理论与实践》一书。

11 月,参编《刑法补充规定适用》一书,中国检察出版社出版。

1996 年

6 月,入选《陇上社科人物》75 位专家学者风采卷,甘肃社科联常务副主席强宗恕主编,甘肃文化出版社出版。

1997 年

6 月,参加中国西部 11 省(区)政协主席联系会议,在这次会议上公开发表《政协享有立法协商权》的主旨讲话,得到全国政协和《民主与法制》杂志高度赞赏。

12 月,参加甘肃全省司法大检查,为突破省内两起重大疑难案件,提供了法律知识支持。

1998 年

3 月,离职休养,工龄 50 年。

3 月,代表甘肃省政协接待广西省政协参访团的会议上,介绍甘肃省政协法制工作,受到该团的推崇,他们说游历各地政协,只有在甘肃的收获最大。

7 月,《刑法修正前后惩治职务犯罪立法比较》一文,收入《刑法实施中的重点难点问题研究》,法律出版社出版。

10 月,获司法部特批专职律师资格,从此步入专职律师生涯,接办全国各地委托的刑、民、行政疑难案件。

1999 年

12 月,受聘甘肃省"610"专家组专家,此后 3 年在为依法治理"法论功"传授治理方法、面对面地做"法论功"痴迷者的转化工作、写小调研报告供高层决策参考。

2000 年

2 月,受聘兰州市中级人民法院疑难案件咨询顾问。

2001 年

6 月,入选甘肃省教育厅《甘肃教育年鉴》。

7 月,《依法治邪几个理论和实践问题之我见》一文,收入《中国法学会、中国反邪教协会北京理论研讨会论文集》。

2002 年

6 月,受聘司法部法学教材与法学科研成果奖申报成果通讯评审专家。

7 月,当选甘肃省反邪教协会副会长。

2003 年

9 月,《甘肃必须加快构建良好法制环境步伐》收入《甘肃省老干部建言献策录》。

2004 年

12 月,《转变法制观念,坚持公正司法》收入《甘肃省老干部建言献策录》第二集。

2005 年

11 月,参与撰稿《武威市邪教产生的原因及防范治理对策》,此时系著名反邪教专家穆纪光领导的甘肃省反邪教协会课题组成员。

2006 年

7 月,《中国道德政治法律全面拒绝"诱惑侦查"》一文,发表于《社科纵横》,此文正式发表前,曾辗转多家刊物,均被婉言拒登,最后由识家拍板方得问世。

2007 年

2 月,人民日报出版社出版的《中国教育 20 年》介绍了法学教育家杨子明。

2008 年

2 月,《感动人生——全国优秀人才岁月档案》收入杨子明词。

2009 年

2 月,《世界优秀专家人才名典》入网入编著名法学家杨子明事迹。

2010 年

7 月,《关心下一代工作之我见》一文,收入甘肃省关心下一代工作委员会编辑出版的论文集。

2011 年

3 月,应聘终身职务《甘肃省关心下一代传统教育报告团》成员。

8 月,《惶议关心下一代传统教育报告团》一文,投送《关心下一代》杂志。

2012 年

1月,《从一例保险合同纠纷管窥〈保险法〉亟需大力普及》一文,直接向中国保监会建言。

2013 年

12月,由夫人田玲担任编务的专著《思治语丛》一书完成终校。

2014 年

6月,甘肃文化大省建设重点项目《陇上学人文存》编委会正式决定出版《陇上学人文存——杨子明卷》。

《陇上学人文存》已出版书目

·第一辑·

《马　通卷》马亚萍编选　　《支克坚卷》刘春生编选
《王沂暖卷》张广裕编选　　《刘文英卷》孔　敏编选
《吴文翰卷》杨文德编选　　《段文杰卷》杜琪　赵声良编选
《赵俪生卷》王玉祥编选　　《赵逵夫卷》韩高年编选
《洪毅然卷》李　骅编选　　《颜廷亮卷》巨　虹编选

·第二辑·

《史苇湘卷》马　德编选　　《齐陈骏卷》买小英编选
《李秉德卷》李瑾瑜编选　　《杨建新卷》杨文炯编选
《金宝祥卷》杨秀清编选　　《郑　文卷》尹占华编选
《黄伯荣卷》马小萍编选　　《郭晋稀卷》赵逵夫编选
《喻博文卷》颜华东编选　　《穆纪光卷》孔　敏编选

·第三辑·

《刘让言卷》王尚寿编选　　《刘家声卷》何　苑编选
《刘瑞明卷》马步升编选　　《匡　扶卷》张　堡编选
《李鼎文卷》伏俊琏编选　　《林径一卷》颜华东编选
《胡德海卷》张永祥编选　　《彭　铎卷》韩高年编选
《樊锦诗卷》赵声良编选　　《郝苏民卷》马东平编选

·第四辑·

《刘天怡卷》赵　伟编选　　《韩学本卷》孔　敏编选

《吴小美卷》魏韶华编选　　《初世宾卷》李勇锋编选

《张鸿勋卷》伏俊琏编选　　《陈　涌卷》郭国昌编选

《柯　杨卷》马步升编选　　《赵荫棠卷》周玉秀编选

《多识·洛桑图丹琼排卷》杨士宏编选

《才旦夏茸卷》杨士宏编选

·第五辑·

《丁汉儒卷》虎有泽编选　　《王步贵卷》孔　敏编选

《杨子明卷》史玉成编选　　《尤炳圻卷》李晓卫编选

《张文熊卷》李敬国编选　　《李　恭卷》莫　超编选

《郑汝中卷》马　德编选　　《陶景侃卷》颜华东　闫晓勇编选

《张学军卷》李朝东编选　　《刘光华卷》郝树声　侯宗辉编选